职业教育新商科专业数字化管理教材

项目数字化管理

主　编　花永剑　傅徐军

副主编　王楼艺伟　王海旭　林伟星

清華大學出版社

北　京

内 容 简 介

本书根据项目管理实施推进的 5 个阶段进行编写，融合当前企业管理的数字化技术，分成项目连接启动、项目协同规划、项目敏捷执行、项目数字监控、项目有序收尾 5 个模块，共 14 个任务。本书着眼于帮助读者快速熟悉中小企业项目运营管理的各项任务，树立数字化管理的意识，能够应用主流的项目管理数字化工具实施跟进管理。本书建有在线开放课程，提供丰富的数字教学资源，包括微课、视频、动画、图片、案例、测试等，本书精选其中优质资源做成二维码在书中进行了关联标注，方便教师教学与学生学习。

本书的设计与内容顺应国家推进企业数字化管理转型升级的趋势，适合高职和应用型本科商科类专业学生学习使用。本书编写遵循"课证融通"的原则，相关内容与人力资源社会保障部数字化管理师职业技术标准紧密结合，对参加数字化管理师考试有一定的帮助作用。

图书在版编目（CIP）数据

项目数字化管理 / 花永剑 , 傅徐军主编 . -- 北京：
清华大学出版社 , 2024. 7. -- (职业教育新商科专业数
字化管理教材). -- ISBN 978-7-302-66829-9

Ⅰ . F27-39

中国国家版本馆 CIP 数据核字第 2024LS5660 号

责任编辑：左卫霞　强　溦
封面设计：傅瑞学
责任校对：刘　静
责任印制：宋　林

出版发行：清华大学出版社
　　　网　　址：https://www.tup.com.cn，https://www.wqxuetang.com
　　　地　　址：北京清华大学学研大厦 A 座　　　　邮　　编：100084
　　　社 总 机：010-83470000　　　　　　　　　　邮　　购：010-62786544
　　　投稿与读者服务：010-62776969, c-service@tup.tsinghua.edu.cn
　　　质量反馈：010-62772015, zhiliang@tup.tsinghua.edu.cn
　　　课件下载：https://www.tup.com.cn, 010-83470410
印 装 者：三河市东方印刷有限公司
经　　销：全国新华书店
开　　本：185mm×260mm　　　印　　张：12.25　　　字　　数：293 千字
版　　次：2024 年 9 月第 1 版　　　　　　　　　印　　次：2024 年 9 月第 1 次印刷
定　　价：48.00 元

产品编号：105094-01

2022 年 1 月，国务院印发《"十四五"数字经济发展规划 》，提出要大力推进产业数字化转型，加快企业数字化转型升级，全面深化重点行业、产业园区和集群数字化转型，培育转型支撑服务生态。产业转型推动人才转型。人瑞人才、德勤中国发布的《产业数字人才研究与发展报告（ 2023 ）》指出，大量数字化、智能化的岗位相继涌现，相关行业对数字人才的需求与日俱增，人才短缺已经成为制约我国数字经济发展的重要因素。根据该报告，我国当前数字人才的总体缺口为 2500 万 ~3000 万人。

面对产业数字化转型的趋势，职业教育商科类专业的人才培养也在调整转型，掌握业务运营与数字化技术应用的复合型人才是新的培养方向。随之而来的，企业的项目实施与管理方式也在相应发生改变。针对这一新变化，为了满足高职和应用型本科商科类专业项目管理课程的教学要求，由浙江商业职业技术学院资深教师与钉钉（中国）信息技术有限公司、钉数教育科技（杭州）有限责任公司专家一起组成编写团队，经过一年多时间的打磨，终于完成本书。

党的二十大报告指出，全面贯彻党的教育方针，落实立德树人根本任务。本书融合"创新、连接、便捷"的数字化管理理念，内化精神追求，外化自觉行为，使学生践行社会主义核心价值观，提升项目数字化管理素养，养成开拓创新、合作共赢的行为理念。

本书按照中小企业的项目实际运营与管理过程设计课程教学内容，将传统项目管理的知识与主流数字化项目管理的工具运用融合在一起。

本书主要具有以下特点。

1. 业务与数字理念融合

根据习近平新时代中国特色社会主义思想中对数字经济发展战略的论述，本书着力体现项目管理的数字化理念，对项目的各个阶段从连接性、协同性、敏捷性等多个方面展开介绍，体现数字理念中的开拓创新精神、系统规划视野、细节完善意识，有助于培养学生用数字化思维解决问题的能力。

2. 业务与数字技术融合

与一般的项目管理教材不同，本书着力于将项目管理的业务知识与数字化管理工具的使用方法结合起来，在将项目管理各模块内容按实施阶段重新整合的同时，适时介绍相关数字化的技术方法，结合相关的任务将数字化工具的应用技能融入其中。本书每个模块中都布置了相应的实训技能作业，供学生课后学习巩固。

3. 教学按项目任务设计

本书在编写过程中参照借鉴了大量企业数字化转型中的实际案例，将项目数字化管理的资料设计成学生可动手操作的任务，学生按部就班地完成相应的任务，数字化工具的应用技能自然得以提升。

本书注重理实一体化，从高职学生的培养目标出发，遵循"理论够用、重视实践"的编写思路，将理论和实践有机结合在一起，方便学生学中练、练中学。另外，本书将微课、动画、音频、案例、图文等资料用二维码进行链接，方便学生扫码即时学习。本书是浙江商业职业技术学院在线精品课配套教材，在超星泛雅学习平台上建有资源丰富的线上课程，扫描本页下方二维码即可在线交流学习。

本书的编写团队包含教学经验丰富的教师和钉钉等企业的高管专家，既对中小企业项目的运营与管理模块进行了合理设计，又很好地融入了数字化的项目管理工具内容。其中，浙江商业职业技术学院花永剑编写模块一～模块三，钉钉（中国）信息技术有限公司傅徐军参与教材整体框架设计，并与企业专家王海旭、林伟星一起编写模块五，浙江商业职业技术学院王楼艺伟编写模块四。本书在编写过程中，还得到钉数教育科技（杭州）有限责任公司专家张延柏、谢慧娟的支持，他们为本书的编写提供了大量企业案例。本书由浙江商业职业技术学院陈君教授审稿。

本书在编写过程中借鉴了许多同行的教研成果，参阅了大量的国内外著作、教材和专业网站上的资料，借鉴了 Teambition 知识社区上的一些案例资料，在此特向这些资料的作者表示衷心的感谢。

由于编者水平有限，书中不足之处在所难免，敬请广大读者批评并提出修改意见，以利于本书后续改进与完善。

编 者

2024 年 3 月于杭州

项目管理在线开放课程

目 录

模块一
项目连接启动

知识目标 ⬇

- 了解项目生命周期的划分。
- 理解项目数字化管理面临的挑战。
- 掌握项目启动阶段应完成的主要工作。

能力目标 ⬇

- 能撰写项目可行性研究报告的框架。
- 能熟练计算项目经济评价中的主要指标。
- 能根据背景资料，分析组建不同类型项目团队的优缺点。

素养目标 ⬇

- 形成从企业整体考虑问题的大局观。
- 养成用创新思维解决业务问题的意识。
- 形成从细节优化的精细管理理念。

关键词 ▸ 数字化管理 项目生命周期 项目可行性研究 项目团队组建

案例导入

新零售新思路——柒牌的思与变

　　福建柒牌时装科技股份有限公司始创于 1979 年，是一家以服饰研究、设计和制造为主，集销售为一体的综合性集团公司。目前，该企业拥有员工 6000 多名，有着世界一流的服装生产设备，已在全国 31 个省、自治区、直辖市设立 3000 多家专卖店，多年来产品销售收入、利润总额名列全国服装行业前十强。

一、背景介绍

早在 2011 年，柒牌就在行业内率先开启企业信息化、大数据建设的转型之路。但对于柒牌这样一个组织庞大、工作路径复杂的企业来说，一个项目的管理工作往往需要协同集团、部门、子公司，跨地域、跨部门的协作面临着许多难题。

举个例子，订货会是服装企业的主要运营方式，各品牌服装企业每年要开二次以上的订货会。整个订货会涉及企划、研发、技术、面辅料、生产、物流和零售等十多个部门、近百人的跨部门协作，时间跨度甚至会超过 12 个月。由于缺乏有效的项目协同方式，在柒牌以往的订货会项目中，对重点阶段的监控容易失控，从而会影响后续事项的进展，严重的还会造成延期。

随着业务的不断发展，类似的项目管理工作也越来越多。面对行业压力和竞争挑战，柒牌集团希望在企业管理的数字化转型中，将企业独特的创新管理工作方式与 Teambition 协同工具相结合，打造一支能快速、准确地响应市场需求的队伍。

二、数字化管理改革措施

1. 重要节点监控风险，核心业务运作有保障

为了解决订货会协同中遇到的种种困难，柒牌集团利用 Teambition 工具对黑标、中华立领红标等多标系产品季进行管理，对单产品季 19 个重要节点和 98 个常规事项进行过程监控和风险管理，建立了十多个中心部门的协作链条，并为产品季核心业务运作分析和监察提供了更加完整和透明的进度数据。

在产品季项目的协同过程中，通过"任务分组""任务列表""任务进展""任务催办"等功能，同步展示产品季的关键里程碑，各环节能够随时记录和共享最新的进展、红绿灯状态和进度百分比，保证上下游协作方都能保持信息对齐和节奏同步，有效降低逾期风险。

除此之外，Teambition 通过项目分组表格视图、项目统计以及跨项目统计，图形化、可视化地呈现各产品季管理的关键状态和进展统计。例如，应用甘特图可以展现整个产品季行事历的完整时间计划，并通过基线对照随时了解前期计划和当前实际计划的差异，便于项目经理统筹和调整产品季的进度。

2. 打破门店管理壁垒，一周完成 18 家门店筹备工作

将 Teambition 应用到全国的门店管理中，是柒牌集团企业管理数字化转型的重要举措。在 Teambition 的帮助下，柒牌集团在一周内启动了全国 18 家黑标直营店的新开店筹备管理，既标准化了每个新开店的 60 多项筹备事宜，又拉通了总部和分公司在新开店筹备时跨地域的信息联动和反馈。

在"项目概览"中记录每个新开店项目的里程碑计划和新开店的项目信息，便于同步给整个项目组成员。渠道中心负责人可以及时掌控开店筹备的关键进展，轻松协调跨部门的资源以支持筹备工作。

通过对开店筹备的工作分类，按阶段进行"任务分组"，并以任务列表的方式在"看板视图"中呈现，将与开店筹备相关的几十件任务的分工、计划和责任人进行统一管理。这样有助于门店负责人统筹安排繁杂的事宜，明确开店事宜的分工和计划，避免遗漏，并且任务进展和成果可以非常清晰、直观地展现出来，让管理更加便捷省时。

3. 线上管理任务，总览看板有效提高项目交付率

柒牌集团每年有近百个集团级和中心级的数智化项目需要管理，以前这些繁重的项目任务通常使用 Excel 进行时间计划的管理，处理起来效率不高。柒牌集团通过使用 Teambition 项目管理工具，从 2020 年开始将数智化建设相关的 13 个中心级项目、20 个集团级项目的管理在线化，并将准时交付率目标提升至 80%。

柒牌集团数智化项目管理，包含项目管理办公室（project management office, PMO）管理和项目实施两个层面。其中，从 PMO 视角出发的项目总览看板可以直观地展现重点项目所处阶段，便于整体的统筹和监控。在 PMO 视角的项目空间中，通过标签来区分项目的级别，方便 PMO 成员在看板中直观地了解集团级和中心级项目的当前进展阶段。

4. 运用强大的开放平台，四天交付一版数据分析报表

随着承载的项目和任务数据逐渐增多，作为任务完成时效性方面的考核依据，柒牌集团希望各中心及分公司能统计好任务的完成和逾期情况。而想要有效地统计庞大的数据不是一件简单的事情，以往由战略经营管理部先导出任务数据，然后在 Excel 中进行部门和人员匹配，最后才能编制出相关报表，工作量大且效率低下。

在使用 Teambition 后，柒牌商业智能（business intelligent, BI）数据部在 Teambition 应用中心创建企业内应用，通过开放平台提供的软件开发工具包（java software development kit, java SDK）进行开发，利用标签查询语言（tag query language, TQL）调用任务和企业部门列表的应用程序编程接口（application programming interface, API），将相关数据顺利接入数据仓库，仅用四天就交付了第一版的 BI 报表。

数据仓库根据 Teambition 开放平台 API 获取相关任务和企业组织架构数据，BI 根据要求灵活定制，生成实时报表，在减轻大量工作量的同时保障了数据的准确性，Teambition 为更好地践行"柒牌高效办事准则"提供了数据支持。

资料来源：https://www.teambition.com/case/detail/?tag=trading_4.

问题：柒牌是如何开展数字化管理的？

任务一　项目数字化管理准备

任务导航

"姥姥家"是一家连锁餐饮集团。2023 年 8 月，该集团老板见当前餐饮行业生意不错，想在湖南长沙租个店面开一家专营湘菜的大排档饭店，总投资在 400 万元左右。饭店预计面积在 300 平方米左右，拟招聘厨师六名、服务员十名。该项目指定由公司市场拓展部的员工王宁来负责，王宁应该如何启动这个项目并实现高效的管理呢？

第二次世界大战期间，项目管理主要在军事工业领域内应用，随后逐步进入民用工业领域。到 20 世纪 90 年代，项目管理的应用领域越来越广泛，进入了普及阶段。这个阶段出现了许多项目单列式组织（如工程建设公司、咨询公司），其业务运作的主导形式是一个个项目。而那些非项目单列式组织也大规模引入项目管理，IBM、微软、惠普和宝洁等跨国公司不仅将能够项目化的工作尽量项目化，还要求公司新入职的大学毕业生都学习项目管理。这些公司已经将项目管理作为一项基本的管理技能进行培训和推广。

当今社会，项目无处不在，很多项目与日常生活息息相关，如城市地铁建设、商业大厦建设、新产品开发与推广、门店新开、新房装修、公司旅游活动组织。这些活动虽然规模差异大、持续时间长短不一、所需资金也有区别，但它们都具有项目的基本特征，所以可以采用专门的方法来推进运营与管理。即使以往认为项目管理无用武之地的行业，如物业管理、美容业、教育业等，也纷纷引进项目管理来管理过去用非项目管理方法管理的活动。甚至在百姓的居家生活中，也能发现项目管理的缩影，比如网络上大热的装修日记、旅游笔记等，就是一个个典型又接地气的项目管理案例。

项目运营已成为组织中经常需要完成的工作，如果采用的方式方法得当，则可以提升项目推进的效率，较好地完成项目的目标，使多方达到利益共赢。

一、项目的定义

项目的定义有多种版本，具有代表性的有以下几种。

美国项目管理协会（PMI）认为，项目是为创造独特的产品、服务或成果而进行的临时性工作。项目创造的产品可以是终端用户使用的产品，如计算机；也可以是其他产品的组成部分，如计算机芯片。

美国著名项目管理专家克利福德·F.格雷（Clifford F. Gray）认为，项目就是以一套独特而相互联系的任务为前提，有效地利用资源，为实现一个特定的目标所做的一次性的努力，它受时间、预算和资源的限制。

美国学者罗伯特·K.威索基（Robert K.Wysocki）认为，项目是由一些独特的、复杂的相关活动所组成的一个序列，它有一个必须在特定时间内、在预算之内及根据规范完成的目的或目标。

德国标准化协会（DIN）认为，项目是指在总体上符合如下条件的唯一性任务，即具有预定的目标，具有时间、财务、人力和其他限制条件，具有专门的组织。

中国项目管理协会认为，项目是由一组有起止时间的、相互协调的受控活动所组成的特定过程，该过程要达到符合规定要求的目标，包括时间、成本和资源约束的条件。

我国知名项目管理专家郭致星在《极简项目管理》一书中提出，项目在本质上是独特的、临时的非重复性工作，要求使用有限的资源，在有限的时间内为特定的人（或组织）完成某种特定目标（产品、服务或成果）。项目的这个定义非常简洁，但是含义非常深刻。本书后续将采用这一定义进行阐述。

二、项目的特点

独特性、临时性和渐进明细性是项目最显著的三大特点。其中，独特性和临时性是基本的特点，渐进明细性是在这个基础上衍生出来的。

（一）独特性

1. 独特性意味着项目成果的不重复性

每个项目创造的可交付成果（产品、服务或成果）都是独特的。当前的项目与以前的项目相比，会或多或少地存在不一样的地方，也就是具有一定的不重复性。例如，核电在国内发展得很快，在广东、浙江、山东、广西、福建、辽宁都有相关项目，而且进展得都比较顺利。但是，同样的项目在湖南桃花江和湖北咸宁的实施就遇到了困难，施工进程一拖再拖。虽然项目得到了相关部门的批准，人力、物力、财力、技术也不是问题，但不得不面对被搁置的局面。

如果是创新性很强的项目，将完全没有可以参考的以往的项目。这种创新带来的独特性意味着项目中有新的知识有待认知。知识仅是对现实世界的近似描述，人们不可能掌握任何事物的全部知识。不能认知和掌握的事物会显得比较复杂，而对于复杂的事物，人们无法一开始就掌握完备的知识，需要循序渐进。但是，如果没有掌握完备的知识，往往就会犯错误——已经发生的错误称作问题，可能发生的错误称作风险。项目组应该通过完善的程序来管理这些错误（问题和风险）。

2. 独特性是相对的

一个项目是否独特是相对的。将一个项目与以前的项目相比，或多或少会存在某些相似性，如两个大楼建设项目或两个手机开发项目之间肯定有一些相似的地方。如果每个项目都是完全独特的，就不可能存在适用于大多数项目的知识，项目管理方法也就不具有任何意义了。正是这种相对的独特性，使项目管理的应用范围得以广泛扩展。而许多工作都具有相对的独特性，因此也就具备了当作项目来完成的可能性。

3. 独特性提升竞争力，增加挑战性

正是因为项目的独特性，项目的成果才具备了某种竞争力，否则只需要重复以前的工作就够了。当然，独特性也提升了项目工作的挑战性，而项目工作中的一个重要部分就是化解挑战性，使项目更明确、更可控。

（二）临时性

1. 临时性是指项目有明确的起点与终点

商业机会稍纵即逝，快速变化的环境会使过去赚钱的产品很快变成明日黄花，使未及时交付的项目成果失去商业价值。临时性是变化的结果。商业环境的变化会产生新的需求，从而催生新项目的出现，项目就是为满足新产生的需求而启动的。需求可能是对原有需求的完善，也可能是全新的需求。当需求得到满足或者需求不再存在时，项目就会结束。

2. 临时性并不意味着项目的持续时间短

任何具有明确开始和结束时间的工作都是临时的，不会无限期地延续下去。临时性与项目持续时间的长短没有关系，历时一个月的项目是临时的，历时十年的项目也是临时的。

3. 临时性会造成项目管理者的权限不足

因为项目的临时性，项目经理在组建项目团队时可能会遇到"招不到合适的成员"的情况。很多情况下，项目经理可能还会在管理团队成员时感到自己的权力不足。在常见的矩阵组织结构中，项目经理和团队成员之间是单次博弈，而职能经理和团队成员之间是多次博弈；职能经理决定成员的工资、奖金和晋升，而非项目经理。

项目的临时性决定了项目团队的临时性，团队通常需要随着项目的完成而解散。团队解散后，团队成员需要重新找工作，这也是项目带给团队成员的挑战之一。

4. 项目的临时性不意味着成果的临时性

临时性的项目所创造的成果往往具有可持续的长期生命力，并持续地对环境造成影响。例如，都江堰水利工程至今还在发挥作用。

5. 项目可因多种原因结束

当满足以下一种或多种情况时，项目即宣告结束：①达成项目目标；②不会或不能达到目标；③项目资金缺乏或没有可分配资金；④项目需求不复存在；⑤无法获得所需的人力或物力资源；⑥违反法律或存在其他原因。

（三）渐进明细性

渐进明细性是指逐渐细化，意味着项目是在连续积累中分步骤实施的，即逐步明确项目的细节特征。由于项目在实施过程中可能发生变化，所以应该在整个项目生命周期中反复开展计划工作，对工作进行逐步修正。

1. 项目的许多方面需要渐进明细

在项目中，需要渐进明细的方面如下。

（1）项目目标。一开始只有方向性的大目标，然后逐渐细化出具体的、可测量的、可实现的小目标。

（2）项目范围。一开始只有粗略的范围说明书，然后细化出工作分解结构（work breakdown structure，WBS）和工作分解结构词典。

（3）项目计划。一开始只有控制性的计划，然后逐渐明细，制订出具体的实施计划。

2. 渐进明细不同于范围蔓延

项目的渐进明细，一定要在适当的定义范围内进行，也就是要在项目的边界内进行，以避免渐进明细演变成范围蔓延。渐进明细与范围蔓延根本不是一回事，前者是必须做的，后者是必须避免的。例如，在去商场前，甲计划买两套运动衣，可是到了商场后，他发现运动鞋促销，于是就买了一双鞋——这是范围蔓延。在到达商场前，甲只考虑需要买运动衣，没有确定款式、色彩、价位，到商场后，看到了越来越多的商品后，甲逐渐对要买的运动衣的款式、色彩、价位有了明确的认识——这是渐进明细。

渐进明细是正常的做法。项目范围不可能在开始的时候就非常清晰，需要不断地补充、细化、完善，这是客观规律。而范围蔓延是不正常的、危险的、失控的，应该在项目实施过程中避免这个问题。

3. 渐进明细的方式

实现渐进明细的方式有以下两种。

（1）化大为小，逐步推进。将项目实施过程划分成几个阶段，在不同的阶段执行不同的项目活动，最终分阶段地完成项目的所有活动。

（2）剥洋葱式，逐层深入。先解决当前能够解决的问题，再逐层深入，依次完成每个层次包含的项目活动，最后彻底完成项目。

即问即答 1-1

如何定义项目？项目具有哪些特点？

三、项目生命周期

（一）项目生命周期的五个阶段

项目生命周期是按顺序排列有时又相互交叉的各阶段的集合，表现了项目运营管理的逻辑性。一般来说，可以将项目生命周期分为五个阶段，即启动阶段、规划阶段、执行阶段、监控阶段和收尾阶段。各阶段的主要工作内容如表 1-1 所示。

表 1-1　项目生命周期各阶段的主要工作内容

启动阶段	规划阶段	执行阶段	监控阶段	收尾阶段
明确需求、策划项目 调查研究、收集数据 提出项目建议书 可行性研究 确定项目主要成员 明确合作关系 确定风险等级 拟订战略方案 资源估算	项目产品范围界定 实施方案研究 质量标准确定 资源保证 项目任务拆解 项目计划制订 项目预算制订 项目程序制订 风险评估	建立项目组织 建立项目沟通渠道 实施项目激励机制 建立项目工作包 建立项目信息控制系统 落实拆解的任务 获得订购物品及服务 制订赶工计划	收集并分析数据 项目进度核对 项目投入核对 阶段成果核对 项目变更实施	完成项目产品 项目评价与验收 资料归档 撰写总结报告 资源关闭 解散项目组

在项目运营的不同阶段，需要根据当时的环境背景有针对性地解决问题，即使是同样的问题也应区别对待。因为在不同时期，项目进行变更所需要支付的成本以及造成的影响是不一样的。一般而言，改变项目产品最终特性的能力在项目开始时最大，随项目进展而减弱；而变更和纠正错误的成本在项目接近完成时通常会显著增高。

假如某业主家里装修房子项目的计划工期是六个月，现在是第一个月，业主正在单位上班，突然接到施工人员从现场打来的电话："业主，你家的开关面板装不平，请问怎么办？"业主可以试着这样回复："我不想听这些没用的，给我想办法装好！"为什么这么强势呢？因为项目刚开始，人对项目的影响、改变的能力很强，而变更和纠正错误的成本很低。

假如装修公司在装修的第三个月反映开关面板装不平的问题，则可以这样回复："你给我提供三种方案，告诉我每种方案的优点、缺点，让我从中选一种。"这时候，就不能像一开始那么强势了，因为人影响、改变项目的能力在降低，而变更的成本却在增加。

如果开关面板装不平的问题发生在装修项目的第八个月（已经超期了二个月），怎么办？项目组经常听到有人说："装不好就扣钱！"事实上，拿扣钱相要挟的甲方不是成熟的甲方。正确的做法是告诉工人："先把美观放一边，无论如何都要保证好用！"此时，人影响、改变项目的能力很弱，而变更和纠正错误的成本却很高。

站在项目实施方（乙方）的角度来说，在项目生命周期中处理问题时可以参照如下方法。①在项目早期，原则上应倾向于接受变更（让怎么干就怎么干）。当然，必须遵守变更控制程序。②在项目中期，要先分析变更的影响，原则上尽可能与相关人员沟通，取消变更（要变更，先谈谈）。③在项目后期，变更成本太高，原则上应尽可能不变更。遇到大的变更时，可以考虑启动一个新的项目；即便遇到小的变更，也要到售后服务时再做。当务之急是先验收，完成项目收尾工作。

项目生命周期

（二）项目阶段化的好处

"凡事预则立，不预则废。"项目也是如此。项目启动阶段的工作是最重要的，但是很多人把更多精力花在中间的执行阶段。前期策划还没有做好就仓促上路，这往往会导致错误的结果——试错、返工。对比同一个项目在不同公司实施的情况可以发现，在立项和方案拟订阶段花的时间越长，项目实施的周期越短。可见，在项目的早期投入精力是非常划算的。

很多项目一开始就埋下了失败的隐患，当这些隐患积攒到项目的后期爆发出来时，项目经理已无力回天。据统计，当一个项目已实际使用 10% 的预算时，将会锁定项目 90% 的最终成本。因此，如果在项目前期不能妥善处理隐患，将会浪费实现项目最佳成果的机会。

"很花时间""项目组没有时间"往往是某些人对低质量项目不做启动工作的托词。而项目组事实上是有时间的，只是项目组没有很好地利用时间。现实总是如此，人们总是没有时间把事情做对，却总是有时间返工。初次去一个陌生的地方，去的时候总感觉路很远，迟迟到不了目的地；而回来时，却又觉得好像没有那么远。为什么？当存在不确定性因素时，人们往往会感觉痛苦、煎熬；而在返程的时候，不确定性因素的减少，降低了人们的痛苦。不确定性恰恰是项目管理的痛苦来源之一。

有没有办法减少这种不确定性，从而降低项目管理带来的压力和痛苦呢？日本著名的马拉松运动员山田本一的经验也许能给项目组一些启示。在每次比赛前一天，他都会开着车把比赛的路线走一遍，并把沿途比较醒目的标志记下来，比如第 20 分钟要到一个银行，第 45 分钟要到一个酒店，第 66 分钟要到一个公园门口，等等。40 多公里的赛程，他会将其分解成几个阶段目标进行管理和控制。山田本一通过阶段管控，就可以在比赛中不受别人影响，按照自己的节奏比赛，进而取得优异的成绩。他的这种比赛管控方式很值得在项目管理中借鉴。

项目阶段化还有另外一个好处，就是可以减轻痛苦、降低不确定性，从而增强项目经理对成功的信心。同样的道理，如果在去一个陌生的地方之前，先在途中设定几个标志点，到一个地方就庆祝一下，那么人们的痛苦和煎熬感也会明显降低。

借助项目生命周期，可以对项目过程做如下规划和控制：①确定各阶段需要完成哪些工作；②明确各阶段的可交付成果何时产生，如何验证和确认；③确定各阶段需要哪些人员参加；④确定如何控制风险和验收各个阶段的成果。

● 资料链接 1-1

项目运营中的不合理做法

在一些项目的运营过程中，人们急于求成，考虑不周，最终导致项目失败。这些不合理的做法可以概括为六拍、四没、三边、只谈。

1. 六拍

拍脑袋。有些领导产生了做项目的想法后，不是组织相关人员严格论证是否可行，而是自己觉得可行就立刻拍板立项。

拍肩膀。在启动会议上，为了鼓舞士气、调动项目经理的积极性，领导拍着项目经理的肩膀进行激励："好好干，前途无量。"

拍胸脯。受到领导的激励后，为了让领导放心，项目经理会表决心——拍胸脯，团队中的"牛人"们往往也会有所表示："选择我，没错的！""放心吧，包在我身上！"

拍桌子。运行一段时间后，项目进展情况远远达不到预期，而且不知不觉中陷入了墨菲定律的陷阱。压力之下，冲突开始出现，推卸责任、抓"肇事者"、互相攻击成了一些脾气暴躁的团队成员在束手无策或着急上火时常做的事。

拍屁股。团队的震荡冲突、项目的种种问题使项目经理越来越难以应对。"不给支持、只要结果。现在项目做不下去了，就知道训我？我还不干了呢！"于是，项目经理拍屁股走人了。

拍大腿。项目结果令人大失所望，领导们开始后悔当初的决策和冲动："为什么选择这个项目？为什么不认真策划？"团队成员也痛心不已，却又无可奈何："唉，早知如此，当初就应该……"

2. 四没

没问题。项目开始时，乐观主义情绪充斥组织上下，每个人都对项目的未来充满期待，风险意识全无。即便进行了项目可行性研究，也常是"为可行而进行研究"，研究到最后都是可行的。

没关系。项目实施中，时不时会遇到一些所谓的"小问题"，但大家都不以为意，认为没关系。

没办法。项目失败了，意料之中的结果如期而至，于是大家又用"没办法跟这种客户打交道"当作借口。

没资源。项目结束了，结果却不佳。大家的结论是："公司实施这种项目需要大家的共同努力，而市场部门没能'搞定'客户，各职能部门资源不能保证，项目管理经验也不足。"总之，项目的时间紧、任务重，而项目组员工的素质又明显跟不上，根本就是先天资源不足。

3. 三边

边设计。项目开始时，大家都不清楚项目目标，也不知道项目具体该如何做。范围不清、目标不明，只能盲目地凭感觉来做，一边做一边设计。

边实施。实施过程就像"傻媳妇和面"，面多了加水，水多了加面，整个过程完全处于无序的混沌状态。

边修改（边返工）。所谓"计划赶不上变化"，项目环境多变，项目实施过程中，会发生很多"意外"。情况变了，就要随时调整方案。改来改去，谁也不知道改成了什么样子，使项目工作重复，项目结果偏离目标。

4. 只谈

项目初期：只谈成本。项目开始时，"钱"是每个人讨论的核心话题。讨论成本不能说是错的，但却是不完整的。即便是同一个项目，预算不同，对应的实施方案和计划安排也是不同的。

项目中期：只谈进度。在项目的实施阶段，每个人都急于看到项目的成果，进度冲突逐渐成了人们关注的核心。人们看到结果的时间间隔越长，实施过程积累的进度压力也就越明显，这往往会进一步激化为众人矛盾的焦点。"只要能尽快完成就行"成了很多人挂在嘴边的话。

项目后期：只谈质量。当项目成果终于展现在众人面前时，人们像不长记性的孩子，忘记了痛苦的过程，也不管进度和成本的限制，变得只关注交付成果的质量。

资料来源：郭致星. 极简项目管理 [M]. 北京：机械工业出版社，2020.

项目的生命周期模型：
瀑布型和敏捷型

四、项目与作业的关系

在组织中，通常可以将组织的日常工作分为三种类型：第一种是战略规划类工作，主要是组织制定发展方向和长期目标；第二种是作业运营类工作，帮助组织维持稳定和创造收入；第三种是项目类工作，帮助组织建立新的竞争优势或更科学的机制。

组织战略一般要通过开展两种类型的工作得以实现：一类是作业（重复性工作），另一类是项目（非重复性工作）。作业以追求效率为目的，赚钱的事要好好干，这对组织很重要。但外界环境在不断变化，组织的机制和工作方式也需要随之改变。因此，应进行内部调整，以适应环境，也就是必须做项目。实际上，项目的本质是改变业务类工作，以非重复性劳动为主要特征。

从项目的独特性、临时性和渐进明细性这三个特点来讲，对任何一项工作，如果更看重它的独特性、临时性和渐进明细性，它就是项目；如果更看重它的重复性、与其他工作的相似性，且一开始就能明确大部分细节，它就是作业。从这个意义上讲，组织中的许多工作都可以被看作项目，可以进行项目化管理。

流程和制度本质上是组织的最佳实践，是把自己或前人的经验教训总结到文档中固化下来，以避免走弯路或犯不该犯的错误。但是，最佳实践也不是永远适用的，随着环境的改变，原来的最佳实践可能不再适用。这就需要找到新的最佳实践，用新的制度和流程代替旧的制度和流程。当然，这个转变和迭代过程也应该是循序渐进的。

相应地，整个过程需要有人专门负责，这个人必须不断审视组织已经常态化的工作机制，评估它们与当前环境和未来发展趋势的适用程度，然后在此基础上进行调整，这就是项目组所说的"项目管理"。在确定了新的最佳实践后，要把它固化到日常作业工作中，这就要建立新的制度和流程，这些新的制度和流程一旦被组织成员运用到工作中，就会成为组织自身能力的一部分。

项目和作业是不同的。项目是一次性的、有时间期限的；而作业是持续的，它是公司或某一部门的主要工作，是生产相似或相同的产品或服务。如快递公司每天要处理成千上万个包裹，配送中心每天要例行拣货发货，客服员工要不停地接待客户的反馈投诉，这些都属于作业类的工作。项目与作业的主要区别如表 1-2 如示。

表 1-2　项目与作业的主要区别

区 别 点	项 目	作 业
目标	特定的	常规的
组织机构	项目组织	职能部门
负责人	项目经理	部门经理
时间	有起止点的有限时间内	周而复始，相对无限
持续性	一次性	重复性
管理方法	风险型	确定型
资源需求	不定性	固定性
任务特性	独特性	普遍性
计划性	事先计划性强	计划持续性强
考核指标	以目标为导向	效率和有效性

项目的价值在于驱动变革，作业能够使组织维持在一定水平上持续运行，而项目可以实现组织运营水平的提升。随着相关工作的完成，可交付的成果和知识会在项目与作业间转移。当项目开始时，资源从作业转移到项目；在项目接近结束时，资源则从项目转移到作业。在这个过程中，作业运营部门与项目团队之间通常会进行大量互动，为实现项目目标而协同工作。因此，作业可以实现组织的持续稳定，项目可以实现组织的持续发展。

例如，为了满足市场需要，A 公司决定研发一款新手机（一个项目），新手机定型后转入批量生产阶段（作业）。新手机获得了客户的喜爱，需要提高产能（一个新项目）。随着市场的变化和竞争对手的发展，该款手机已经不再满足客户的需求，A 公司决定对这款手机进行升级换代（又一个新项目）。

项目与作业的关系

即问即答 1-2

如何区别临时性的项目与常规性的作业？

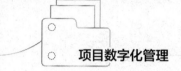

五、项目的数字化管理

（一）项目数字化管理的定义

项目数字化管理，也可以理解为项目管理的数字化转型。一般认为，它是指企业在项目运营与管理过程中，运用互联网技术对项目各阶段任务的实施情况在数字化平台上进行记录，项目相关各方可以在平台上实现信息共享、数据采集、质量分析、资料留档等功能。通过数字化的管理手段，可以使项目得到低成本、高效率的推进与实施。

业内普遍认为，数字化管理是指利用计算机、通信、网络等技术，通过统计技术量化管理对象与管理行为，实现研发、计划、组织、生产、协调、销售、服务、创新等职能的管理活动和方法。从数字化技能到数字化协作，再到数字化交付，数字化技术对项目管理的影响是多角度、全方位的，并为项目管理赋予了丰富的新内涵。如今，项目数字化管理也是数字经济的一个重要组成部分。

当前业内普遍认可的"数字经济"的定义，源自2016年9月二十国集团领导人在杭州峰会通过的《二十国集团数字经济发展与合作倡议》。该文件明确指出，数字经济是指以使用数字化的知识和信息作为关键生产要素、以现代信息网络作为重要载体、以信息通信技术的有效使用作为效率提升和经济结构优化的重要推动力的一系列经济活动。从该定义可知，数字经济有以下三层内涵。首先，数字经济是数据经济。数据是数字经济的第一要素。人类社会利用实时获取的海量数据（包括主体数据、行为数据、交易数据、交往数据）来组织社会生产、销售、流通、消费、融资、投资等活动。数据已成为经济活动中的关键生产要素。其次，数字经济是网络经济。互联网是数字经济的基础载体，而数字经济的基础设施是对数据进行采集、传输、处理、分析、利用、存储的能力、设施与设备，包括互联网（尤其是移动互联网）、物联网、云计算与存储能力、计算机（尤其是移动智能终端）以及将其连接在一起的软件平台。最后，数字经济是智能经济。人工智能让数据处理能力得到指数级的增长，借助"人工智能＋算法"的驱动，可以实现各领域应用的数字仿真、知识模型、物理模型等和数据模型融合，实现跨界创新和智能服务，从而极大地提升社会生产力。

（二）项目数字化管理系统

1. 项目数字化管理系统的主要内容

从短期看，项目数字化管理系统的确是一种管理手段，它在潜移默化中改变着管理人员的管理方法。从长远看，项目数字化管理系统到底能否产生效率和效益，最终形成企业级数据库，这取决于项目。因为只有项目数字化管理系统的数据采集准确、及时，企业级的数据库才能起到有效指导的作用。以工程项目为例，项目数字化管理系统一般包含以下模块。

（1）质量管理平台。质量管理数据直接反映了项目质量管理状态、过程、成果，累计形成的数据直接指导项目质量管理。企业可以通过平台数据对项目进行有效管控，对项目的管理风险进行及时纠偏和预控。

（2）安全管理系统。施工安全管理系统以移动端执法为手段，以数据清单和学习资料为数据基础，以危险源的辨识与监控、安全隐患的排查与治理、危大工程的识别与管控为主要业务。该系统支持全员参与安全管理工作，对施工生产中的人、物、环境的行为与状态进行具体的管理与控制，通过事前预防、事中管控的方式杜绝事故的发生，为施工现场的安全管理提供完整的解决方案。

（3）劳务管理系统。劳务管理数据直接反映进场人员的施工作业时间、工种信息以及基本信息，为施工生产、劳动力计量、安全管理提供有效的数据。

（4）生产管理系统。生产管理系统可以实现项目施工进度与任务的协同，并通过移动端进行信息反馈；可以实现原有业务的替代，完整保存过程资料，并自动输出相关数据报表，减轻现场施工人员的工作负担；可以通过周进度计划细化现场管理，使进度落实到每一天、每一道工序，便于控制工期；根据工序协调周转料、原材料的进场，以便于物资管理；可以用施工相册汇总现场生产影像资料，以便于保存和查询；可以将施工日志上传平台，以便于整理和备查。

2. 项目数字化管理系统的主要功能

项目管理者实施任务管理通常会遇到一些问题。例如，在项目任务分配的过程中，如果任务内容划分不到位、任务指标不明确、任务跟进人缺失，会导致项目任务无效分配，已分配的项目无人跟进，增加项目沟通成本，影响项目管理效率。此外，如果没有建立任务进度汇报机制，或者任务进度更新的操作不规范，项目管理者就很难了解项目的实际进度。而缺少任务进度统计工具，无法实时了解任务进度，也会影响项目管理策略的及时调整。

为了解决这些问题，越来越多的企业开始采用数字化管理系统来辅助项目管理。目前来看，项目数字化管理系统具有以下功能。

（1）使项目任务分配责任到人。系统可以将项目目标标准化，拆分项目任务，并通过流程化管理进行任务分配，将每个任务对应到具体的负责人和任务内容。这样可以避免项目内重复沟通，确保每个任务都有明确的负责人和进度要求。

（2）任务进度智能提醒或通知。系统可以按照任务周期，提醒或通知任务跟进人及时更新任务进度，并对任务工作内容进行标准化输出。这样可以简化项目内的任务进度汇总工作，提高项目管理效率。

（3）任务数据看板使项目实际情况一目了然。此类系统支持项目任务进度数据统计分析功能，通过饼状图、柱状图、折线图等多种统计图表形式予以直观展现。管理者可以快速了解项目整体情况，项目任务跟进人也可以了解真实的任务进度，从而改进工作方式，优化任务产出。

通过项目数字化管理系统，企业可以及时发现和解决潜在问题，避免偏离项目目标。同时，系统可以提高协同合作的效率，促进团队成员之间的合作与沟通，进一步提高任务完成质量，并在项目管理过程中培养团队成员自我管理的能力和数字化思维，为企业的数字化转型打下基础。

（三）项目数字化管理面临的挑战

项目数字化管理不是简简单单的实测数据录入、现场进度或者节点录入，而是用数据反哺业务，提前预知风险和规避风险，在有效减少工程人员负担的同时节省成本。在数字化管理模式下，项目经理的角色要从"组织专家做事的人"向更为广义的"统筹相关方开展价值共创活动的人"转变，而如何在不同相关方之间建立多赢的共识，使相关方真正融入项目的价值共创活动中是项目经理所面临的挑战。

项目数字化管理是围绕企业项目开展的全员性工作，也是一项持续性的工作，数据采集的及时性、全面性决定其应用效果。无论是数据平台管理，还是数据采集，重中之重是数据管理。数据管理是企业全员性的工作，而不是某个人、某个部门的事情。同时，必须在从项目开始到项目结束的整个过程中，都及时、持续、全面地采集数据，才能保证项目数字化管理的应用效果。

对一个项目而言，一方面，要做好项目数据的采集与加工。开发数字化管理系统时，需要充分考虑数据的使用范围、频次、采集量、时效性等因素，以及数据的二次加工（主要是数据的筛选、分析、汇总等）。另一方面，要利用数据实现协同管理。这需要确定合适的数据采集范围及深度，逐渐形成项目管理数据库；提高项目管理平台的使用率；有效汇集各部门的管理数据，形成综合数据，进而有效指导项目管理；有效反馈、跟踪各业务板块的管理数据。反馈的数据会在企业的不同层级体现出其价值，数据的应用层级越高，价值越大。

即问即答 1-3

根据已学过的专业知识，请列举三个不同类型的项目。

任务二 项目可行性研究

任务导航

某市开发区内有1000亩地暂未开发，当地有一家物流配送企业拟在这个园区内建一个200亩的配送中心。这家企业的负责人要求相关部门做一份配送中心建设的可行性研究报告，你认为这份报告应从哪些方面来撰写？

一、项目可行性研究概述

（一）项目立项前的资料准备

项目可行性研究是在大型项目立项之前必须完成的。例如，要在某地建一个物流园区，大致需要按如下的流程推进。分析政府现有用地的规划，因为物流园区占地面积较大，但能够产生的经济效益不高，在各级政府对GDP指标比较重视的情况下，地方政府对物流用地的使用大多是比较谨慎的。当然，一个区域也必须要有几个物流集散地，如果没有物流集散地，那么物流车辆就只能乱停，影响市容市貌。而且如果物流集散地不能与当地的产业相匹配，也会影响地方特色产业的发展。所以，要了解政府现有的整体发展规划，比如哪几个片区是用作物流发展的，在政府没有新地使用的时候，也可以考虑合理使用旧厂区。

在政府的整体规划之下，具体的物流园区建设才有可能。一般情况下，建一个新的物流园区，前期需要准备各种材料。首先，需要撰写项目的可行性研究报告。在项目的可行性得到政府、专家和建设方等的认可之后，接下来需要撰写项目发展规划。发展规划要列出项目中长期的目标和发展思路，要结合地方产业、地方政策、企业自身等多方面的因素进行阐述。发展规划相当于确定项目在几年内的发展路径。在发展规划通过以后，需要制订更为具体明确的项目行动方案。

在这些资料都准备妥当并得到多方认可之后，投资方就可以实施具体的投资及建设了。在项目前期，撰写项目可行性研究报告是一项很重要的工作。

（二）项目可行性研究报告的框架

可行性研究是对拟投资项目进行多方面的调查研究和综合论证，为投资决策提供科学依据，从而保证所投资项目在技术上先进可靠、经济上合理有利、操作上合法可行。可行性研究是政府投资项目审批决策的依据，是企业项目使用政府投资补助、贷款贴息等编制资金申请报告的依据，是筹措资金和申请贷款的依据，是编制初步设计文件和建设方案的依据，是向地方政府建设、规划、环保等部门申请办理建设许可手续的依据。项目可行性研究很重要，以报告文件的形式提供，就是项目可行性研究报告。

项目可行性研究报告的编制有很强的逻辑性，也具有很严谨的逻辑结构。这个逻辑结构是建立在一定的逻辑框架中的。总体来说，可行性研究报告的编制要做到重点突出、逻辑清晰、主次分明。

项目可行性研究报告通过总论提纲挈领，展开论述。总论中有项目概述和结论、建议。围绕着结论，要论证为什么、已有什么、做什么、怎么做，具体到工艺、各环节方案、时间与奖金安排、各类评价。最后进行总结，首尾呼应。可行性研究报告的编制就是围绕着思路框架展开，进行调研、佐证、论述。报告的概述内容包括项目名称、建设地点、实施单位、建设规模与建设内容、投资估算与资金筹措、实施进度、编制依据及原则、研究范围、主要经济技术指标。报告的结论包括简要综合结论、存在的主要问题及建议。

根据项目类型的不同，项目可行性研究报告的内容框架会略有不同，但有些内容是必备的。这些内容应包括总论、项目背景及必要性、项目定位及规划方案、建设方案、项目实施进度及管理、项目组织机构和人力资源配置、投资估算及资金筹措、结论和建议等。

项目可行性
报告内容

二、项目机会研究

项目机会研究是对各种投资机会和设想做出评估和分析，确定发展机会，形成明确的项目意向。"先评估论证，再决策是否上马"是项目决策的基本要求。错误的项目会导致资源浪费，甚至会危及企业生存。项目机会研究的主要任务是提出投资方向和设想，找出可以投资的项目。项目投资者收集大量信息，经过比较分析，明确项目发展方向或投资领域；然后，进一步调查研究和筛选方案，将项目发展方向转变为项目建议。项目的产生通常有以下几种方式：①企业寻找项目机会，项目经过论证后决定实施；②从外界引入项目，完成初步可行性研究后，项目提出者与投资者再详细研究，而后实施；③项目提出者做完所有的论证工作，并引入风险投资，实施该项目；④外部环境变化引发了一个项目。

不管项目从哪里来及由谁提出，前期都需要做大量的工作。在分析机遇和条件后，还需要进一步分析项目能够在多大程度上解决组织所面临的问题。例如，一个企业发现其资源利用率很低、管理头绪太多，准备启动企业资源计划（enterprise resource planning，ERP）项目。面对这个项目意向，要先分析当前问题的数量和严重程度，提出项目需求报告，初步界定项目范围，规定技术标准、质量要求、进度要求及其他重要的标准，供决策层判断是否需要建立 ERP 系统。从项目团队角度出发，一旦确定了相关问题和需求，并证实项目将会获得很大的收益，就可以开始准备项目建议书了。

项目建议书主要有以下内容：项目建设的必要性和依据；产品方案、拟建规模和建设地点的初步设想；资源、运输条件和协作关系的初步分析；主要工艺技术方案和设备情况风险；关于投资估算和资金筹措的设想；关于项目建设进度的安排；经济效益和社会效益初步估计；有关初步结论和建议。表 1-3 是某物流园区方案设计的项目建议书梗概。

表 1-3　某物流园区方案设计的项目建议书梗概

模　块	主　要　内　容
项目总目标	完成包含一个铁路货运站在内的物流园区方案设计
工作表述	园区占地 500 亩（1 亩 ≈666.67 平方米），园区的货物铁路和公路年总吞吐量 500 万吨，主要货类为集装箱、笨重货物、散货和零担
目标规划	①设计方案要符合现代物流理念，建成以公路和铁路联运为特征的城市物流中心目标规划；②园区的布置以仓储、集装箱堆场、物品加工场等为主；③将运输、仓储、流通加工、配送、信息处理等基本功能有机结合
提供资料	① 1∶12000 的物流园区规划地理位置图 1 份；② 1∶8000 的物流园区范围内城市道路规划图 1 份；③ 1∶3000 的物流园区地形平面图 1 份
交付物	①物流园区工程设计文件 1 份；②物流园区管理与运作方案设计文件 1 份
付款方式	凡设计方案被选中者，将根据国家工程项目管理规定，按工程项目总造价的百分比支付；设计方案未被选中者，前期产生的费用原则上自理
进度要求	各参竞设计文件，务必于接到邀请函后 2 个月内送达 ×× 公司，截止日期为 ×××× 年 ×× 月 ×× 日
未尽事宜	本项目设计最终方案需要通过评标最终确定，评标的方法按有关规定执行

三、项目选择

企业在面对多份项目建议书时，应优先选择适合自身发展战略且市场需求旺盛的项目。项目选择就是通过设置一定数量的评价标准，从市场需求、技术条件、资源要求、法律限制等各个方面对项目建议书进行比较分析，选出在现有资源和技术条件下投资收益最优的一个或若干个项目。

（一）项目选择需考虑的因素

企业选择项目时，必须考虑企业的战略目标。如果企业决定不惜代价增加销售额，那么有利于增加销售额的项目就会受到青睐，如实施分销管理系统；如果企业试图掌握行业技术优势，那么技术创新的项目就会脱颖而出。在进行项目选择时，通常需要考虑的因素如表 1-4 所示。

表 1-4　选择项目时需要考虑的因素

因　素	内　容
风险因素	技术风险、金融风险、安全风险、质量风险、法律风险等
商业因素	投资的预期回报、回收期、潜在市场份额、长期市场优势、初始现金费用、拓展新市场的能力等
内部操作因素	发展或培训新雇员的需求、人员数量或结构的改变、物理环境的改变、由项目带来的生产和服务流程的变化等
其他因素	专利保护、对企业形象的影响、组织战略等

（二）项目选择的评价模型

1. 检查表模型

检查表模型是建立一个检查表或指标列表，每个指标划分出若干等级，对每个项目的各个指标分别选择等级，统计每个项目获得的等级情况，从中选出最好的项目。

例如，恒亮公司是一家 LED 产品制造商，随着低碳环保概念深入人心，LED 产品需求总体呈上升趋势。但由于项目投资较大，技术复杂，产品价格普遍偏高。目前，其客户主要是组织客户，产品多应用于市政照明、场馆外景照明、公安消防等行业，家庭消费市场有待开发，特别是广大农村市场难以接受目前的价格。公司现有 A（特种防爆灯）、B（路灯）、C（树灯）、D（射灯）四个新产品开发项目建议，设定了项目成本、潜在利润、投入市场时间、项目风险四项指标，每项指标设定高、中、低三个等级，由项目筛选小组进行评价和比较，评价结果见表 1-5。综合比较各个项目之后，得到高、中、低的数量，结论是首选项目 B（路灯），其次是项目 D（射灯）。

表 1-5　恒亮公司的项目评价结果

项　目	指　标	评 价 等 级		
		高	中	低
项目 A	项目成本	√		
	潜在利润	√		
	投入市场时间			√
	项目风险			√
项目 B	项目成本	√		
	潜在利润	√		
	投入市场时间		√	
	项目风险		√	

项　　目	指　　标	评 价 等 级		
		高	中	低
项目 C	项目成本	√		
	潜在利润		√	
	投入市场时间			√
	项目风险	√		
项目 D	项目成本	√		
	潜在利润		√	
	投入市场时间	√		
	项目风险	√		

这种方法的优点是简单直观，可以快速地对大量项目进行筛选。但存在两个缺点：一是评判过程主观性强，如各个项目需要投入的成本是不同的，尽管四个项目的项目成本评价均为"高"，但它们之间肯定存在差异；二是各个指标没有权重，无法体现项目目标的优先级，不能把项目与企业战略结合起来。

2. 评分法模型

评分法模型是为每个评价指标量化打分，在多个项目间横向比较得分结果，选出最优项目建议。为了使项目与企业战略目标保持一致，可以根据指标对企业的重要程度或客户的关注程度，为每个指标赋予不同的权重，以体现出企业战略导向或客户导向。评分法的操作步骤如下：①为每个指标确定权重，总权重为 100%；②根据不同的等级，由项目评价专家委员会为每个指标打分，采取 10 分制；③将每个指标得分与权重相乘，得到加权得分；④计算每个项目的总分，并排序。

在恒亮公司的案例中，假设公司较为重视利润和风险，各指标的权重设定如下：项目成本为 20%；潜在利润为 30%；投入市场时间为 20%；项目风险为 30%。项目筛选的评分结果见表 1-6。

表 1-6　项目筛选的评分结果

项　　目	指　　标	权　　重	得　　分	加权得分
项目 A	项目成本	20%	6	1.2
	潜在利润	30%	7	2.1
	投入市场时间	20%	8	1.6
	项目风险	30%	9	2.7
	总分		7.6	
项目 B	项目成本	20%	9	1.8
	潜在利润	30%	8	2.4
	投入市场时间	20%	7	1.4
	项目风险	30%	6	1.8
	总分		7.4	

续表

项 目	指 标	权 重	得 分	加权得分
	项目成本	20%	7	1.4
	潜在利润	30%	7	2.1
项目C	投入市场时间	20%	8	1.6
	项目风险	30%	8	2.4
	总分		7.5	
	项目成本	20%	8	1.6
	潜在利润	30%	8	2.4
项目D	投入市场时间	20%	7	1.4
	项目风险	30%	7	2.1
	总分		7.5	

从表 1-6 可以看出，项目 A 的得分最高，依据评分应该选项目 A。

四、项目必要性研究

由于项目主体的战略目标和资源条件不同，项目主体对项目必要性的判断结果可能不同，而且，是否选择该项目也与项目主体的主观意图有很大关系。在明确项目主体的基础上，可从表 1-7 中的几个方面对项目的必要性进行分析。

表 1-7 项目必要性分析的内容

内 容	解 析
项目主体的发展战略	由于资源的有限性，项目主体通常不会实施与自身发展战略无关的项目，即项目必须符合项目主体的发展战略
项目产品的市场潜力	项目产品的市场潜力决定了项目建成后的收益，有效需求是项目必要性的依据
资源的有效利用	如果拟建项目能够充分利用现有资源，节约能源，实现资源的循环利用，那么该项目投资就具有必要性
对国家及当地经济和社会的贡献	项目不仅要为本企业创造效益，还要对国家及当地经济和社会有积极贡献，即项目应符合国家和地区经济发展规划及产业布局

五、市场研究

市场研究的主要目的是通过市场调查与预测，了解清楚项目产品的市场状况，包括市场容量、市场特征、需求量发展趋势、竞争程度、销售策略等。市场研究是解决项目必要性问题的关键点，也是确定项目产品的生产规模、选择工艺技术和厂址等的重要基础。市场调查应包括产品现状、规格和性能的调查，生产能力调查，产品产量调查，消费情况调查。市场预测主要可分为市场需求预测、价格预测和项目需求量预测。

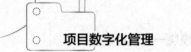

六、技术评价

项目技术评价的对象是技术要素，如各种工艺图纸、计算公式、设备、厂房等。技术方案应适合当地的资源条件和环境因素，例如，对技术的接受和吸收能力，相应的生产协作条件，劳动力的素质、结构与数量以及地方环境保护的要求等。项目技术评价是从先进性、适用性、经济性、可靠性和符合国家技术标准等方面，对生产工艺、设备选型和工程设计方案进行分析和评价。表1-8列出了项目技术评价的内容。

表1-8　项目技术评价的内容

内　容	细 化 说 明
生产工艺方案评估	①可靠性分析；②产品质量保证程度分析；③经济性分析；④生产工艺对原材料的适应性分析；⑤生产工艺流程的均衡性分析
设备选型方案评估	①确定设备生产能力；②主要设备选型，列出主要设备方案清单，标明所用设备的类型、规格和数量；③编制设备投资费用估算表；④测算主要设备负荷均衡情况
工程设计方案评估	①项目总平面布置方案评价；②土建工程设计方案论证
施工组织设计的分析与评估	①施工方案分析；②施工顺序分析；③施工进度分析；④材料供应计划分析

七、项目建设条件

项目的建设条件包括以下九个方面。

（1）资源需求。分析拟开发资源的可利用量、自然品质、储存条件和开发价值。

（2）工程地质。根据地质勘察报告，选择合理的地质环境，避开地震强度大、断层严重、流沙等地段，以达到延长项目使用寿命的目的。

（3）原材料、燃料条件。原材料供应数量应满足项目生产能力的要求，质量要满足生产工艺的要求，并考虑材料储存设施的建设。

（4）电力条件。分析项目所在地区电网对项目用电的保证程度，研究供电方式、供电质量与安全保障程度、项目的总用电量及保证程度。

（5）供水条件。供水数量和质量符合环保及工艺要求。

（6）交通运输条件。研究生产区内外的运输方式和运输设备，装卸、运输和储存等能力要满足项目需要，同时考虑各种运输方式的协调和经济上的合理性。

（7）协作条件。研究在设备维修、公用工程、交通运输、仓储等方面与所在城镇或相邻企业协作的可能性。在商业、服务、教育、消防、安全等方面，能够充分利用当地现有的条件。

（8）安全防护条件。易燃、易爆、有毒产品的生产地点应远离城镇居民区。

（9）对排污的要求。厂址的方位和地形要有利于污染物的排放、扩散和环保处理。

八、项目选址

项目选址是指在一定范围内选择拟建项目的地点和区域，并确定项目的坐落位置。项目选址应符合区域和城镇总体规划及项目投产后生产的基本要求。项目选址受厂址条件和环境、地方财税政策、土地价格、材料资源、市场及运输、项目自身特点等多个因素的影响。原料消耗多且产品运输不便的项目，应靠近原料产地选址，如煤电厂；成品运输不便或损耗大的项目，则应靠近消费市场选址；耗电量大的项目，应选择在动力基地附近建设；技术密集型的项目，应靠近科技中心建设，如光伏产业项目、通信项目应选在人才密集的城市。

项目可行性研究技巧

九、项目经济评价

（一）现金流量

在项目经济评价中，被评价的项目经常被视为一个独立的经济系统——这个系统可以是一个企业，也可以是一个地区或一个部门。现金流量是指一个系统在一定时期内流入和流出该系统的现金量。现金是指货币资本，包括纸币、硬币、汇票等。现金流量有正负之分。通常，流入系统的资金收入叫作现金流入量，简称为现金流入，是正现金流量；流出系统的资金支出叫作现金流出量，简称为现金流出，是负现金流量；在某一时期内现金流入量与现金流出量的差额叫作净现金流量。现金流入量、现金流出量和净现金流量统称为现金流量或现金流。现金流量包含两个要素，即现金活动的方向和现金活动量。

（二）资金时间价值

1. 资金时间价值的概念

资金与时间的关系体现在资金时间价值中。所谓资金时间价值，是指资金在生产或流通领域不断运动，随时间的推移而产生的增值；或者说是资金在生产或流通领域的运动中随时间的变化而产生的资金价值的变化量。资金时间价值可以从两方面来理解。①将资金用作某项投资，由资金的运动（流通 → 生产 → 流通）可获得一定的收益或利润，这就是资金时间价值。②如果放弃资金的使用权力，相当于失去了收益的机会，或牺牲了现期消费，即相当于付出了一定的代价，这也是资金时间价值的体现。

2. 资金时间价值的衡量尺度

资金时间价值是以一定的经济活动所产生的增值或利润来表达的。因此，利息、利润是资金时间价值的体现，是衡量资金时间价值的绝对尺度。利息是资金占有者转让使用权所取得的报酬，也是使用者所付出的代价。无论是个人还是企业，向银行贷款都要支付利息。同理，个人或企业向银行存款，银行也要支付利息。即使使用自有资金，不需要向别人支付利息，但失去了将这笔资金存入银行或贷款给别人投资而获得利息的机会，这种机会的损失就是使用自有资金的代价。

利润是资金投入生产流通领域直接获取的增值，也是衡量资金时间价值的尺度。衡量资金时间价值除了可以用绝对尺度之外，也可用相对尺度。在银行储蓄或债务资本支付中，单位时间的利息额与本金的比例，称为利率；而在单位时间内直接投资生产、流通中所获得的利润额与投资额的比值，称为资金利润率或投资收益率；在技术经济学中，资金增值的利息、利润统称为收益。因此，利润率、利率也可用收益率来统称，它们是衡量资金时间价值的相对尺度。

（三）经济效果评价指标

由于项目的复杂性，任何一种具体的评价指标都只能反映项目的某一方面或某些方面。为了对项目进行系统而全面的评价，往往需要采用多个评价指标。这些相互联系又相对独立的评价指标构成了项目的经济效果评价指标体系。如何根据项目的特点选用合适、有效的评价指标，进而建立恰当的经济效果评价指标体系，以辅助科学决策，这是投资项目评价的核心内容。因此，必须了解各种经济效果评价指标的含义、特点及相互之间的关系。下面介绍一些常用的重要评价指标。

1. 净现值

净现值（net present value，NPV）是指在考虑资金时间价值的前提下，将项目整个寿命周期内各年发生的现金流量按一定的贴现率贴现到同时点上（通常是期初）的现值之和，计算公式如下：

$$NPV(i)=\sum_{t=0}^{n}(CI_t-CO_t)(1+i)^{-t}$$

式中，NPV 为净现值；CI_t 为第 t 年的现金流入量；CO_t 为第 t 年的现金流出量；n 为项目寿命期（一般为年）；i 为基准贴现率（基准收益率）。

在每年的净现金流量相同的情况下，则有

$$NPV = -投资额 + 净现金流量 \times (P/A, i, n)$$

式中，$(P/A, i, n)$ 为等额系列现值因子。

若 NPV ≥ 0，则表明项目超过或达到了基准收益率标准，方案可行；若 NPV < 0，则表明项目不能达到基准收益率标准，可以考虑不接受该方案。

进行多方案择优时，要先判断备选方案是否可行。若有多个方案可行，则须遵循净现值最大准则进行判断，即在投资资金充足的情况下，净现值越大的方案越优。

例 1-1 某厂拟投资一个项目，该项目各年的现金流量见表 1-9，若期望收益率为 10%，试用净现值指标判断该项目在经济上是否可行。

表 1-9 项目各年的现金流量

年份	投资额/万元	收入/万元	支出/万元	净现金流量/万元	因数	现值/万元
0	−300	0	0	−300	1	−300
1	0	250	150	100	0.9091	90.9

年份	投资额 / 万元	收入 / 万元	支出 / 万元	净现金流量 / 万元	因数	现值 / 万元
2	0	250	150	100	0.8264	82.6
3	0	250	150	100	0.7513	75.1
4	0	250	150	100	0.6830	68.3
5	0	250	150	100	0.6209	62.1

注：因数的计算公式为（1+i）。

解　由净现值计算公式算出 NPV= –300+100×（P/A，10%，5）≈79（万元）。

由于 NPV>0，说明该项目在整个寿命期内除保证 10% 的收益率外，还可以多收入 79 万元，故该项目方案在经济效果上可以接受。

2. 投资回收期

投资回收期又称投资返本期，是反映项目投资回收速度的重要指标，它是指以项目的净收益抵偿其全部投资所需要的时间，通常以年表示。根据是否考虑资金时间价值，投资回收期可以分为静态投资回收期 T_p 和动态投资回收期 T_d。

（1）静态投资回收期。T_p 表示累计净现金流量等于 0 的时点。

$$\sum_{t=0}^{T_p}\text{NCF}_t=\sum_{t=0}^{T_p}(\text{CI}_t-\text{CO}_t)=0$$

式中，NCF_t 为净现金流量。

但时点往往不是一个自然年份，因此在实际工作中，一般根据现金流量表按照下面的公式进行计算：

上年累计净现金流量的绝对值 = 累计净现金流量开始出现正值的年份数 –1+

$$\frac{上年累计净现金流量的绝对值}{当年净现金流量}$$

（2）动态投资回收期。静态投资回收期因未考虑资金时间价值，难以正确地辨别项目的优劣，它相对应的改进指标则是动态投资回收期。动态投资回收期是指用项目各年收益的现值来回收其全部投资的现值所需要的时间。假设资金的折现率为 i，T_d 定义为

$$\sum_{t=0}^{T_d}(\text{CI}_t-\text{CO}_t)(1+i)^{-t}=0$$

在实际工作中，一般根据现金流量表，按照下面的公式进行计算：

T_d = 净现金流量折现累计值开始出现正值的年份数 –1+

$$\frac{上年净现金流量折现累计的绝对值}{当年净现金流量折现值}$$

对于所投资的项目，投资回收期越短，经济效果就越好。若部门或行业确定的基准投资回收期为 T_c，则项目判别标准为当（T_p）$T_d \leqslant T_c$ 时，则考虑接受该项目；当（T_p）$T_d > T_c$ 时，则考虑拒绝该项目。

例 1-2 某项目的投资额为 140 万元，准备分 3 年投入，每年分别投入 80 万元、40 万元和 20 万元。投产后每年都有净利润产生，项目计算（寿命）期为 8 年，后面几年产生的净利润分别是 30 万元、40 万元、45 万元、60 万元、70 万元、90 万元。试判断该项目投资的有利性（折现率为 15%，基准投资回收期为 6 年）。

解 根据题意，计算得项目现金流量表，见表 1-10。

表 1-10 项目现金流量表

年份	0	1	2	3	4	5	6	7	8
净现金 / 万元	−80	−40	−20	30	40	45	60	70	90
累计净现金 / 万元	−80	−120	−140	−110	−70	−25	35	105	195
净现值 / 万元	−80	−35	-15	20	23	22	26	26	29
累计净现值 / 万元	−80	−115	−130	−110	−87	−65	−39	−13	16

由公式计算得

$$静态投资回收期\ T_p = 6-1+|-25| \div 60 \approx 5.4\ （年）$$

$$动态投资回收期\ T_d = 8-1+|-13| \div 29 \approx 7.4\ （年）$$

该项目的基准投资回收期是 6 年，动态投资回收期约为 7.4 年，大于基准投资回收期。单纯依据此指标，应该拒绝该项目方案。

投资回收期是反映项目投资回收能力的重要指标，它的优点是计算简单，使用方便，能反映项目的风险性。因为一般而言，时间越长，现金流量越难以正确估计，其收益也更难以保证。项目的回收期越短，说明该项目的投资回收越快，项目的风险性越小。它的缺点是没有考虑资金时间价值，没有考虑项目投资回收期后发生的现金流量，无法反映项目在整个寿命期内的经济效果。因此用该指标进行计算，对短期收益大的项目更有利，这是用其进行多方案评价时必须注意的问题。

投资回收期比较适于在技术经济数据不完备和不精确的项目初选阶段使用，被广泛用于项目评价工作中，由于该指标兼顾了方案的经济性和风险性，在某类型的方案评价中具有特别之处（如投资者由于资金紧张、产品周期短、市场变化快等原因而希望早日收回投资）。但是必须注意的是，该指标仅适用于项目的可行性判断，多作为反映项目风险状况的辅助性指标使用，不能用来对多方案进行择优评价。

3. 投资收益率

投资收益率是指项目达到设计生产能力后在正常生产年份的净收益与投资总额的比率。由于分析的目的不同，投资收益率在具体应用中有许多不同的表达方式，其中在项目评价中最为常用的是投资利润率，也称投资效果系数。投资利润率的含义是单位投资所能获得的年净利，其计算公式为

$$E_{实} = \frac{P}{I} \times 100\%$$

式中，$E_{实}$ 为投资利润率；P 为正常生产年份的年利润或年均利润（对生产期内各年利润变

化较大的项目而言）；I 为总投资额。

若 $E_{标}$ 为标准投资利润率，则当 $E_{实} \geqslant E_{标}$ 时投资方案可行。

在实际应用中，可根据需要对公式计算采用不同的取值口径，以用于不同的分析目的，因而投资收益率往往还呈现出以下不同的表示形式：

$$投资利税率 = \frac{年利润 + 税金}{全部投资额}$$

$$资本金利润率 = \frac{年利润}{资本金}$$

$$全部投资收益率 = \frac{年利润 + 折旧与摊销 + 利息支出}{全部投资额}$$

$$权益投资收益率 = \frac{年利润 + 折旧与摊销}{权益投资额}$$

例 1-3 某项目总投资 100 万元，预计正常生产年份年收入 30 万元，年支出为 8 万元。若标准投资利润率 $E_{标}$ 为 15%，该项目是否可行？

解

$$E_{实} = \frac{P}{I} \times 100\% = \frac{30-8}{100} \times 100\% = 22\%$$

由于 22%>15%，故该项目可行。

投资收益率指标的优点是：①与国家统计资料和企业有关财务资料较为对口，计算简单方便；②基准容易确定，实际可操作性强，可以选取银行利率、企业利税率等作为标准投资利润。其缺点是没有反映资金时间价值，不能体现早期收益比后期收益的优越性。

4. 内部收益率

内部收益率是使项目在整个寿命期产生的净现值为 0 的贴现率，一般用 IRR 表示。它是项目经济评价最重要的指标之一。

对常规项目而言，所取的贴现率越大，项目的净现值就越小。而项目组用净现值指标的评价标准是项目净现值不小于 0。因此，内部收益率可以理解为使项目净现值指标可行的最大贴现率。也就是说，以项目在整个寿命期所产生的现金流入完全抵补其现金流出，平均每年还产生内部收益率的收益水平。内部收益率的计算公式为

$$\sum_{t=1}^{n} \frac{NCF_t}{(1+IRR)_t} - C = 0$$

式中，NCF_t 为第 t 年的净现金流量；IRR 为内部收益率；n 为项目使用年限；C 为初始投资额。

判别准则为先确定基准收益率 MARR，若 IRR≥MARR，则方案可行。

从内部收益率的计算公式可以看出，内部收益率的求解是对一元高次方程的求解，用代数法求解较为复杂，通常采用"试算内插法"求 IRR 的近似解，具体步骤如下。

第一步，初步估算 IRR 的值。先用一个贴现率 i，计算相应的 NPV(i_1)。若 NPV(i_1)>0，则表明 IRR>i_1；相反，若 NPV(i_1)<0，则说明 IRR<i_1。

第二步，观察所求得的 NPV 值，并反复试算，可得到两个较为接近的贴现率 i_m 和 i_n，

且有 NPV（i_m）<0，NPV（i_n）>0，则 IRR 的值必定在两个贴现率之间。

第三步，用线性内插法求得 IRR 的近似值，计算公式为

$$\text{IRR}=i_n+\frac{\text{NPV}（i_n）}{\text{NPV}（i_n）|\text{NPV}（i_m）|}\times（i_m-i_n）$$

内部收益率指标的优点：①该指标可以作为有关部门监控行业经济效果的衡量标准；②该指标能在一定程度上起到控制投资的作用。

内部收益率指标的缺点：①对非常规的投资项目而言，内部收益率方程可能会出现多解或无解的情况，此时不能用内部收益率指标来评价方案；②在对内部收益率的计算中采用了复利计算法，这就意味着项目寿命期内所获得的净收益可全部用于再投资，再投资的收益率等于项目的内部收益率。而在现实投资中，出现这种情况的概率较小。

例 1-4 某工程项目需投资 1000 万元，寿命期 20 年，1~20 年的净现金流量均为 110 万元，试计算该项目的内部收益率。若基准贴现率为 10%，判断项目是否可行。

解

（1）根据公式有 $-1000+110\times（P/A，i，20）=0$。

（2）设 $i_n=9\%$，$i_m=10\%$，分别计算其净现值：

NPV$_n=-1000+110\times（P/A，9\%，20）=-1000+110\times9.1285=4.135$（万元）

NPV$_m=-1000+110\times（P/A，10\%，20）=-1000+110\times8.5136=-63.504$（万元）

（3）用内插法算出内部收益率 i：

$$i=9\%+\frac{4.135}{4.135+63.504}\times（10\%-9\%）\approx9.06\%$$

由于 9.06%<10%，故该项目在经济效果上不可行。

5. 外部收益率

外部收益率可以说是对内部收益率的一种修正，一般用 ERR 表示。外部收益率在计算时与内部收益率一样，假定建设项目在寿命期内所获得的净收益全部用于再投资，但不同的是其假定再投资的收益率等于基准收益率。其经济含义是在基准收益率的利率下，在建设项目寿命终了时，以每年的净收益率恰好把投资全部收回。其计算公式为

$$\sum_{t=1}^{n}I（F/P，\text{ERR}，t）=\sum_{t=1}^{n}R_t（F/P，\text{MARR}，t）$$

式中，I 为投资；R 为净收益；ERR 为外部收益率。

外部收益率法用于建设项目的经济效果评价时，也需要与基准收益率比较。其独立建设项目评判准则为：外部收益率大于或等于基准收益率时，建设项目可行；否则，建设项目不可行。

外部收益率法用于多个可行建设项目的优选与排序时，其评判准则为：外部收益率越大，则建设项目越优。

外部收益率指标具有以下特点：①外部收益率属于相对性指标，因此只能判断项目是否可行，不能用来进行方案择优；②在实际中应用不普遍，但对非常规项目的评价比内部收益率指标要好，因为它不会出现多解的情况，而且求解更为简便。

任务三　项目团队组建

任务导航

　　A 物流企业在某物流园区长租了一幢楼，租期为 15 年。该楼共 5 层，总建筑面积 3 万平方米，A 物流企业拟将其改造成电商仓库和办公区，并于 8 个月后正式投入运营。那么，A 企业应如何组建项目团队？这个团队主要的职责有哪些？

一、项目团队的定义与特征

（一）项目团队的定义

　　项目团队又叫项目组，是为保证项目有效实施而建立的团队。因项目性质、复杂程度、规模和持续时间等方面的不同，项目团队的具体职责、组织形式、人员构成和人员配备等方面也各不相同。项目团队的一般职责是项目计划、组织、指挥、协调和控制。项目经理要对项目的范围、费用、时间、质量、风险、人力资源和沟通等进行多方面的管理。

　　项目团队不仅是指被分配到某个项目中工作的一组人员，它更是指一组互相联系的人员齐心协力地开展工作，以实现项目目标，满足客户需要。而要使这些人员发展成为一个有效的团队，一方面要项目经理做出努力，另一方面需要项目团队中每位成员积极地投入团队工作。一个有效率的项目团队不一定就能取得项目的成功，但一个效率低下的团队则注定会使项目失败。

（二）项目团队的特征

　　项目团队是为实现项目的目标而共同合作的若干成员组成的正式组织，一般包括项目经理、项目办公室人员以及专业人员等。项目团队具有以下特征。

　　（1）项目团队具有明确的目标。项目团队的使命是完成项目的任务，实现项目目标。

　　（2）项目团队是一种临时性组织。在项目任务完成后，项目团队的使命终结，项目团队便可解散。

　　（3）项目经理是项目团队的领导。在一个项目团队中，项目经理是最高的决策者和管理者。一般来说，项目的成败与项目经理能力的大小有密切的关系。

　　（4）项目团队强调合作精神。项目团队是一个整体，它按照团队作业的模式来完成项目，这就要求成员具有高度的合作精神，相互信任，相互协调。

　　（5）项目团队成员的增减具有灵活性。项目团队在组建的初期，其成员可能较少。随着项目进展的需要，项目团队规模会逐渐扩大，而团队成员的人选也会随着项目的发展进行相应的调整。

（6）项目团队建设是项目成功的组织保障。项目团队建设包括对项目团队成员培训、人员绩效考核以及人员激励等，这些都是项目成功的保障。

二、项目团队成员的选择

选择合适的团队成员对建设高效的项目团队而言至关重要，找到合适的人就等于成功了一半。根据对组织价值观的认同情况与所需能力，组织中的人可根据能力大小、对价值观认同与否分为四类：①能力大、对价值观认同；②能力大、对价值观不认同；③能力小、对价值观认同；④能力小、对价值观不认同。对第一类人，团队应该重用；对第四类人，团队应该辞退。老员工是第三类人的典型代表，他们忠诚、负责，但渐趋老化，其知识和能力已不适应组织的发展，但如果简单地将其辞退则会寒了众人之心。新招来的"空降兵"是第二类人的代表，但他们未必与组织一条心，更麻烦的是重用这些"外来人"可能会遭到原来员工的排斥。对这两类人的使用，需要有管理艺术。

即问即答 1-4

不少企业裁员时会裁业绩不太好的老员工。你认为应该如何用好企业的老员工？

三、项目团队的成长阶段

有关团队建设的过程，美国著名的心理学教授布鲁斯·塔克曼（Bruce Tuckman）及其团队创建了发展阶段模型，可以被用来识别团队构建与发展的关键性因素。一般认为，项目团队的成长可以分为五个阶段，分别是形成期、震荡期、规范期、成熟期和休整期。

项目例会的召开要求

（一）形成期

在加入新团队时，激动、困惑、矜持、观望是团队成员的主要特点。形成期的团队缺乏清晰的工作目标，工作职责与标准不明确，缺乏顺畅的工作流程，成员间缺乏有效的沟通，个人的角色定位不明确，部分成员还可能出现状态不稳定、忧虑等问题。在这一阶段，团队负责人需要进行团队的指导和构建工作，向项目组成员宣传项目目标，并为他们描绘未来的美好前景及项目成功所能带来的效益，公布项目的工作范围、质量标准、进度计划的标准和限制，使每个成员对项目目标有全面深入的了解，建立起共同的愿景。团队负责人应明确每个项目团队成员的角色、主要任务和要求，帮助他们更好地理解所承担的任务，与项目团队成员共同讨论项目团队的组成、工作方式、管理方式、方针政策，以便取得一致意见，保证日后工作的顺利开展。

形成期的主要工作任务是明确方向，确定职责，制定规范与标准，进行员工培训。团队负责人一定要向团队说明工作目标、工作范围、质量标准及进度计划，并根据工作目标对团队成员进行技能和知识培训。他要鼓励成员参与探讨工作计划，主动进行平等、真诚的交流，消除团队成员的困惑与忧虑，确保团队成员之间建立一种互信的工作关系，描绘

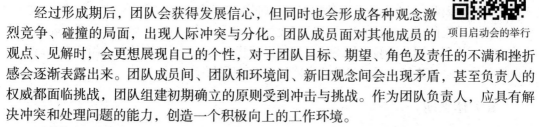

项目启动会的举行

出成功的美好前景并达成共识，以激励团队成员。

（二）震荡期

经过形成期后，团队会获得发展信心，但同时也会形成各种观念激烈竞争、碰撞的局面，出现人际冲突与分化。团队成员面对其他成员的观点、见解时，会更想展现自己的个性，对于团队目标、期望、角色及责任的不满和挫折感会逐渐表露出来。团队成员间、团队和环境间、新旧观念间会出现矛盾，甚至负责人的权威都面临挑战，团队组建初期确立的原则受到冲击与挑战。作为团队负责人，应具有解决冲突和处理问题的能力，创造一个积极向上的工作环境。

震荡期的首要任务是安抚人心。团队负责人要认识并处理各种矛盾和冲突。如某一派或某个人的力量绝对强大，那么作为领导者要适时地化解这些权威和权力，绝对不允许以某个人的权力打压其他人的贡献。同时，要鼓励团队成员对有争议的问题发表自己的看法。团队负责人要善于做引导工作，想方设法化解矛盾，而不应对矛盾置之不理或进行权力压制。这一时期，如不能因势利导、防患未然，团队就会面临被颠覆的危险，至少会在团队发展的道路上埋下隐患。

同时，这个阶段要准备建立工作规范。如果没有工作规范、工作标准约束，就会造成一种不均衡——这种不均衡也是冲突的根源，这就要求领导者在规范管理的过程中以身作则。

（三）规范期

通过震荡期的磨合，团队进入规范期，规则、流程、价值观、行为、方法、工具均已建立，团队成员开始逐渐提升工作技能、掌握新技术。团队成员之间开始建立起互谅、互让、互助的关系。成员的目光重新聚焦于工作，关注目标与任务，团队成员有意识地解决问题，实现组织和谐。他们开始关心彼此的合作和团队工作的进展，并逐渐适应环境、技术和各种规范的要求。

团队要顺利地度过规范期，最重要的是形成团队的文化和氛围。团队精神、凝聚力、合作意识能不能形成，关键就在这一阶段。这一时期的最大阻碍是团队成员对震荡期存在的问题心存顾虑，害怕引发矛盾而不敢表达自己的见解。作为团队负责人，在这一时期的主要工作是通过激励让团队成员放下心理包袱，提高责任心和相互信任度，令他们将行为标准和工作任务紧密地结合起来。

在规范期可以从以下角度进行团队建设：①鼓励提建议，让成员在提意见的过程中，感觉到团队发展与自己休戚相关；②实行参与制，让每个成员都认识到自己是团队的一员；③对成员进行工作授权，激发他们的责任心；④表扬和奖赏。

必须强调的是，实施激励应该贯穿于工作过程中，而不应只是在完成时。当然，除激励之外，规章制度的约束和惩罚也是必不可少的辅助手段。

（四）成熟期

度过规范期，团队逐步实现了高绩效运作，这就进入了团队的成熟期。成熟期的团队呈开放、坦诚、及时沟通的状态，用规范化的管理制度与标准工作流程进行沟通、化解冲突、分配资源；团队成员具备多种技能，能协力解决各种问题，能自由而建设性地分享观点与信息，有一种完成任务的使命感和荣誉感。

"领导者要干自己的事，不干别人能干的事"，这是现代领导方法的基本法则。对于成熟期的高绩效团队，负责人应负责掌舵而不是划桨。团队负责人应集中精力关注进度、成本、质量等事关全局的事，对其他工作应适当放权。同时，团队负责人要根据需要，随时更新工作方法与流程，推动经验与技术的交流，提高管理效率，营造高绩效的组织文化，借助团队智慧做出高效决策，通过成员的集体努力追求团队绩效。

（五）休整期

天下没有不散的筵席，任何团队都有其生命周期。特别是对于项目而言，团队完成了项目目标后，就进入了团队发展的最后阶段——休整期。

休整期的团队可能有三种结果：一是解散；二是组建新的团队；三是因团队表现欠佳而被勒令整顿。因项目而成立的临时团队，一般会在此阶段宣告解散。常规团队在企业发展到一定阶段之后，可能根据业务需要撤销、调整或重组。

由于团队成员在成熟期形成了良好的默契，因此不同的休整方式可能会对团队成员心理造成不同的影响。这个时期，团队负责人需要做好团队成员的思想引导，说明调整的必要性及意义，让员工认同组织调整的决定。

布鲁斯·塔克曼认为，在团队建设的五个阶段中，每个阶段的工作绩效和团队精神的水平存在很大差异。进行团队建设时，要分析团队所处的发展阶段，了解其特点及规律并对症下药，采用恰当的领导方式，来减少团队内耗，降低发展成本，提高团队绩效。

尽管项目和项目团队都有生命周期，但这两个生命周期的长度并不一样。项目生命周期的各个阶段、各个过程都可能由不同的团队来完成，这些团队又都会经历五个阶段——一个项目从头到尾均由一个成员固定的项目团队完成的情况是很少见的。团队停滞在某个阶段或退回到前一阶段的情况，也并非罕见。如果团队成员曾经共事过，那么项目团队建设也可能跳过某个阶段。

即问即答 1-5

假如你是某新店筹建项目的负责人，现在项目已完成，团队要解散了，你会怎么做？

四、项目团队管理者的选用

项目管理本质上是一种基于战略方向、组织开拓创新的学问，其目的在于组织各方资源在短时间内形成合力，完成突破性的商业目标。显然，选择一位合适的项目团队管理者（特别是项目经理）是非常重要的。

绝大多数组织都由诸多职能部门组成，这可能会导致出现独立王国思维：人们倾向于先考虑单个部门的需求、利益和目标，而不是优先考虑组织的整体利益。这种态度往往是有害的，因为一个对某个部门最优的方案对一个组织、项目或客户而言却未必是最好的。从人性角度来说，每个人都生活在自己的世界中，都有自己关心的事情。换言之，本位思考是人的天性。市场人员会更多地从市场分类和市场趋势的角度看问题，工程师则会从实用性和功能规格角度看问题。

组织目标常被分解为部门目标。这对于单个部门即可开展的工作也许并不是问题，但项目往往是跨部门的，当每个部门都站在自己的角度看待项目时，情况就糟糕了——大家"各人自扫门前雪，莫管他家瓦上霜"。各部门的人员总把"项目组部门怎么样""其他部门怎么样"挂在嘴边。

项目中的一个常见情况是，计划部门强调进度"要快"，财务部门要求"省钱"，质量部门挥舞"质量第一"的大棒，市场部门高举"客户至上"的大旗……组织的考核体系很容易加深这种矛盾，涉及项目的各部门都有自己的业绩指标——每个部门的指标都完成了，但是项目却没完成。

项目管理者必须善于化解跨职能、跨部门、跨团队的矛盾，尝试找到能使各方达成一致的方案，这也是项目管理最重要的工作之一。事实上，项目管理的本质就是整合，为了做到这一点，项目管理者应该站在全局角度思考和解决问题，找到各相关方之间的平衡点。项目管理者的责任是组建一个有集中项目目标、统一想法的组织单元。项目管理者需要识别各相关方的差异，让团队成员能从团队最优的角度看问题。

在绝大多数企业里，项目经理都是在有责无权的条件下实施项目的。首先，他既不给团队成员发钱，也决定不了团队成员的升迁，却要安排团队成员干活，自然是不被成员重视的。其次，他时不时要跟职能部门争资源，给职能部门添麻烦，这些职能部门经理自然也是厌烦项目经理的。最后，高管见到项目经理时，听到的总是一堆坏消息：不是进度拖期了，就是成本超支了；不是质量变坏了，就是客户不满了。在高管看来，项目经理是"从不带来好消息的人"。可见，项目经理的压力是全方位的。

项目管理是一个极具挑战性的工作。在有成熟项目管理体系的企业里，对项目经理的选拔会非常严格，通常会要求其具有多年的专业背景和丰富的管理经验。

项目经理的
慎重选择

五、项目职责的落实

为了确保每个人承担起各自对项目的责任，降低"旁观者效应"的影响，使项目能够顺利完成，必须落实每个人的具体职责，并确保做到任务落实、人员落实和组织落实。

任务落实是指为了防止相互推诿、扯皮和责任不清的情况出现，每项任务必须有且只能有一个人对其负责。如果一项工作必须由两个人负责，则应该对该任务进一步分解落实。人员落实是指必须确保将每一项具体工作的责任落实到个人，而不是一个组织、一个部门、一个小组。在项目实践中，不能让任何一个人对项目只享有权利而不承担义务。组织落实是指确保在项目组织和实施中，人员、流程、使用管理平台、技术、工具之间协调一致，并建立相应的激励措施等。在实践中，虽然很多人需要对项目尽责，但他们中的很多人不是项目经理的下属，甚至不是公司的员工，如何使这些人承担起对项目的责任是项目经理所面临的挑战。

另外，项目团队的所有人需达成一致意见，同意责任分配。责任的承担涉及对时间安排、成本、风险等的保证。责任不仅包括技术性责任，也包括管理责任。而且，所有责任必须落实在项目管理团队的范围内。如果项目管理团队之外的人员负责一些活动，那么项目经理必须承担该工作的管理责任；如有需要，还要承担该部分工作与其他工作的接口协调责任，更好的方式是将此类责任分配给特定专员。

还需要说明的是，在责任分配完成后，项目负责人还需要完成以下工作：确保团队工作的优先级与客户的需求一致；确保将团队的工作过程和成果适当地展示给管理层；让技术负责人为不懂技术的人员解释技术问题；让开发团队了解一些必要的非技术问题。

模块一对应的数字化工具使用技巧请扫描下方二维码

模块一数字化工具使用技巧

模 块 小 结

本模块对项目运营的相关概念和特点进行了介绍，对启动阶段需要完成的项目可行性研究、项目团队组建等工作进行了梳理。项目可行性研究是项目启动的重要基础，项目的条件得到各方面主体的认可是项目实施的基础。项目可行性研究报告的撰写要求很高，本模块要求学生掌握研究报告的框架以及常用的一些经济指标分析方法。项目正式立项后，项目团队组建是一个必不可少的环节。学生应该掌握项目团队的组建要求，并能根据相关背景资料找到合适的团队组建路径。

动画案例：汽车遥控钥匙开发

动画案例："勇担责任"的项目经理

课 后 练 习

一、问答题

1. 项目的特点有哪些？它的生命周期分为哪几个阶段？

2. 简单分析项目数字化管理与传统项目管理的区别。

3. 假设盒马鲜生拟在大连市新开一家门店，请列出该项目可行性研究报告的框架。

二、计算分析题

1. 假设某项目在 2022 年年初投资 1500 万元，从 2024 年年初开始有回报，每年回报为 200 万元，回报时间为 10 年。请问该项目回报在 2022 年年初时的净现值是多少？这笔投资是否可行？（假设银行贷款年利率为 6%。）

2. 某项目总投资 1000 万元，预计正常生产年份年收入 360 万元，年支出为 180 万元。若标准投资利润率为 15%，该项目是否可行？

三、实训操作

将班级分成 8~10 人的若干小组，每个小组模拟一个项目组，小组成员进行角色分工，并在 Teambition 上创建该项目团队架构。

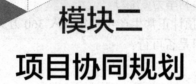

模块二
项目协同规划

案例导入

郑和下西洋前的准备

明朝初期，我国实力强盛。自明朝永乐三年到宣德八年这 28 年的时间中，郑和率领船队远航 7 次，声名远播。

1. 船队组成

在郑和下西洋的船队中，有五种类型的船舶，分别是宝船、马船、粮船、坐船和战船。据《明史》《郑和传》记载，郑和航海宝船共 63 艘，最大的长 44 丈 4 尺，宽 18 丈，是当时世界上最大的海船，折合长 151.18 米，宽 61.6 米。船有四层，船上 9 桅可挂 12 张帆，锚重有几千斤，要动用 200 人才能启航，一艘船可容纳千人。马船长 37 丈，宽 15 丈。粮船长 28 丈，宽 12 丈。坐船长 24 丈，宽 9 丈 4 尺。战船长 18 丈，宽 6 丈 8 尺。郑和所率领船队的船只，有的用于载货，有的用于运粮，有的用于作战，有的用于居住，分工细致，种类较多。多种类的船相互配合，即使在海上遇到较为恶劣的天气，船队也有能力应对。

2. 食物准备

因为船队规模大，所以出海前需要准备充足的粮食和淡水，以保证长时间的航行供给。我国明朝时期的粮食以及蔬菜水果的储存技术已经有了很大进展，完全可以应对出海航行所需。另外，海中有丰富的鱼类资源，除了缺少淡水资源和果蔬，海中应有尽有，不必担心没有吃的。有了充足的食物，航行的时间就可以足够长，远洋的距离就可以足够远。

3. 沿途贸易

郑和的船队携带了大量的瓷器、丝绸等明朝特有的商品，用于沿途贸易，拓展海上贸易渠道。虽然郑和的船队不是以国际贸易为主要目的，但是可以通过物物交换获得我国需要的一些稀缺物品。而且在他们进行贸易时，又可以从当地获得果蔬、淡水等，解决物资不足的问题。

因为国力雄厚，且前期的项目准备与计划足够充分，郑和的航行才取得了辉煌的成绩。

资料来源：历史也精彩.郑和下西洋怎样保证补给呢 [EB/OL].[2020-10-11]https://baijiahao.baidu.com/s?id=1680235949745100155&wfr=spider&for=pc.

问题：具体到某个项目的实施，前期需要从哪些方面进行充分计划？

任务一 项目任务分解

任务导航

一个项目无论大小，项目组只有将其分解成具体的工作，才能够有针对性地去实施。以做一道水煮鱼为例，它可以分解成如图 2-1 所示的具体工作，细化到买葱、洗葱、切葱等。2023 年，预制菜在市场上流行起来，假如你工作的餐饮企业是一家连锁快餐企业，有自己的中央厨房，现在老板要求你负责开发预制菜项目，那么该项目的任务应如何进行合理的分解呢？

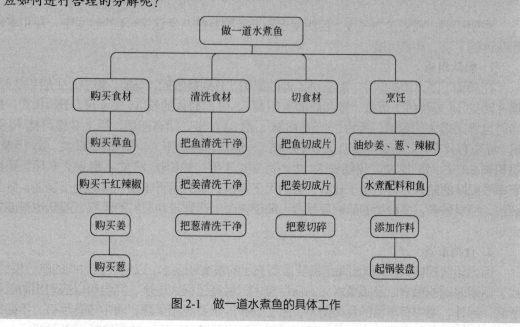

图 2-1　做一道水煮鱼的具体工作

一、工作分解结构

（一）定义

工作分解结构（work breakdown structure，WBS）就是把一个项目按一定的原则分解成任务，再把任务分解成一项项工作，把一项项工作分配到每个人的日常活动中，直到分解不下去为止。这个分解过程可以理解为：项目 → 任务 → 工作 → 活动。work，指工作，是可以产生有形结果的工作任务。breakdown，指分解，是一种逐步细分和分类的层级结构。structure，指结构，是按照一定的模式组织各部分。

WBS 是对工作的总结，而不是工作本身——工作是构成项目的许多活动的总和。WBS 就是一个可以帮助理清头绪，根据目标做好计划的工具。与其选择后期"背锅"，不如学会用 WBS 进行前期"拆雷"。尤其是对于没有成熟经验的项目，更需要遵循 WBS 对项目进行"拆解"。

工作分解结构法

（二）WBS 的作用

WBS 的实质思想之一，是要体现在项目过程中项目职责的落实和明确划分。但是由于项目管理的自身特点，项目组很难在项目规划阶段盘点项目涉及的全部事项，对一些远期才能完成的成果，可能无法在项目初期分解。即使是在一个理想的环境下，工作分解过细，也会带来管理成本的无效耗费，导致资源使用效率低下。同时，WBS 各层级数据的汇总也较为困难。所以，项目组需要明确 WBS 的作用。

WBS 的作用主要有以下五个方面。

（1）确定项目范围。明确和准确说明项目的范围。

（2）分配项目工作。为各独立单元分派人员，规定这些人员的相应职责。

（3）预估项目成本。针对各独立单元，进行时间、费用和资源需要量的估算，提高时间、费用和资源估算的准确度。

（4）把控项目进度。为计划、成本、进度计划、质量、安全和费用控制奠定共同的基础，确定项目进度测量和控制的基准，确定工作内容和工作顺序。

（5）转换项目价值。将项目工作与项目的财务账目联系起来。

（三）WBS 的特点

在明确作用后，项目分解的结构也至关重要。项目组需要了解 WBS 的特点。

（1）分解自上而下，逐级进行分解。

（2）对于小项目，分解层级一般为 4~6 级就足够了，层级越多越不易于管理。

（3）节点最终分解为一个人的工作量，以日为单位。

（4）相同任务只能在 WBS 的一个节点上出现，不能出现工作重复的节点内容。

（5）一个任务节点只能由一个人负责，其他人配合。

（6）分解的任务节点应该与实际工作情况一致，这样才能对项目进行指导。

（四）WBS 的分解原则

在实际的管理实践中，一个项目往往有多种分解方法，可以按照工作的流程、可交付成果分解，也可以在不同层级使用不同的方法，不同的分解方式侧重点不同、相互之间难以统一。解决这一矛盾，首先要理解 WBS 是实现项目进度或成本控制的基础，如果无法实现这个功能，WBS 在具体活动中只是一个工作备忘录，没有任何特殊意义。因此，项目组可以考虑在应用 WBS 的时候，将其分为两个部分。①上层部分为大项工作分解结构，可以参考项目的高层级目标，将整个项目按级别划分为若干大项和单项。大项分解可以参考项目的生命周期、各个阶段、各个里程碑控制点等原则划分。②下层部分为小项工作分解结构，部分划分不一定严格遵循传统原则，尽可能有一个相对完整的交付成果即可。如果涉及对外合同，尽量让底层部分的分解层次位于合同清单项之上，避免混乱，也利于对工作量和成本的衡量。

结合两个部分，WBS 应按以下原则进行工作分解。

（1）系统性、完整性原则。WBS 分解时应以项目目标和项目需求为基础，充分识别项目中的所有任务实体，以及任务实体间的联系，确保 WBS 分解包含所有的项目任务实体，做到不遗漏、不增加。分解后要有 100% 覆盖项目的可交付物，每一层的子任务也要100% 覆盖它的父级任务范畴。

（2）层次化分解的原则。WBS 分解时应从项目目标开始，逐层分解分类，确保性质相同的项目任务处于同一层次。

（3）避免任务交叉或重叠的原则。每个项目任务在 WBS 中应该具有唯一性，同一任务不能重复出现。

（4）最底层任务可执行、可验证、可交付的原则。处于 WBS 最底层的项目任务要能够执行和实现，尽量使用动名结构的词语描述任务内容，避免使用带有歧义的形容词或副词描述最底层的项目任务。

（5）有利于任务分工、明确责任的原则。WBS 分解出的每项任务最终都要落实到具体成员来执行和实现。通过 WBS 分解，项目经理可以更快速地明确每项任务的责任人，项目成员可以清晰明确地理解项目中的每项任务。

（6）有利于项目管理的原则。项目管理是项目过程管理和控制的重要手段，WBS 分解为项目进度计划、项目资源管理计划、项目风险管理计划、项目变更管理计划、项目沟通管理计划等的制订和执行提供了核心依据。

（7）有助于项目沟通的原则。项目沟通是项目相关人员之间获得项目目标共识的有效手段，WBS 分解又是项目目标任务的系统化解释。因此，在 WBS 分解时，应尽量使用项目相关人员有共同理解和认知的项目术语；对于陌生的概念和术语，以及项目中的新造词汇，要使用项目术语表进行记录和陈述说明，以限定和规范其表述范围，使之在项目相关人员间有共同的理解和认知，便于项目相关人员间的沟通。

具体到项目任务的分解方式，可以有多种形式，可以从产品的物理结构、产品或项目的功能、项目实施过程、项目的地域分布、项目的各个目标、项目部门等角度进行分解，具体要根据项目的实际情况来确定。

即问即答 2-1

在项目规划阶段，WBS 对项目负责人有什么帮助？

二、创建项目工作分解结构图

（一）结构工作标准化

结构工作标准化是提高组织效率的必由之路。单纯依靠人完成工作往往有较大的风险，因为人是容易出问题的。对组织而言，经验再丰富的人，其价值也是有限的。因此，能把工作显性化、结构化、标准化，使后来的人可以重复实现，就非常重要。

对细节的把握程度反映了一个企业的项目管理水平。如果不能将藏在项目细节中的模糊的、不确定的、不合理的成分展示出来，项目组就永远不能体会到管理项目的乐趣，也永远不能摆脱"想当然"带来的不确定性。

创建项目工作分解结构图就是把项目可交付成果和项目工作分解成较小的、更易于管理的组成部分的过程。一方面，项目工作分解结构图可以把隐性工作显性化；另一方面，当工作用结构化的图表方式展示出来时，可以帮助人们建立对项目的整体认知（特别是对项目不够了解的人）。同时，项目工作分解结构图可以界定项目范围、揭示项目细节，从而有助于安排项目进度、制订预算和进行有效沟通。某物流企业 ERP 系统开发项目工作分解结构图如图 2-2 所示。

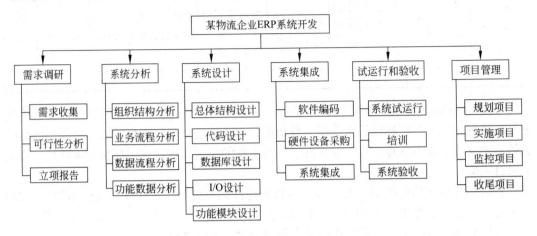

图 2-2 ERP 系统开发项目工作分解结构图

在同一企业中，尽管项目各不相同，但有许多项目在较高层次上是相似的。如果能够花费精力去编制涵盖这些同类型项目的标准 WBS，那么这样的 WBS 就成了企业的一种无形资产。根据项目的实际情况对标准 WBS 进行调整后，它就成了该类项目可以采用的 WBS。在项目分解完成后，为了使项目组成员更准确地理解项目所包含的各项工作的具体内容和要求，应该编制相应的工作技术条件表。表 2-1 是某物流软件系统代码设计工作包的工作技术条件。

表 2-1 代码设计工作包的工作技术条件

工作名称	代 码 设 计
可交付成果	代码系统
验收标准	项目经理签字，确认代码设计方案
技术条件	代码设计规范（参见 ××× 条件）
工作描述	根据项目要求和设计规范，进行代码设计并报批
假设条件	系统分析和总体结构设计工作均正确无误
信息源	系统分析所收集的信息
约束条件	总体结构设计所确定的大纲
需要注意的问题	分类工作要详细准确，以保证编码的标准化、系列化

签名：××   日期：××××年××月××日

不仅如此，这些以 WBS 为基础建立的工作技术条件同样是组织开展后续类似项目工作的重要参考资料。人们习惯上把这些工作技术条件的汇总称为 WBS 词典。表 2-2 是某物流软件系统项目的 WBS 词典（部分）。

表 2-2　某物流软件系统项目的 WBS 词典（部分）

WBS 编码	工作包 名称	过程	所需资源	结果	完成标准	责任人	预算	工期
1.1	需求收集	核心成员到某公司进行调查与需求分析	调查标准、设计标准	需求分析报告、系统的初步方案	列出要开发的交付成果的标准	李明	15 万元	10 天
……	……	……	……	……	……	……	……	……

WBS 及其词典是组织重要的无形资产，新加入项目组的成员能够根据这些资料迅速上手。这种方式虽然工作量较大，但一旦形成，就能够迅速界定项目的工作范围，进行可靠的进度安排和成本预算。这不仅提高了项目工作的速度，也提高了项目的可靠性，降低了项目风险。

要提高项目的执行效率，必须提高项目的构件化（标准化）程度。创建 WBS 的过程就是对项目进行显性化、结构化、标准化的过程，只有这样才能提高项目过程的可复制性。项目的标准化（构件化）是组织提高项目管理能力的必由之路。

（二）常见的 WBS 类型

同一个项目可以用很多方式来创建 WBS，项目管理者应根据 WBS 的用途和表示方式进行选择。

1. 按组成分解

以开发自行车为例，组成部件包括轮子、加速器、车架，WBS 如图 2-3 所示。

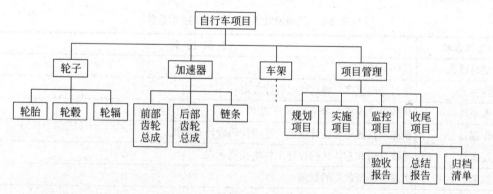

图 2-3　按组成分解的 WBS

注：图中虚线代表有未展开的工作，后文同。

2. 按功能用途分解

自行车开发项目包括电气系统、机械系统、控制系统，按功能用途分解的 WBS 如图 2-4 所示。

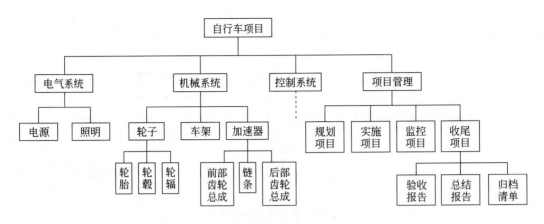

图 2-4　按功能用途分解的 WBS

3. 按生命周期分解

按照生命周期分解，通常用于涉及方法论的项目。就系统集成项目来说，项目的过程从前往后依次是需求收集、系统设计、系统集成、系统验收和项目管理，如图 2-5 所示。

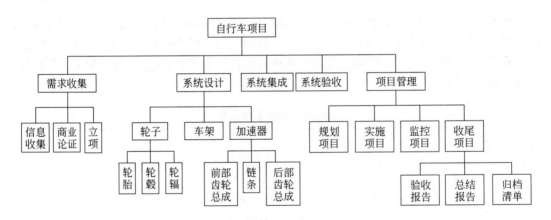

图 2-5　按生命周期分解的 WBS

4. 按地域 / 组织分解

当项目工作的部署跨越地域或组织边界时，可将 WBS 与组织结构相对应。图 2-6 所示为按地域分解的 WBS。

实践中往往存在部门界限和政策限制，可以先按部门分解项目工作，再在部门内采取其他合适的分解方法。这样做也许更有利，因为项目工作的主要部分由一位经理进行组织控制，简化了资源分配。但是，这样做会增加组织边界间的协作和沟通。

还有一种方法是先根据生命周期来分解项目，再在每个阶段采取其他适合的方法。在项目启动时，每种方法都要考虑，从中选择一个可以清晰定义项目工作的方法来分解项目。

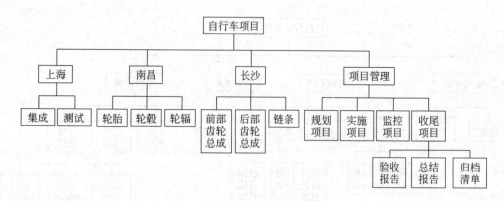

图 2-6　按地域分解的 WBS

即问即答 2-2

如何理解"复杂的工作简单化，简单的工作标准化，标准的工作流程化"的含义？

（三）WBS 的展示方法

WBS 可以用树形的层次结构图展示，也可以用阶梯缩进的表格展示。在实际应用中，树形层次结构图更适用于向高层管理者汇报工作或沟通，而表格形式更适合项目团队成员自己使用。因为表格形式便于团队成员在表格右侧进行更多细节备注，这有利于团队协作，不过看起来略为复杂。表 2-3 是一个 WBS 表格示例。

表 2-3　WBS 表格示例

ID	任 务 名 称
1	市场调研
1.1	市场定位
1.2	初步设计
1.3	成本估算
2	概念设计
2.1	总体布置草图设计
2.2	造型设计
2.3	制作模型
3	工程设计
3.1	总成分发
3.2	总布置设计
3.3	车身造型数据生成
3.4	发动机工程设计
3.5	白车身工程设计
3.6	地盘工程设计
3.7	内外饰工程设计

续表

ID	任 务 名 称
3.8	电气工程设计
3.9	确认整车设计方案
3.10	车身造型数据生成
4	样车试制
5	实验
6	小批量生产
7	批量生产

（四）WBS 是面向可交付成果的分解

WBS 是以可交付成果（deliverables）为导向的分解，而不是以活动为导向的分解。WBS 的最底层为工作包（work package），工作包包括为完成该工作细目可交付成果而必需的计划活动。

WBS 是由逻辑推演而成的，结构非常严谨。结构化是 WBS 的一大重要特性，WBS 的逻辑结构错误会直接导致项目实施过程发生错误，严重的会造成项目失败。

三、WBS 的编制

（一）WBS 的编制方法

编制 WBS 的方法主要有以下两种。

（1）自上而下法。自上而下法是指从顶部开始分解可交付成果。换句话说，从大局开始，持续地分解工作。具体步骤如下：①确认项目将要交付的最终产品或服务；②定义第一层级组件；③定义为完成每个第一层级组件所需要的主要可交付成果；④把每一个主要可交付成果分解至恰当的详细程度（遵循 WBS 分解原则）；⑤评估和核实 WBS，直到被批准。

（2）自下而上法。自下而上法是指从底层的工作包开始，向顶层汇总项目工作。具体步骤如下：①确认 WBS 中的全部工作包；②有逻辑地把相关工作包归纳到一起；③把可交付成果汇集到更高一个层级；④重新分析工作，确保所在分支的所有工作都包含在 WBS 中；⑤重复开展汇集和分析工作，直到把所有组件都汇集到第一层级，并且 WBS 中包含了所有工作；⑥评估和核实 WBS，直到被批准。

即问即答 2-3

自上而下法和自下而上法分别适合什么项目类型？

（二）项目工作分解

项目的具体目标可以从两个视角考量："怎么完成"和"交付什么"。两个视角的思考维度不同，前者是时间维度，后者是空间维度。

在选择一个视角后，下一步可以分别从这两个视角进一步分解，直到满足"易于管理"和"足够详细"两条标准为止。需要说明的是，WBS 的最底层组件一定是"交付什么"，即都是具体的交付成果。

在图 2-4 中，自行车项目 WBS 的第一层分解选择的是"怎么完成"。

第一层组件中的"机械系统"可以进一步分解为"轮子""车架""加速器"三个组件，"轮子"和"加速器"又各自分解为三个组件，这就是"交付什么"。

第一层组件中的"项目管理"可以进一步分解为"规划项目""实施项目""监控项目""收尾项目"四个第二层组件，这还是"怎么完成"，显然它们都不符合"交付什么"的标准。对"项目收尾"这个组件进一步分解，得到"验收报告""总结报告""归档清单"三个第三层组件，这就满足了"交付什么"的标准。

在这里，确定分解正确与否的标准是：交付了较低层级的所有 WBS 组件恰好能够交付较高层级的相应可交付成果。

在 WBS 中，每个工作包都应该有自己的名称，因为每个工作包都是以可交付成果为导向的。因此，其名称应该是名词、形容词 + 名词或名词 + 动词，而不应该是一个单纯的动词。因为动词是用来描述行动、任务和活动的，而它们都不是 WBS 中的内容。以轿车为例，它可以分为轿车内部和轿车外部，轿车内部又可以分成 GPS 和广播系统、油漆、座椅、气囊等，轿车外部则可以分成框架、轮胎等。

（三）WBS 可用性的判断标准

判断一个 WBS 的可用性，可以用以下原则。

（1）MECE 原则。MECE 是 mutually exclusive collectively exhaustive 的简写，中文意思是"相互独立，完全穷尽"，也就是既不重复，也无遗漏。图 2-7 是桌子的 MECE 原则示例。

图 2-7　桌子的 MECE 原则示例

WBS 涵盖了项目范围中的所有工作，不能多也不能少，而且每个层级都符合 MECE 原则。通过确认 WBS 下层的组成部分是完成上层相应可交付成果的必要且充分的工作，来核实分解的正确性。

（2）信息透明原则。WBS 的最底层工作包应该分解到信息透明的层次。所谓"信息透明"，是指可以估算工作包的工作量以及完成工作包所需的时间、成本和验收标准。

（3）80 小时原则。一般情况下，单个工作包的完成时间不应超过 80 小时，即以任务分配的第 10 个工作日为期限。对于正在进行的活动是无法了解其真实状态的，团队成员可能会说他们已经完成了 50%，也可能会说应该能够赶上截止日期。但只有到了截止日期，才能确切知道他们的完成情况。因此，分配任务的完成时间不应该超过两周，这样最多需要两周就能了解这个项目是否还在正轨上。

（4）独立责任原则。单个工作包应该只分配给一个责任人，以避免推诿扯皮。

（5）滚动式规划原则。近细远粗，近多远少。对于在未来完成的可交付成果或子项目，当前可能无法分解。项目管理团队通常要等到这些可交付成果或子项目的信息足够明确后，才能确定 WBS 的相应细节。

（6）不同层次原则。不同可交付成果可以分解到不同的层次，某些可交付成果只需要分解一层，而另一些则需要分解到更多层。任务分解得越细，对任务的规划、管理和控制就越有效。但是，过细的分解会造成管理成本的无效耗费、资源使用效率低下以及工作效率降低。可以说，利用 WBS 描述项目工作的详细程度，决定着团队管控整个项目的有效程度。因为项目经理要对项目是否成功负责，所以应该由项目经理来决定 WBS 的结构和细节水平。

（7）一个上级原则。每个下级组件有且只有一个上级组件。

在实践中，项目组可以用检查表来对照判断 WBS 的可用性（见表 2-4）。

表 2-4　判断 WBS 可用性的检查表

序号	内　　容	是 否 满 足
1	以可交付成果为导向	
2	包含所有可交付成果，包括项目管理	
3	涵盖了所有项目工作	
4	每个下导组件都包含上层组件的所有工作	
5	每个工作包的名字都是用名词、形容词＋名词或名词＋动词来命名	
6	以层次结构图或阶梯缩进的表格展示给各相关人员	
7	负责具体工作的执行者参与了 WBS 的创建	
8	征询了相关专家的意见	
9	得到了相关人员认可或批准	
10	建立了 WBS 词典	
11	随着项目工作的渐进明细而更新	
12	随着项目工作的变更而更新	

在企业里，项目组要学会做正确的事，并正确地做事。借助 WBS 工具，有助于做正确的事。WBS 可以清晰地表示各项目工作之间的相互联系，结构化地界定项目工作，并有效地管理这些工作。项目管理者可以通过 WBS 管控项目的可交付成果以及为创建这些成果而开展的工作。一些对项目不熟悉的人或是新加入的团队成员，可以通过 WBS 建立

对项目的整体认识。

从 WBS 的最底层入手，可以估计出工时、成本和资源需求；以此为基础，可以在计划阶段进行更详细的规划。实际上，编制 WBS 的过程也是团队建设的过程，WBS 的创建也表明相关人员已经就项目范围达成了共识。

在项目中，随着下层活动的完成，项目经理应该重复开展汇集和分析工作，自下而上地不断整合。当较高级别的工作完成时，就意味着项目取得了显著进展，这往往会成为里程碑事件——可以向高层和客户报告这些里程碑事件。因此，WBS 常常是向高层展示项目进展状况的工具。

WBS 的编制

四、责任矩阵表的编制

项目的第一个计划是范围计划，WBS 就是对每一个阶段内容从逻辑上进行分解。项目的第二个计划是责任矩阵表（responsibility assignment matrix，RAM），就是给每个工作包进行工作定位。责任矩阵表是项目管理的专业术语，业内习惯称它为任务分配表，因为工作包在习惯上被称为任务。通过工作分解结构图，可以获得某个项目的工作包总数。所以，工作分解结构图是责任矩阵表的前提，它们之间存在着顺序逻辑关系。项目负责人按照工作分解结构图中工作包的情况，需要为每一个工作包分配能够完成此工作包的人员。

责任矩阵表的编制要求如下。

（1）从工作分解结构图中得到项目的工作包情况，确定每一个工作包的属性，根据属性将相关内容分别填入责任矩阵表中。

（2）责任矩阵表是为每一个工作包分配合适的、有能力的项目成员的一种工具。

（3）表格中尽量填写项目参与人员的姓名，这表明项目的跨部门协调工作已经完成。

（4）表格中的"工作包质量标准"一栏，如果客户有非标准化的要求，应把非标准化要求的内容全部填入。这说明这个工作包在技术上比较重要，而且有一定的难度。

责任矩阵表样式如表 2-5 所示。

表 2-5　责任矩阵表

工作包编号	工作分解结构编号	工作包内容	工作包所需工期	工作包完成人（做）	工作包质量标准	工作包责任人（管）	前导工作包编号

无论什么项目，经过分解后的工作包的属性只有四种，每个工作包只具有其中一种属性。也就是说，每个工作包不可能具有两种属性。

假设工作包 1 的内容正好是项目团队中某一个项目经理在原部门中的标准型工作，负责对这个工作包做的人和管的人是同一个人，那么在"工作包完成人（做）""工作责任人（管）"中填入项目经理姓名即可。

假设工作包2的内容不是项目团队中任何一个项目经理在原部门的标准型工作，而公司其他部门人员有能力完成这个工作包，那么把经过跨部门协调确定的人员的姓名及工作性质填入"工作包完成人（做）"的一栏即可。例如，某一个工作包是某零部件的测试，有经验的项目经理能够判断需要由一个质量工程师（张××）将这个零部件的质量要求编写成质量明细表，然后将质量明细表交给采购工程师（李××），由采购工程师根据质量的要求选择有能力为该工作包提供符合质量要求的产品的供应商，然后要求该供应商先提供2个样品交给公司的测试工程师（王××）进行测试，这就是典型的公司内部的跨部门协调工作。此时，项目经理通过责任矩阵表确定工作包的具体完成人员，借助PMO的组织机制，后续项目管理工作可以进行得更加顺利。按照下列形式填写工作包2的"工作包完成人（做）"一栏：张××（质量），李××（采购），王××（测试）。在"工作包责任人（管）"中填入项目经理姓名即可。

假设工作包3涉及国家或行业许可，或者由公司自行完成的成本高，需要外包，那么，将经过挑选或招标确定的合格的外包商、供应商、承包商的公司全名填入"工作包完成人（做）"的一栏，把项目经理姓名填入"工作包责任人（管）"的一栏即可。

假设工作包4技术含量高而且内容复杂，需要由公司内部有相应技术能力的专业部门来"内包"完成，将该部门填入"工作包完成人（做）"一栏，将该部门经理的姓名填入"工作包责任人（管）"一栏的左上角，将团队中的项目经理的姓名填入"工作包责任人（管）"一栏的右下角即可。

"工作包所需工期"一栏填写工期天数。具体的数字是由负责做的人（项目成员）估算，并经过负责管的人（项目经理）核实后确定的。

将特殊需求或国家标准、行业标准的标准编号填入"工作包质量标准"中。

"前导工作包编号"需要根据关键路径图来填写完成，后续任务会阐述关键路径图的相关知识。

责任矩阵的编制

任务二 项目计划安排

任务导航

吴阳是山西某装修公司的项目经理，现有一位太原的客户在郊区有套排屋需要装修，双方已经谈妥装修金额为60万元，装修设计与主要装修材料采购由装修公司负责。假设该项目前期的工作任务分解已经完成，接下来应如何绘制该项目的关键路径图和甘特图？

在瞬息万变的时代，商业机会稍纵即逝，如何在限定时间内完成预期的项目成果，是每个项目面临的挑战。在部分企业的项目实施过程中，项目进度的控制并不乐观。例如，在对软件项目进度与成本估算时，开发者对自己工作的估算通常比现实要乐观，大多数项目实际完成时间超过估算进度的 25%~100%，少数的项目进度估算精确度达到了 90%，误差能控制在 5% 之内的项目十分罕见。为有效控制项目进度，制订一个良好的进度计划非常重要。

一、绘制项目关键路径图

从工作分解结构图中分解出了工作包，并且按照每个工作包的属性完成了部分责任矩阵表。到现在为止，项目组还没有办法知道项目的总工期是多长，而项目的总工期往往是项目投资人和项目用户最关注的一个数字。项目组已经知道了每一个工作包的工期，为什么不能计算出项目的总工期呢？原因是项目组不知道工作包相互之间的顺序逻辑关系。项目的总工期不是简单地由每一个工作包的工期相加而成。有些工作包必须逐一"排队"完成，因为它们之间存在顺序逻辑关系。有些工作包可以同时完成，因为它们之间不存在顺序逻辑关系。只有使用顺序逻辑关系的理论来对所有的工作包进行排序，并且确定所有工作包的"位置"后画成网络图，才能够准确计算出项目的总工期。

（一）工作包的排序方法——前导图

任何一个产品都要在生产前制定生产过程中的工艺流程，这是一个很重要的步骤。工艺流程制定完成后，就会生成一个产品的生产工艺流程图，如图 2-8 所示。

图 2-8　生产工艺流程图

某产品的生产工艺是 1→2→3→4……假设此项目中每一个工艺步骤为项目的一个工作包。假设"开始"为生产产品的现场生产线，现场的条件已完全满足工艺 1 的所有开工条件，因此工艺 1（工作包 1）排第一位。工艺 1 以后的每个工艺步骤都必须遵循一个原则，那就是工艺 2 必须将自己开工的所有要求告诉工艺 1，然后工艺 1 将能够解决工艺 2 的要求的所有方法反馈给工艺 2，以此类推，直至将产品（工作包）全部生产完成。相邻的两道工艺（两个工作包）之间，后者对前者提出"要求"，前者向后者反馈"方法"。

当前后两道工艺（两个工作包）完成了双方都同意的"要求"和"方法"的沟通后，项目经理可要求前后双方将"要求"和"方法"以文字的形式写下来，并签好字，最后归入公司项目文档里作为凭证。这样一来，一旦产品（工作包）在生产过程中出现问题，就很容易找到问题的原因，同样也很容易找到解决问题的方法。

在这个基础上，项目进度管理的网络图——前导图（precedence diagramming method，PDM）就产生了，如图 2-9 所示。前导图用单个节点（方框）表示一项活动，用节点之间的常有箭头的线表示项目活动之间的相互依赖关系。前导图是项目管理中最常用的一种工具。

前导图中带有箭头的线称为限制链，也称为箭线。图 2-9 中的 A、B、C、D 为工作包，

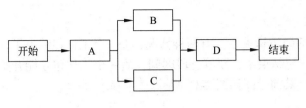

图 2-9　前导图

直接用箭线连接起来的两个工作包之间的关系叫硬逻辑（hard logic）关系，它们之间是有顺序逻辑关系的。图 2-9 中的 A 与 B、B 与 D、A 与 C、C 与 D 都是硬逻辑关系。在同一条箭线上相邻的两个工作包之间只要具备下列条件之一，就可以确定是硬逻辑关系：①科学技术规定的；②工艺流程规定的；③管理制度规定的；④工作习惯规定的。上述四个形成硬逻辑关系的基础称为"四大条件"，分别被称为科学技术、工艺流程、管理制度、工作习惯。

没有被箭线连接起来的工作包，也就是不在同一条箭线上的工作包，它们之间的关系叫软逻辑（soft logic）关系。这些工作包之间是不存在顺序逻辑关系的，也就是说这些工作包可以同时进行。图 2-9 中的 B 与 C 是软逻辑关系。因为软逻辑关系的工作包可以同时进行，所以软逻辑的工作包数量越多，项目的总工期就越短（是好事），但是对资源的需求量也越大，不同工作包对同一个资源的需求所产生的冲突的概率也越高（是坏事）。

需要注意的是，前导图中的箭线只能是水平线和垂直线，不能使用斜线或折线；箭头在水平线上，垂直线上没有箭头；箭头一定是左进右出；务必在每张前导图中标明"开始"和"结束"。

（二）前导图的四种依赖关系

前导图是目前最常用、最普遍的一种画法，下面介绍前导图的四种依赖关系，如图 2-10 所示。

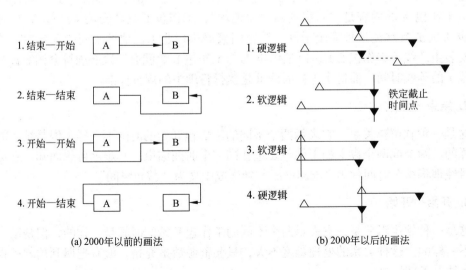

(a) 2000年以前的画法　　　　(b) 2000年以后的画法

图 2-10　前导图的四种依赖关系

1. 结束—开始

这是一种典型的硬逻辑关系，有两种情况：①一个工作包结束了，后一个工作包马上就开始；②一个工作包结束了，要等一段时间，后一个工作包才能开始，这种情况是硬逻辑关系的一种特例，其前导图如图 2-11 所示。

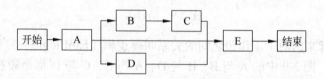

图 2-11　硬逻辑关系的前导图特例

在这个硬逻辑关系的前导图特例中，工作包 E 要等到工作包 A、工作包 C 和工作包 D 全部完成后才能正式开始。图中从工作包 A 到工作包 E 的一共有三条不同的路径：①A→B→C→E；②A→E；③A→D→E。

上述这三条线中的工作包 B 和工作包 C 与工作包 D 没有顺序逻辑关系，它们是软逻辑关系，也就是说这三条路径是三条没有顺序关系的软逻辑箭线。

上述任何一条路径中的任何两个工作包之间具有硬逻辑关系，表明这两个工作包之间一定满足"四大条件"（科学技术、工艺流程、管理制度和工作习惯）中的某一个条件。例如图 2-11 中的工作包 A 和工作包 E，因为它们之间有直接箭线的连接，它们之间是明显的硬逻辑关系。

不要将图 2-11 中某条路径上的工作包与其他路径上的工作包加以比较，因为它们之间没有顺序逻辑关系。任何前导图中，只要两个工作包之间有直接的箭线连接（与箭线的长短没有关系），那么这两个工作包之间一定是硬逻辑关系。

如果图 2-11 中的工作包 A 与工作包 E 不满足科学技术、工艺流程、管理制度或工作习惯之一，那么这条从工作包 A 至工作包 E 的箭线一定画错了。如果这是个新建厂房的项目，工作包 A 的内容是"厂房内铺水泥地坪"，工作包 E 是"安装生产线"，只有等到工作包 A 完成且水泥地坪完全干固、符合国家建筑行业水泥地坪干固的标准后，才能在上面安装生产线（工作包 E），所以工作包 A 与工作包 E 之间有一段必须符合国家标准（建筑规范）的等候时间，而这个等候时间就是执行管理中的规范标准。

2. 结束—结束

这是一种软逻辑关系，它表示两个不同的工作包开始的时间不一样，但是结束的时间是一样的。两个或两个以上的工作包要想在同一个时间结束，其难度可想而知。欧美国家的项目经理将这个时间称为"deadline"，翻译成中文为"截止时间"。

3. 开始—开始

这是一种软逻辑关系，它表示两个不同的工作包开始的时间是一样的，但是结束的时间是不一样的。这种关系的处理难度不大，只要资源数量充裕，就有把握利用软逻辑关系的特点使总工期缩短。

4. 开始—结束

这是一种硬逻辑关系，是欧美国家的项目经理习惯使用的画法。欧美语言的表达顺序与中文相反，习惯先讲结果，再讲原因，而中文是先因后果。其实这种表示方法所表达的依赖关系与第一种依赖关系是一样的。

项目前导图的绘制

（三）工作包的两种不同表示形式

2000 年以后，项目管理专家对工作包的表示形式进行了规范，目前在世界范围内使用十分广泛的两种工作包表示形式如图 2-12 所示。

ES	工期	EF
编号内容		
LS	浮动时间	LF

（a）形式A

ES		EF
编号内容		
工期		浮动时间
LS		LF

（b）形式B

图 2-12　工作包的两种不同表示形式

ES 是指 early start，即最早开始时间；EF 是指 early finish，即最早结束时间；

LS 是指 late start，即最晚开始时间；LF 是指 late finish，即最晚结束时间。

通过下面的案例可以进一步学习如何填写工作包框内的内容。假设李某是一家工厂的设备管理工程师，有一台关键设备临近计划性大修（换新马达）的期限。李某被公司高层领导任命为这台关键设备计划性大修的项目经理，他先做了一个初步的进度计划简图，如图 2-13 所示。

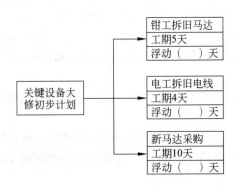

图 2-13　设备大修进度计划简图（浮动时间未填写）

这个初步计划中的工作包不符合前面提到的工作包的标准表示方法，因此须将计划简图中每一个参数填到正规的工作包标准图中，如图 2-14 所示。

编号栏内需填写工作包在工作分解结构图中的编号及责任矩阵表中的编号。工作分解结构图编号一般写在括号里，责任矩阵表编号写在工作分解结构图编号后，不需要加括号。工作包的内容写在编号的下方。

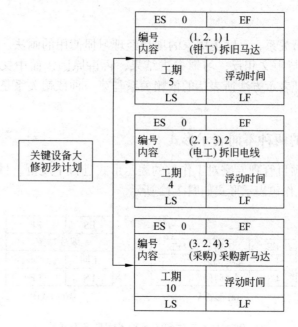

图2-14　设备大修进度计划中的工作包标准图（部分内容）

浮动时间（floating time）是指在不影响项目完工日期的前提下，路径上的活动可以推迟的时间。假设这个项目的正式实施日期是某年某月的1日，工作包（1.2.1）1拆旧马达的工期是5天，最早开始时间是1日，可以计算出其最早结束时间是5日。由于新马达采购时间为10天，为了不影响进度，工作包（1.2.1）1的最晚开始时间是6日，最晚结束时间是10日，由此产生的浮动时间是5天，如图2-15所示。

工作包（2.1.3）2拆旧电线的工期是4天，最早开始时间是1日，可以计算出其最早结束时间是4日，最晚开始时间是7日，最晚结束时间是10日，由此产生的浮动时间是6天。工作包（3.2.4）3新马达采购的工期是10天，最早开始时间是1日，可以计算出其最早结束时间是10日，最晚开始时间是1日，最晚结束时间是10日，由此产生的浮动时间是0天。

没有浮动时间的工作包的特点是：ES = LS, EF = LF。换句话说，当ES = LS, EF = LF时，浮动时间一定等于零。

特别需要强调的是，该项目在刚开始的10天时间内，项目经理的主要时间和精力都应该花在工作包（3.2.4）3新马达采购上。也说是，要把时间和精力都花在没有浮动时间的工作包上。

在这里，找出没有浮动时间的工作包是项目进度管理的关键。如果在同一时期，该公司还有另外一个项目也在进行，同样需要一个钳工和一个电工，那么这两个人力资源就需要从事"多项目执行"的工作，这种工作的管理计划的制订便依靠项目经理的经验和利用大数据的能力。目前项目管理中的最高级的管理技术被称为多项目管理，也被称为项目群组管理。

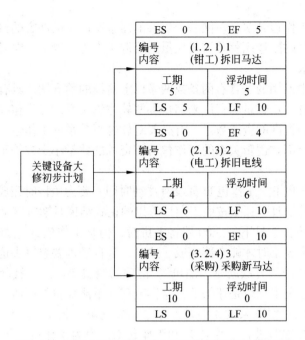

图 2-15　设备大修进度计划中的工作包标准图（完成）

（四）进度节点控制线

以图 2-16 为例，可进一步加深对前导图的理解，并学习进度节点控制线。

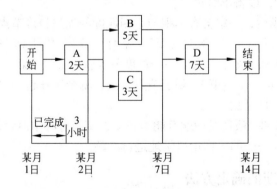

图 2-16　某项目前导图的进度节点控制线

假设工作包 A 的工期是 2 天，工作包 B 是 5 天，工作包 C 是 3 天，工作包 D 是 7 天，可以很快计算出这个项目的总工期是 14 天（2+5+7）。从工作包 A 到工作包 B 再到工作包 D 是前导图中最长的一条线，线上工作包的工期最长。

工作包 C 的工期是 3 天，如果它在 3 天内没有完成，它对项目的总工期 14 天是没有影响的，因为工作包 C 还可以有 2 天的时间。也就是说，工作包 C 的工期是 3 天，浮动时间是 2 天，工作包 C 的总工期可以有 5 天。

工作包 B 和工作包 C 是软逻辑关系，如果工作包 B 需要一台打桩机，而工作包 C 也需要打桩机，但目前公司只有一台打桩机，给谁先用呢？这里需要具体分析各自的操作流程。软逻辑关系的工作包越多，对同一个资源的需求所产生的冲突的概率也越高。这么看来，软逻辑关系产生的副作用就是需要大量的资源（人力、物力、财力）来满足软逻辑关系工作包的同时需求。

由于项目管理中使用的是含有两条或两条以上箭线的前导图，具有软逻辑关系工作包的特性，因此要配备一定数量的资源来满足那些软逻辑关系的工作包的需求。针对目前已经得到公司高层领导批准的资源数量，有必要对软逻辑关系的工作包所需要的资源数量进行重新审核，确保全部软逻辑关系的工作包所需资源的数量小于或等于已经被批准的资源的数量。

工作包 A、工作包 B、工作包 D 都没有浮动时间，要力争按时完成。假设这个项目正式开始的日期是某月 1 日，那么按照工期计算出的正式结束日期应该是该月 14 日。

假设时间到了该月 2 日下午 5:00 即将下班时，但是工作包 A 还留有一小部分工作没有完成，估计还需要 3 小时才能全部完成。这时，项目经理要想解决这个问题，往往会采用一种最简单、最常用的方法就是"加班"。但项目组也要注意，我国法律规定，加班要全凭员工自愿，强迫员工加班是违法的，这样就存在不能加班的可能性。如果不加班，便只能把该月 2 日下班时留下来的 3 小时工作量，放到第二天（3 日）去做。从计划上看，该月 3 日到 7 日，要同时进行工作包 B 和工作包 C，因为工作包 C 即使 3 天完不成也不会影响 14 天的总工期，又由于工作包 A 剩下的 3 小时的工作量是不能等候的，所以只能将工作包 B 的 5 天工期压缩 3 小时，来弥补前面工作包 A 的 3 小时延误时间，因为工作包 B 在决定这个项目总工期的箭线上。

根据经验，项目经理有必要为每个在最长箭线上的工作包增加工期，在原有的工期上增加 10%~15% 的余量，以备不时之需。

每一张前导图完成后，一定会有一根与它相匹配的项目进度节点控制线，这根线就是图中底部的、带有"某月 1 日""某月 2 日""某月 7 日""某月 14 日"等时间节点信息的线。如果项目在 1 日正式开始，那么第一个进度节点就是 2 日，第二个进度节点就是 7 日，第三个进度节点就是 14 日（结束）。到了节点日期，哪个工作包还没有完成，拖延了多少时间，项目经理能够一目了然。

有了进度节点控制线，项目经理就有能力在项目实施过程中监管每一个工作包的进度，也有能力对明天、后天……的工作量科学地进行调整。

（五）项目总工期的确定方法

项目总工期箭线是前导图中最长的一根箭线，箭线上串联着多个工作包，每个工作包的工期相加就等于该项目的总工期。这条最长的线被定义为关键路径，用关键路径确定项目工期的方法叫作关键路径法（critical path method，CPM）。关键路径的简图如图 2-17 所示。

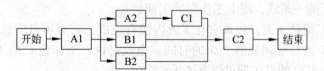

图 2-17 关键路径的简图

该项目共有 6 个工作包，根据它们之间的顺序逻辑关系排列出前导图。工作包 A1、工作包 A2、工作包 C1、工作包 C2、工作包 B1、工作包 B2 的工期分别为 1 天、2 天、1 天、2 天、1 天、2 天。其中工作包 A1、工作包 A2、工作包 C1、工作包 C2 的工期之和是 6 天（1+2+1+2），比其他线上的工作包的工期之和都长，所以图 2-17 中的粗线是这个项目的关键路径。

如果工作包 B2 的工期改为 4 天，工作包 A1、工作包 B2、工作包 C2 的工期之和是 7 天（1+4+2），比其他线上的工作包的工期之和都长，那么这条表示关键路径的粗线就变成最下面串联工作包 A1、工作包 B2、工作包 C2 的那条线，图形中的线条就会与图 2-17 不一样了。

项目管理是动态式的管理，随时都会发生变化，项目经理必须随时根据变化来改变计划。关键路径是前导图中时间最长的路径，决定项目的最短总工期。关键路径上的工作包都不具有浮动时间。没有浮动时间的工作包一定在关键路径上。

（六）完成项目关键路径图的前提条件

要完成项目的关键路径图，必须具备以下前提条件。

（1）必须具有完整的工作包（任务）清单。项目工作包的情况从工作分解结构图中获得。

（2）确定工作包之间的逻辑关系——哪些是硬逻辑关系，哪些是软逻辑关系。

（3）知道每个工作包的工期。项目的工期在责任矩阵表中显示（由做的人估算，由管的人审核。工期估算的标准是：既没有很大的风险，也不是很保守）。

前提条件中难度最大的是第（2）点，究竟哪些工作包之间是硬逻辑关系，哪些工作包之间是软逻辑关系呢？所有的工作包都是由项目组的成员来完成的，他们对完成工作包具有一定的技术能力及工作经验。具有硬逻辑关系的工作包的顺利交接，应该由完成前后两个工作包的执行人进行深入沟通，使他们相互理解、达成共识，并形成文本，双方签字。当项目很大、有上百个不同的工作包时，如果项目经理能够在制订项目进度计划前召开一次制订项目进度计划的会议，让相关人员进行充分沟通，在会上讨论并形成科学的进度计划，那么项目按照计划执行的可能性就很大。

资料链接 2-1

项目进度计划制订会议

对项目组而言，制订项目进度计划很重要，往往需要召开会议来讨论决定。召开一次这样的会议，往往需要完成以下工作。

（1）向公司预订一个带有投影仪的会议室。

（2）将会议通知发送至项目管理团队、项目成员、项目支持者、项目投资人（高层领导）、相关技术部门的部门经理以及与项目有关的内外部专家。

（3）项目管理团队中的所有项目经理应提前 1~2 小时进入会议室，并做好如下准备工作。①取走会议室中的座椅。②在会议室中心放置一张大桌子。③用一张足够大的白纸作为大桌子的"桌布"。④准备一些大尺寸、正方形的即时贴（便利贴）。⑤项目经理将责任矩阵表上的工作包按照编号的顺序分别在不同的即时贴上表示出来。⑥将写有工作包信息的即时贴依次粘贴在桌上白纸的左上角。⑦检查工作包即时贴是否有遗漏。⑧将项目的责任矩阵表投影到会议室的屏幕上。

（4）全体参会人员进入会议室，会议正式开始。

（5）请责任矩阵表中相关的项目成员和支持者，拿取自己负责的工作包即时贴。

（6）项目经理介绍公司现有的资源条件，以及这些条件可以满足哪些工作包的输入条件。拿取这些工作包即时贴的项目成员或支持者，将工作包即时贴粘贴在白纸的最左边。

（7）项目经理对拿取其他工作包即时贴的项目成员或支持人员做出指示，要求其根据科学技术、工艺流程、管理制度和工作习惯，按照顺序逻辑关系将工作包即时贴依次粘贴在相应的工作包即时贴后面。

（8）工作包即时贴全部粘贴完成后，前后两组成员进行"要求"和"方法"的沟通，以达成共识。

（9）一定要将资源图中的人力、物力和财力的数量与前导图中的软逻辑关系的工作包所需的资源数量进行比较，确保软逻辑关系的工作包所需资源的数量小于或等于资源总量，然后完成符合现有资源条件的、具有可行性的关键路径图。

（10）依据白纸上即时贴所形成的各个工作包的相对位置，将每个工作包前面工作包的编号填入责任矩阵表的最右边一栏，这样就完成了责任矩阵表中最右边一栏的"前导工作包编号"的填写。

（11）将白纸上的即时贴前导图用 Excel 软件录入计算机，这样项目经理就完成了某项目的进度计划前导图。项目经理要求负责每个工作包的成员将自己工作包对与其相邻的两个工作包的"要求"输出和"方法"输入进行整理，以书面形式写成文件，并提报给项目经理存档。

这样，制订某项目进度计划的会议就完成了。召开这个会议并不难，但对这个会议的掌控是一个比较难的课题，项目经理需要有一定的经验与技巧。

资料来源：刘毛华.项目管理基础工具[M].北京：化学工业出版社，2021.

（七）制作关键路径图

现在，先确认一个项目是否已经完成了以下工作：从项目的投资人和项目的用户那里获得了他们的所有需求；项目经理根据需求完成了项目说明书；把项目说明书中的项目名称作为该项目的最终目标，对最终目标进行了工作结构分解，从而得到一定数量的工作包；将每个工作包填入责任矩阵表中，谁做谁管，职责分清；通过项目进度计划制订会议，根据顺序逻辑关系的科学原理，确定了哪些工作包之间是硬逻辑关系，哪些工作包之间是软逻辑关系。如果上述工作已经完成，那么项目经理就具备了完成关键路径图的三大条件：①拥有工作包（任务）清单；②确定了工作包之间的顺序逻辑关系；③知道每个工作包的工期。

假设有一个包含 12 个工作包的项目，其顺序逻辑关系如图 2-18 所示。

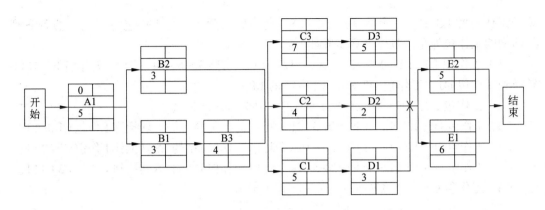

图 2-18 关键路径图案例（未完成）

现在开始做三步计算——正推算、逆推算和计算工期。

1. 正推算（沿着箭头的方向，从开始到结束）

计算图 2-18 中每个工作包的 ES 和 EF。用"EF = ES + 工期"的方法计算 EF。遇到硬逻辑关系时，前一个工作包的 EF 是下一个工作包的 ES；遇到软逻辑关系时，从软逻辑关系的工作包的 EF 中选一个数字最大的 EF，将它转换到下一个工作包的 ES，一直计算到最后的工作包为止，具体计算步骤如下。

（1）工作包 A1: EF =ES+工期 =0+5 =5（天），工作包 A1 的 EF 转换到工作包 B1 和工作包 B2 的 ES。

（2）工作包 B1:EF =ES+工期 =5+3 =8（天），工作包 B1 的 EF 转换到工作包 B3 的 ES。

（3）工作包 B2:EF =ES+工期 =5+3 =8（天）。

（4）工作包 B3:EF =ES+工期 =8+4 =12（天），工作包 B3 的 EF 转换到工作包 C1、工作包 C2 和工作包 C3 的 ES。

（5）工作包 C1:EF =ES+工期 =12+5 =17（天），工作包 C1 的 EF 转换到工作包 D1 的 ES。

（6）工作包 C2:EF =ES+工期 =12+4 =16（天），工作包 C2 的 EF 转换到工作包 D2 的 ES。

（7）工作包 C3:EF =ES+工期 =12+7 =19（天），工作包 C3 的 EF 转换到工作包 D3 的 ES。

（8）工作包 D1:EF =ES+工期 =17+3 =20（天）。

（9）工作包 D2:EF =ES+工期 =16+2 =18（天）。

（10）工作包 D3:EF =ES+工期 =19+5 =24（天），D3 的 EF 转换到工作包 E1 和工作包 E2 的 ES。

（11）工作包 E1:EF =ES+工期 =24+6 =30（天），即总工期。

（12）工作包 E2:EF =ES+工期 =24+5 =29（天）。

上面所说的"转换到"是指硬逻辑的顺序逻辑关系。

此步计算的目的是算出总工期。经计算，此项目的总工期为 30 天。

2. 逆推算（逆着箭头的方向，从结束到开始）

计算图 2-18 中每个工作包的 LS 和 LF，用"LS=LF–工期"的方法计算 LS。遇到硬逻辑关系时，后一个工作包的 LS 是前一个工作包的 LF；遇到软逻辑关系时，从软逻辑关系的工作包的 LS 中选一个数字最小的 LS，将它转换到上一个工作包的 LF，一直计算到最前面的工作包为止。具体计算步骤如下。

（1）工作包 E1：LF =EF =30（天），LS =LF−工期 =30−6 =24（天），工作包 E1 的 LS 转换到工作包 D1、工作包 D2 和工作包 D3 的 LF。

（2）工作包 E2：LF =30（天），LS =LF− 工期 =30−5 =25（天）。

（3）工作包 D1：LS =LF−工期 =24−3 =21（天），工作包 D1 的 LS 转换到工作包 C1 的 LF。

（4）工作包 D2：LS =LF−工期 =24−2 =22（天），工作包 D2 的 LS 转换到工作包 C2 的 LF。

（5）工作包 D3：LS =LF−工期 =24−5 =19（天），工作包 D3 的 LS 转换到工作包 C3 的 LF。

（6）工作包 C1：LS =LF−工期 =21−5 =16（天）。

（7）工作包 C2：LS =LF−工期 =22−4 =18（天）。

（8）工作包 C3：LS =LF−工期 =19−7 =12（天），工作包 C3 的 LS 转换到工作包 B2 和工作包 B3 的 LF。

（9）工作包 B2：LS =LF−工期 =12−3 =9（天）。

（10）工作包 B3：LS =LF−工期 =12−4 =8（天），工作包 B3 的 LS 转换到工作包 B1 的 LF。

（11）工作包 B1：LS =LF−工期 =8−3 =5（天），工作包 B1 的 LS 转换到工作包 A1 的 LF。

（12）工作包 A1：LS =LF−工期 =5−5 =0（天）。

上面所说的"转换到"是指硬逻辑的顺序逻辑关系。

此步计算的目的是准备计算浮动时间。

3. 正式计算浮动时间

浮动时间的计算公式为

$$浮动时间 =LS−ES 或浮动时间 =LF−EF$$

当 LS−ES =0（天）和 LF−EF =0（天）时，也就是说当 LS =ES 和 LF =EF 的时候，这个工作包的浮动时间等于零。图 2−18 中每个工作包浮动时间的具体计算步骤如下。

（1）工作包 A1：LF−EF =5−5 =0（天），LS−ES =0−0 =0（天），浮动时间为 0 天。

（2）工作包 B1：LF−EF =8−8 =0（天），LS−ES =5−5 =0（天），浮动时间为为 0 天。

（3）工作包 B2：LF−EF =12−8 =4（天），LS−ES =9−5 =4（天），浮动时间为 4 天。

（4）工作包 B3：LF−EF =12−12 =0（天），LS−ES =8−8 =0（天），浮动时间为 0 天。

（5）工作包 C1：LF−EF =21−17 =4（天），LS−ES =16−12 =4（天），浮动时间为 4 天。

（6）工作包 C2：LF−EF =22−16 =6（天），LS−ES =18−12 =6（天），浮动时间为 6 天。

（7）工作包 C3：LF−EF =19−19 =0（天），LS−ES =12−12 =0（天），浮动时间为 0 天。

（8）工作包 D1：LF−EF =24−20 =4（天），LS−ES =21−17 =4（天），浮动时间为 4 天。

（9）工作包 D2：LF−EF =24−18 =6（天），LS−ES =22−16 =6（天），浮动时间为 6 天。

（10）工作包 D3：LF−EF =24−24 =0（天），LS−ES =19−19 =0（天），浮动时间为 0 天。

（11）工作包 E1：LF−EF =30−30 =0（天），LS−ES =24−24 =0（天），浮动时间为 0 天。

（12）工作包 E2：LF−EF =30−29 =1（天），LS−ES =25−24 =1（天），浮动时间为 1 天。

现在已经计算出了整个项目 30 天的总工期和每个工作包的浮动时间。从计算结果中可以看出，有 6 个工作包的浮动时间是 0 天。由于关键路径上的工作包都不具有浮动时间，且没有浮动时间的工作包一定在关键路径上，所以很容易得出关键路径是 A1—B1—B3—

C3—D3—E1，如图 2-19 所示。

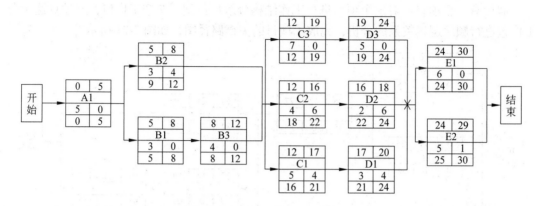

图 2-19　关键路径图案例（完整）

参照图 2-19 关键路径图，将项目实施过程中的进度控制节点展示出来，得到项目的进度节点控制线，如图 2-20 所示。

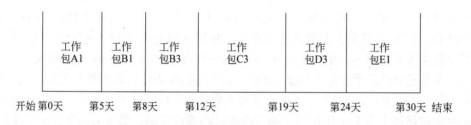

图 2-20　项目进度节点控制线

根据已经完成的关键路径图，把在关键路径（开始—A1—B1—B3—C3—D3—E1—结束）上的每一个工作包的 EF 数字作为该项目的进度控制节点。除去开始是第 0 天，该项目一共有 6 个进度控制节点，分别为第 5 天、第 8 天、第 12 天、第 19 天、第 24 天、第 30 天。如果项目的正式实施时间是某年的 1 月 1 日，那么在日历上的第一个节点是 1 月 5 日，第二个节点是 1 月 8 日，第三个节点是 1 月 12 日，第四个节点是 1 月 19 日，第五个节点是 1 月 24 日，第六个节点是 1 月 30 日。如果哪一个工作包的工期超过了进度控制节点，项目经理可以一目了然，立即进行事后处置。

假设某个工作包已进展到进度控制节点的前几天，但是根据工作包已完成的工作量判断，它在进度控制节点前全部完成是不可能的。对这种情况，项目经理也可以一目了然，并进行事前控制。

从关键路径图导出的项目进度节点控制线中的各个进度控制节点是项目在实施过程中最有效的进度控制工具。

（八）包含 2 条关键路径的关键路径图特例

现在又有一个问题摆在项目经理面前：有没有可能在同一张关键路径图中出现 2 条或 2 条以上的关键路径？答案是：完全有可能出现，只是这种情况发生的概率比较低。那么存在 2 条或 2 条以上的关键路径是好事还是坏事？答案是：肯定是坏事。

假设有一个项目，对这个项目进行工作结构分解后得到了 7 个工作包，通过对这 7 个工作包进行顺序逻辑关系的分析，完成了项目的关键路径图，如图 2-21 所示。

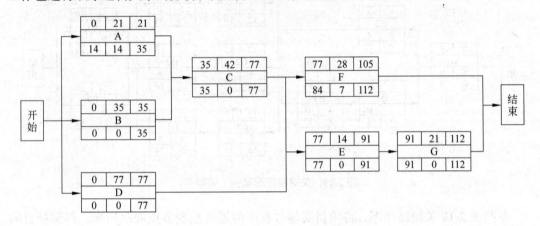

图 2-21　包含 2 条关键路径的关键路径图

关键路径图中的工作包采用形式 A 进行绘制。工作包工期的单位是天，假设这是个工程类项目，周末和国家法定节假日不停工。从图 2-21 中可以清晰地看到，项目的关键路径图中有 2 条关键路径：开始—B—C—E—G—结束；开始—D—E—G—结束。

同一张关键路径图中含有 2 条或 2 条以上的关键路径为什么是坏事？原因在于，项目总共才干 7 个（工作包总数）"活"，其中竟然有 5 个"活"都没有浮动时间，其难度可想而知。

既然关键路径上每个工作包的工期是由项目经理设定的，那么关路路径是 1 条还是多条，项目经理是可以掌控的。项目经理应该完全有能力把图 2-21 中的 2 条关键路径变成 1 条关键路径。改变方法有以下两种。

方法一：在工作包 B、工作包 C、工作包 D 中选择一个技术含量和要求相对比较低的、简单的工作包，将这个工作包的工期减少 2 天（预估工作包的工期时一般都会比较保守，会额外留有 1~2 天的时间）。假设项目经理选择工作包 B，并将其工期减少 2 天改为 33 天，那么关键路径图就由图 2-21 变成了图 2-22。

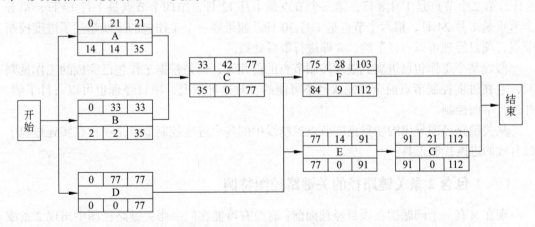

图 2-22　使用方法一得到的新关键路径图（只有 1 条关键路径）

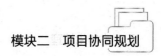

图 2-22 的关键路径是：开始—D—E—G—结束。总工期仍然是 112 天，但是关键路径只有 1 条了，更便于项目经理进行项目进度的控制。

方法二：在工作包 B、工作包 C、工作包 D 中选择一个技术含量和要求相比较高的、复杂的工作包，将这个工作包的工期增加 3 天（完成工作包的成员都同意增加 3 天）。假设选择工作包 C，并将其工期增加 3 天变为 45 天，那么关键路径图就由图 2-21 变成了图 2-23。此时的关键路径是：开始—B—C—E—G—结束。由于工作的工期增加了 3 天成为 45 天，所以总工期由 112 天变成了 115 天。总工期变长了，但好处是关键路径只有 1 条了，这为项目进度的控制提供了方便。

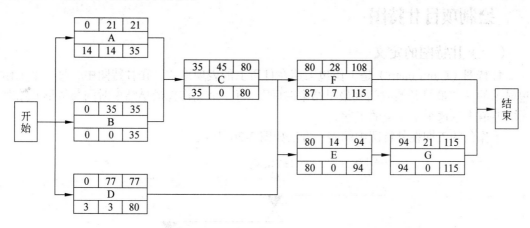

图 2-23 使用方法二得到的新关键路径图（只有 1 条关键路径）

从项目实施过程中的进度控制角度来讲，采用第一种方法比较合适，因为第一种方法只需控制 3 个工作包。特别需要注意的是，在制作前导图的时候，不要造成软逻辑关系的工作包工期相同的局面，如图 2-24 所示。

如果有一个项目有 3 个软逻辑关系的、工期都是 5 天的工作包，无疑会人为造成项目有 3 条关键路径的局面，自己给自己增添麻烦。工作包的工期既然是人为设定的，那么项目经理还是需要使用原来的方法，对工期进行调整：选择一个技术含量和要求相对比较高、复杂的工作包，把它的工期增加 1 天；选择一个技术含量和要求相对比较低、简单的工作包，把它的工期减少 1 天；容易控制工期的工作包保持原有的 5 天工期。这样，关键路径就只有 1 条了，如图 2-25 所示。

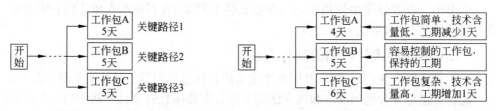

图 2-24 含有工期相同的软逻辑工作包的前导图　　图 2-25 修正方法示意

关键路径图是以现代应用数学为理论基础、在项目的运筹规划中使用的进度计划和控制的工具，是一代代科学家和管理学家的智慧结晶。

关键路径图是项目时间（进度）管理的总体计划图。关键路径是项目时间（进度）管理的总体控制线。关键路径上每一个工作包的最早结束时间（EF）是项目时间（进度）管理的控制节点，这些节点是项目在实施过程中最有效的进度控制工具。

项目制作关键路径图

即问即答 2-4

在同一张关键路径图中出现 2 条或 2 条以上的关键路径时，应该如何处理？

二、绘制项目甘特图

（一）甘特图的定义

甘特图（Gantt chart）是工作包工期在日历上的表现形式。在甘特图中，每一个工作包显示的是"最早开始时间到最早结束时间"，每一个工作包最早结束时间与最早开始时间的差值表示这个工作包的工期。

工作包的工期在甘特图中的表示方法如图 2-26 所示。

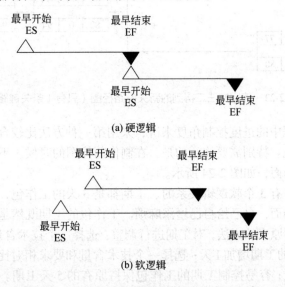

图 2-26　工作包的工期在甘特图中的表示方法

本书中，在甘特图中使用空心三角箭头朝上对准 ES 日期的左垂直线；使用实心三角箭头朝下对准 EF 日期的右垂直线。

（二）不同形式甘特图的制作方法

（1）总工期为 30 天，周末及国家法定节假日休息的项目的甘特图如图 2-27 所示。

此甘特图是专为遇到周末和国家法定节假日需要休息的项目所制作的。箭线上标有工作包的编号、工期和休息天数。例如，第一个工作包编号是 A1，1 号开始，7 号结束，工期是 5 天，"（2）"表示周末休息 2 天，箭线长度是 7 天（工期 5 天 + 休息 2 天）。从图 2-27 中可以清晰地看到，项目是某年某月的 1 日正式开始，到下个月的 11 日正式结束。

（2）总工期为 30 天，周末及国家法定节假日不休息的项目的甘特图如图 2-28 所示。

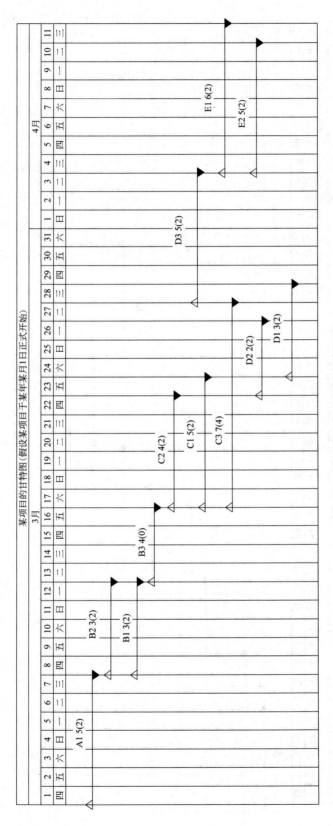

图 2-27　项目含休息日的甘特图

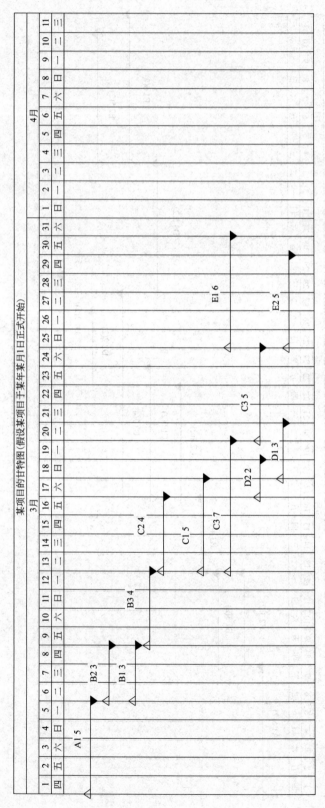

图 2-28 项目不含休息日的甘特图

此甘特图是专为由于特殊原因周末和国家法定节假日不能停工的项目所制作的。在箭线上标有工作包的编号和工期。例如第一个工作包编号是 A1，工期是 5 天，从 1 日开始到 5 日结束，箭线长度也是 5 天。此类甘特图主要应用于工程项目，工程项目出于各种原因工期很紧，周末和国家法定节假日时不能停工。如果遇到这种周末及国家法定节假日时不能停工的项目，需额外关注此项目单位是否向加班人员支付经济补偿，确保加班行为符合法律规定。从图 2-28 中可以清晰地看到，项目是某年某月的 1 日正式开始，到该月的 30 日正式结束。

项目甘特图的绘制

即问即答 2-5

有休息日和没有休息日的项目甘特图在绘制时有哪些区别？

任务三　项目成本分析

任务导航

在上海市青浦区的一个小区旁，某流通企业想租用一个 200 平方米左右的房子用作前置仓，平均每天发货 2000 件左右。请根据这个背景，补充项目实施需要的其他条件，并测算该项目一年的运营成本。

任何一个项目从前期的机会分析、可行性研究、规划设计、招投标、实施到最后的竣工验收都需要消耗资源，资源耗费的货币体现就是项目成本。项目生命周期各阶段的成本耗费差异很大。项目启动阶段主要是市场调查费、可行性研究费等，项目规划阶段主要是设计费和招投标成本，这两个阶段的成本数量较小。项目实施阶段投入资源及劳动力最集中，会发生大量的采购费、研制费、开发费、分包费、人工费等，这些可能占项目总成本的 90%，此阶段是成本管理的重点。项目成本管理要重点关注项目活动所需资源的成本，同时要考虑项目决策对使用成本、维护成本和支持成本的影响。比如，减少测试工作，可降低项目开发成本，但可能增加运营成本。

一、项目成本的构成要素

项目中各种资源都是需要付费的，如人工费、材料费、设备费、差旅费等。人工费是为项目工作的各类人员（如设计师、工程师、工人等）的报酬，包括工资、津贴和奖金。材料费是为实施项目所购买的各种原料、材料的成本。设备费包括设备购置、修理和租赁成本等。差旅费是项目期间成员出差发生的交通费和住宿费等。以上费用在不同项目中所占的比例差异很大。例如，软件开发项目投入的主要资源是人力资源，人工成本约占总成本的75%；而在工程项目中，设备及材料费所占的比例可能高达70%。

从财务角度来看，项目成本分为直接成本和间接成本。直接成本是消耗在项目活动中，对项目产出物有直接贡献的有关成本，包括直接生产工人工资、材料费、设备费等，这些成本可以计入某个具体的工作包。如购买的钢筋、水泥在工程中被消耗掉，它们的采购成本属于直接成本。间接成本对项目产出物没有直接贡献，无法分摊到特定的工作包，但又是项目组织运转不可缺少的成本，包括管理人员工资、劳动保护费、房屋租金、公用设施、保险费、出资成本（手续费、承诺费、利息）、排污费等。间接费用包括了公司分摊的一般管理费用、税金等。这些成本不与特定的项目或工作包挂钩，而在全体项目或特定项目中进行分摊，如：公司级的费用在全体项目中分摊，部门的间接费用则分摊给该部门实际参与的项目。间接成本以时间为基础进行分摊，项目管理费用一般按月或年进行预算，直到项目结束。有些公司在直接成本的基础上按照一个固定的百分比计算间接成本，比例范围通常是20%~50%，但有的会达到100%。

间接成本应控制在尽量低的水平，这是因为间接成本没有给项目带来价值。大多数项目的间接成本是随着项目时间增长的，只要项目还没有完成或者交付，间接成本就会不断发生，甚至在没有任何工作的情况下，或者只有少数人员在进行扫尾工作的情况下，间接成本依然存在。间接费用支出大多在项目经理的职权之外，一般很难由项目经理控制。

资料链接 2-2

怎样进行平台临时运输成本管控

当线路没有固定车队时，就需要网上临时调车。每一次调车时都应该询价、比价，避免高价发车。

1. 平台税点成本

随着税务监管越来越严格，各平台的税点成本基本维持在5.3%~5.5%。

2. 临时运力的价格管控

（1）管理者要实时了解市场运价情况，做到心中有数，给出调度指导价。

（2）日常要培训调度人员的调车技能，提高降本意识，要求调度人员做到每车必询价、比价。

（3）定期回访司机运输情况和实际运输价格，杜绝调度人员灰色收入。

3. 车型匹配

要充分了解客户需求及货物尺寸、属性等信息，匹配市场上的最小车型，控制成本。

4. 特定车型的使用

多与司机进行日常沟通，对一些特殊车型多做深入了解。每次发运时，都要尝试用更少车次、更小车型完成。比如，有的4.2米货车宽度能达到2米，有的13米轻量车最多能装37吨货物，还有20米甚至更长的超低板货车等，往往能大幅降本。

5. 临时运力资源储备

平台只是一个渠道，最终还是让车辆完成运输任务。如果常发固定线路，要做好车辆资源储备。这既可以提高运输保障能力，也可以作为市场价格、线路路况、车源货源、市场变化等的信息来源。

6. 油卡降本

有时候价格已经到底，司机无法接受降价，则可以再次沟通以油卡＋现金的方式支付运费。油卡部分可以降本 10%，比如 10 000 元运费中支付 3000 元油卡，那么综合成本要比全部现金支付降低 3%。

7. 其他风险成本

（1）提前与提货工厂确认装车时间及要求，避免放空。

（2）提前与收货客户确认收货时间及注意事项，尤其是下班时间和节假日是否收货、是否限行等，避免卸货等待时间。

（3）对于回单签收、时效要求、App 操作及时性、安全措施、厂区规定等事项，要与司机明确沟通，避免产生考核成本。

8. 卸货成本

（1）卸货客户有卸货需求的，如需要雇用叉车、吊车、装卸工等，就需要额外支付卸货费用。这时要尽量避免让司机、客户找，否则成本可能较高；可以自行在网络平台上搜索当地资源、询价、比价后再操作。

（2）部分送电商平台的货物，为了保证完整收货而需要指定场内装卸队的。这种情况的装卸价格一般比外部高不少，但也可以直接与装卸队多次沟通价格，争取把价格降下来。

资料来源：罗戈网号．事关企业生存！物流成本管控怎么做？ [EB/OL].[2023-02-20].https://baijiahao.baidu.com/s?id=1758347763002928924&wfr=spider&for=pc.

二、项目成本估算

要进行项目成本的管理和控制，首先必须有个标准值。要得到这个标准值或者基准值，就必须对项目的成本进行估算。

（一）项目成本估算的步骤

项目成本估算是对完成项目所需资源的成本进行的近似估计。理想的情况是，完成某个项目所需费用可根据历史标准估算。但对绝大多数项目来说，由于其个性化程度非常高，以前的活动与现在的活动相比存在一定的差异。同时，不管是否根据历史标准，都只能将费用的信息作为一种估算。

成本估算一般按照以下三个步骤进行：①识别和分析项目成本的构成要素，也就是项目涉及的资源种类和需求量，这方面的信息可以直接从项目资源计划的结果得到；②估算每个项目成本构成要素的单价，这些信息可以通过对各种资源的现行市场价格信息、价格走势等情况进行预测得到；③分析成本估算的结果，识别各种可以相互代替的成本，协调各种成本的比例关系。

（二）项目成本估算的方法

为了得到比较好的成本估算结果，人们开发出了不少成本估算方法，其中常用的成本估算方法有以下三种。

1. 自上而下估算法

自上而下估算法也称类比估算法，估算过程是由上到下一层层地进行的。这种方法一般要求在有类似完成项目的经验的情况下使用。其主要内容是：收集上、中层管理人员的经验、判断以及相关历史数据，再由上、中层管理人员估计整个项目的费用和各个子项目的费用，然后将此结果传送给下一层管理人员，对子项目和下一级子项目的任务及费用进行估算，并继续向下传送其结果，直到项目组的最基层。

这种方法实质上也是专家评定法，通常比其他方法简单、容易、成本低，但精确度不是很高。

2. 参数模型估算法

参数模型估算法是一种比较科学、传统的估算方法，它把项目的一些特征作为参数，通过建立一个数学模型来估算项目的成本。换句话说，这种方法是利用数学模型，以过去类似项目为根据，预测未来实施项目的成本。在采用这种方法时，一个合适的模型对于保证成本估算结果的准确性非常重要。为了保证参数模型估算法的实用性和可靠性，在建立模型时必须注意以下几点：①用来建模所参考的历史数据的精确程度；②用来建模的参数是否容易定量化处理；③模型是否具有通用性，通用性是指模型适用于大规模项目，在经过适当的调整后也适用于小规模项目。

例如，A公司接到一个项目（简称"项目2"），要求将B公司的货物从甲地运到乙地，运输过程中货物无须进行特殊处理，甲、乙两地距离为D_2，货物量为Q_2。在不久前，该公司有一个相似的项目（简称"项目1"），运输距离为D_1，货物量为Q_1，货物在运输程中也无须进行特殊处理，完成该项目的成本是C_1。假设其他因素相似，影响上述两个项目成本产生差异的主要因素是距离和货物量。由此，可以根据两个项目的距离比例和货物量比例，以项目1的成本来估算项目2的成本。假设两次项目的运输工具和其他相关的辅助设备的折旧费用、辅助资料的物价水平、人员的工资水平等都没有发生很大的变化，那么，项目2的成本可以这样估算：

$$C_2 = (D_2/D_1) \times (Q_2/Q_1) \times C_1$$

3. 自下而上估算法

自下而上估算法也称工料清单估算法。该方法是指参与项目工作的每一机构和基层单位都估算自己的费用，将估算结果的总和再加上各种杂项开支、一般性和行政性开支，就得到项目全部估算费用。具体可按照WBS自下而上地估算各项工作的费用，得到项目的直接费用估计，项目经理在此基础上加上合理的间接费用，估算出项目的总费用。

例如，某物流公司接到一个项目：将A公司的产品从A公司在甲地的工厂运到乙地的批发商。首先，对这个过程进行工作结构分解：搬运、装卸、运输、订单处理、管理和辅助工作。这些作业都需要人员、设备、动力燃料、辅助资源等。根据物流项目的规模，估算各项作业需要的人数、设备数量、动力燃料数量等资源的数量和投入使用的时间，同时参考当前相应资源的市场价格，就可以确定各项作业的估算成本，再将各项作业的估算成本汇总，就得出实施整个项目的估算成本。

（三）项目成本的具体估算

承接编制项目资源计划的例子，对项目的成本进行估算。从项目资源计划的输出中，可以得到涉及整个项目的所有资源种类和数量。因此，要进行成本估算，只要知道这些资源的价格信息就可以了。在进行估算的时候，把项目的成本划分为非付现成本和付现成本两部分，分别对其进行估算，将估算后的非付现成本和付现成本汇总，就可以得到整个项目的估计成本。

1. 非付现成本

非付现成本是指在当期不需要以现金形式支付的成本。项目的非付现成本主要来自固定资产的折旧，这些固定资产包括车辆、搬运器具、装卸设备、仓库、包装设备，以及其他辅助设备和设施等。对于这部分成本，可以根据会计账簿对相关设备、设施的折旧记录情况，以及在项目实施过程中对相关设备、设施的使用量，按比例进行计算。由于会计的记账使用的是历史成本，而相关设备、设施的现行市场价格可能已经发生较大变化，所以在估算的时候可以根据设备、设施的历史价格和市场价格的关系进行适当的调整。最后，汇总各个相关设备的折旧费用，就可以得到整个项目总的非付现成本。

2. 付现成本

付现成本是指在当期需要以现金形式支付的成本。项目的付现成本包括所有工作人员的工资，运输过程的燃油费、路桥费，各种设备、设施的维修保养费，各个部门的日常支出（如水电费等），以及其他辅助费用。

需要付现的资源种类和数量的信息可以从项目资源计划的输出中得到，所以该步骤的重点是估计这些资源的价格。有关资源的市场价格是公开的，可以作为资源价格估算的基础。估算时，可以把购买资源时可能得到的商业折扣和现金折扣作为对市场价格的调整。同时，如果该项目的期限比较长，还要考虑通货膨胀等因素对市场价格造成的影响。另外，如果某些资源需要从境外采购，还要考虑汇率变动对市场价格的影响。总之，凡是有可能造成购买价格与现行市场价格发生偏差的因素都要予以考虑，将其作为对市场价格进行调整的依据，以提高对项目中付现成本估算的准确性。

得到各种付现资源的估算价格后，把各种资源的估算价格乘以计划编制中相应资源的使用量，得出各种资源的付现成本估算。然后，汇总这些估算的成本，就可以得出整个项目总的付现成本。

项目成本的估算

三、项目成本预算

要使项目顺利进行，要先确保项目团队中各工作人员获得相应的资源。成本预算就是为了测量项目实际绩效的基准计划而把成本估算分配到各个工作项（或工作包）的成本计划。

预算不仅是计划活动的一个方面，还是一种控制机制，具有参考标准的作用，是衡量资源实际和计划使用情况的基准。如果预算做得合乎情理，并在项目实施过程中能随时考察资源实际耗费与计划的偏离情况，就能够提供必要的预警，以便在适当的时候做出一些修正性的调整。

（一）项目成本预算的概念

项目成本预算是指为了顺利实施项目，提供给该项目实施团队等的实施成本的分配计划。项目成本预算的中心任务是将成本预算分配到项目的各项活动上。预算的过程是在项目成本估算的基础上进行的。具体来说，项目成本预算就是将项目成本估算的结果在各具体的活动上进行分配的过程，其目的是确定项目各活动的成本定额，并确定项目意外开支准备金的标准和使用规则，以及为测量项目实际绩效提供标准和依据。

由于项目成本中有一部分属于非付现成本，而预算通常是以现金的形式进行的，因此在进行预算时不需要对非付现成本部分进行现金预算的分配。

（二）项目成本预算的内容

项目成本预算的内容主要包括直接人工费用预算、资源费用预算、维修保养费用预算、其他管理费用和辅助费用预算，以及意外开支准备金预算。

需要特别强调的是意外开支准备金预算。在实施项目之前不可能预见在具体实施过程中发生的所有事情，特别是一些突发事件。例如，没有人会预知什么时候会发生油荒，什么时候会由于天气问题改变运输路线等。而要很好地处理这些突发事件，确保项目能够顺畅地进行，就很有必要设置意外开支准备金。进行预算的时候一定要预留一部分资金作为意外开支准备金。至于意外开支准备金的多少，可以根据以往的历史数据，或者咨询相关专家的意见来确定。

（三）项目成本预算的步骤

（1）将项目的总预算成本分摊到各项活动。根据项目成本估算确定项目的总预算成本之后，将总预算成本按照项目工作分解结构和每一项活动的工作范围，以一定比例分摊到各项活动中，并为每一项活动建立总预算成本。

（2）将活动总预算成本分摊到工作包。其做法是按照构成这一活动的工作包和所消耗的资源数量，对活动总预算成本进行成本分摊。

（3）在整个项目的实施期间内对每个工作包的预算进行分配，即确定各项成本预算支出的时间及每一个时点所发生的累计成本支出额，从而制订项目成本预算计划。

（四）项目成本预算的结果

项目成本预算的结果主要包括以下两个方面。

（1）项目各项活动的成本预算。在项目的实施过程中，将以这方面的成本预算作为各项活动实际资源耗费量的标准。

（2）项目成本基准计划。成本基准计划说明了项目的累计预算成本与项目进度之间的对应关系，它可以用来度量和监督项目的实际成本。

项目成本的预算

即问即答 2-6

项目成本预算一般包括哪些方面的内容？可参考什么资料进行估算？

四、编制项目成本预算

项目成本预算总额确定后，通常可以按项目构成层次、成本构成要素、项目进度计划或上述标准的组合进行分解。基本分解方法是自上而下、由粗到细，将项目成本依次分解并归类，形成相互联系的分解结构。自上而下分解是假设高级管理层具有丰富的项目经验，能正确地估算项目风险，他们估算出项目总体成本和主要工作包的成本，然后再将成本分解到下一级职能组；这些小组能够收集更具体的信息，由他们继续将成本分解到每个工作包或任务，使项目成员清楚每个任务的具体成本。

按项目构成层次分解是指将总预算分解到子项目、主要交付物、最低级交付物、工作包或工作单元上。按成本构成要素分解是指将总预算分解为直接费用、间接费用，再进一步分解为人工费、材料费、机械费、管理费等内容。按项目进度计划分解是指将项目预算分解到年、月、周或日，以便将资金的应用和筹集配合起来，减少资金占用和利息支出。这三种预算分解方式可以独立使用，也可以综合使用。

例 2-1　会议室装修项目的预算分析。

某配送中心装修一间会议室，其面积为 200 平方米，根据装修质量、功能、设备等要求，公司确定了 10 万元的目标成本。项目交付物分为方案设计、采购、施工、检测四个部分，根据工作量和资源消耗程度，分别安排了 12 000 元、65 000 元、20 000 元、3000 元的预算。四个主要交付组长进行了二次预算分配，如图 2-29 所示。

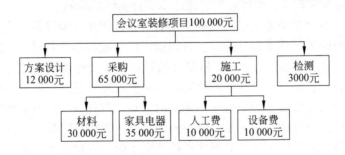

图 2-29　成本预算分配

总成本按照工作分解结构逐级向下分配时，可能出现下层人员认为成本不足、难以完成相应任务的情况，如果不能与管理人员进行有效沟通，会拖延项目的进度，造成成本的浪费甚至整个项目的失败；也可能会在组织内部产生摩擦，高层经理与基层管理者或者部门之间为了争夺预算而产生不满和冲突。

项目成本预算应覆盖整个项目生命周期，在总成本分解到交付物、活动或任务后，必须根据进度计划继续分解，做出每个时间的预算计划。假设会议室装修项目要求 15 天完成，计划方案设计 3 天、采购 4 天、施工 11 天、检测 3 天，按照进度计划将各项预算分解到每一天，如表 2-6 所示。

表中的"合计"是当日各项活动预算之和，"累计"是从第 1 天起进行预算的累加，到第 15 天项目结束时的累计总额就是项目的总预算。按照时间分解，既界定了每个交付

表 2-6   会议室装修项目预算表   单位：千元

活动	预算	日 期														
		1日	2日	3日	4日	5日	6日	7日	8日	9日	10日	11日	12日	13日	14日	15日
方案设计	12	3	5	4												
采购	65				10	10	20				25					
施工	20				2	2	2	2	2	2	2	2	2	1	1	
检测	3													1	1	1
合计		3	5	4	12	12	22	2	2	2	27	2	2	2	2	1
累计		3	8	12	24	36	58	60	62	64	91	93	95	97	99	100

物的成本，又确定了每天的成本，十分便于成本的筹集与使用控制。

项目预算表是一种简单的成本预算表现形式，将人员成本、分包商和顾问成本、专用设备和工具成本、原材料成本等信息在一张表中综合展示出来，明确每种资源的使用起止时间、数量及预算成本，便于管理者进行资源和成本的分配以及跟踪控制。

按进度计划编制的项目成本预算，可以绘制成直方图或者成本累计曲线，直观地将成本预算展示出来。成本累计曲线的编制步骤是：首先，建立直角坐标系，横轴表示项目工期，纵轴表示项目成本；其次，按照一定的时间间隔累加各时间段内的支出，在坐标轴中确定各时间点对应的累计资金支出量，用一条平滑的曲线依次连接各点即可得到成本累计曲线。利用 Excel 或项目管理软件，即可轻松完成成本累计曲线的编制。

项目组知道项目网络中非关键路线的活动有时差，如果分别按照每项活动的最早开始时间或最晚开始时间编制成本累计曲线，可以做出两条成本累计曲线。因这两条曲线呈香蕉形状，故称香蕉曲线。如果活动按照最早开始时间进行，相应的成本发生时间也会提前，项目经理应安排资金提前到位；反之，如果活动按照最晚开始时间进行，则支出资金的时间后移，可以减轻当前资金压力。对于不确定的活动，有意减少时差必然导致进度压力陡增。所以，应按照最早开始时间工作，以时差抵消有可能出现的延误。是否拖延活动，还取决于客户支付费用的进度计划。如果客户按照完工阶段支付费用，则对完工有重要关系的活动就不能拖延。

项目经理需要保持正向的现金流，项目收入与支出之间的差异应较小，保持来自客户的收入与人工、分包商、材料和设备费之间的平衡。成本预算计划是项目经理现金需求的重要依据。预算中所示的成本反映的是材料需要时的成本，而不是实际支出时的成本，实际费用发生的时间一般不与预算中的时间对应，而是稍晚一些。

按时间进度的成本预算通常可以通过对项目关键路径图的进一步扩充而得到，即在建立关键路径图时，一方面要确定完成各项活动所需的时间，另一方面要确定完成这一活动的预算。但将项目分解为能够方便地表示时间与成本支出预算的活动是不容易的。如果项目分解程度对时间控制合适，那么对成本支出预算可能分解得过细。编制成本计划时，应充分考虑时间控制和成本支出预算对项目分解的要求。

项目成本预算制定完毕后，为了保证预算准确可靠，应对不准确之处进行调查；如价格信息失真或资源数量不合理，应在取得新数据后对预算进行调整。如果发生了较大的项目环境变化，影响了整个成本预算的准确性，如材料大幅涨价或国家税法调整，应对预算做出综合调整。

五、项目成本分析

（一）成本核算步骤

项目成本核算过程分为四个步骤。为了及时进行项目成本控制，必须不断掌握实际成本的支出情况，即及时进行成本核算。

（1）录入资源使用数量。对各分项工程中消耗的人工、材料、机械台班及费用的数量进行录入，这是成本控制的基础工作，有时还要对已领用但未用完的材料进行估算。

（2）度量本期内工程完成状况。已完成工程的度量比较简单，而对跨期的分项工程的度量则较为困难。度量的准确性直接关系到成本核算、成本分析和预测剩余成本的准确性，所以应尽量减少人为因素的影响，避免项目成本的大起大落。

（3）对项目管理费及公司管理费进行汇总、核算和分摊。

（4）进行各分项工程及总工程的各个费用科目核算及盈亏核算，编制工程成本核算报表。

在上面的各项核算中，许多开支是通过分摊进入分项工程成本或工程总成本的。分摊时，要选择一定的经济指标，按比例核算。

（二）综合成本分析

项目成本分析就是利用本期成本数据与预算成本数据进行比较，对成本预算执行情况做出评价，分析成本差异或成本变动的原因。通过成本分析考核与奖惩制度挂钩的做法，可以提高员工节约成本费用的积极性，也可以与其他项目的成本数据比较，以判断本项目成本管理的水平。

成本分析的重点是研究影响项目成本变动的主要因素。①外部市场因素，包括项目规模和技术装备水平、项目专业化和协作水平。这些因素在短期内难以改变，也超出了项目经理的控制范围。②项目管理因素，如员工技术水平和操作熟练程度、直接材料的消耗水平、能源和设备利用率、质量水平、劳动生产率、人工费用水平等因素。

项目成本分析常用综合成本分析法。综合成本是指涉及多种生产要素并受多种因素影响的成本费用，如分部或分项工程成本、月度成本、竣工成本等。这些成本是随着项目进展而逐步形成的。

1. 分部或分项工程成本分析

分部或分项工程成本分析的方法是比较预算成本、目标成本和实际成本，分别计算实际偏差和目标偏差，分析偏差产生的原因，寻求成本节约途径。工程项目的预算成本来自施工图预算，目标成本来自施工预算，实际成本来自施工任务单的工程量、实耗人工和限额领料单的实耗材料。主要分部或分项工程必须从开工到竣工进行系统的成本分析。

2. 月度成本分析

月度成本分析是项目定期的成本分析，可以及时发现问题，以便按照目标成本进行监督和控制。对于时间长的工程项目，还要依据月度成本报表进行年度成本分析。每月进行进度状态和成本状态分析，成本费用的分类要与成本预算一致，以便分析对比。

例 2-2 某物流中心 ERP 项目的成本分析。

表 2-7 是某物流中心 ERP 项目 2024 年 6 月的成本分析表，当月计划完成 450 000 元预算，实际完成 438 000 元，少支出 12 000 元。结合实际进度信息和完成的工作量，分析支出减少的原因。

表 2-7　某物流中心 ERP 项目 2024 年 6 月的成本分析表　　　　单位：元

项　　目	月计划成本	实际成本	成本偏差
人工费	220 000（15 名工程师 +2 名顾问 +1 名项目经理）	220 000	0
设备费	160 000（18 台商用计算机 +1 台服务器）	146 000	14 000
材料费	25 000（相关耗材）	28 000	−3000
通信费	5000（手机费、电话费）	7000	−2000
招待费	15 000（合作方招待费）	12 000	3 000
住宿费	25 000（房租）	25 000	0
本月合计	450 000	438 000	12 000

在复杂的大型项目中，为了加强成本控制，往往每周或每日都要填写成本报表，以便及时掌握项目成本使用情况并发现存在的各种问题。成本日（周）报表一般是针对重要项目和进度快的项目，通常只记人工费、机械费和产品数量。

成本累计曲线法广泛用于成本分析。计划成本曲线作为比较基准，收集实际支出数据之后在同一坐标中绘制出实际成本曲线，在成本执行情况转为理想的状态下，这两条曲线应重合；如果存在偏差，说明成本计划执行有异常。此时，应分析偏差出现的原因，判定是否正常，然后决定是否采取处理措施。

采用成本累计曲线法的局限性是很明显的。一是它仅仅从累计成本的角度判断是否超支，没有考虑进度信息。在实际项目工作中，如果完成任务的速度提前，相应的成本也必然提前发生，此时并非超支。如果进度延误，某时刻的实际成本会低于计划成本，但此时并非节约。二是实际成本包含了关键路线与非关键路线活动消耗的成本，依靠成本数据不能得出进度是提前还是落后的结论。

在月度成本分析表的基础上，编制项目成本分析报告。以物流工程项目为例，成本分析报告主要包括以下内容。

（1）主要消耗材料的用量分析、月度技术措施对成本的影响分析。依据工程部提交的材料需求计划，追踪其实际执行状况。

（2）本月进度计划完成情况分析、月度工程统计分析数据分析。特别是就未完成情况，要分析原因，采取措施，落实整改。

（3）施工产值完成情况、工程分包统计分析。分析的目的在于核定项目收入。

（4）辅助材料、租赁周转材料、自有周转材料、现场和库存材料状况、租赁机械用量分析。

（5）人工及劳务分包数据分析。

（6）现场经费分析、临时设施费摊销分析和项目总盈亏分析等。

（7）成本超支的原因分析。

经过对比分析，如发现某一清单细目或作业已经出现成本超支，或预计最终将会出现成本超支，要进行重点分析。

例 2-3 某公路建设项目成本超支的原因分析。

某公路建设项目成本超支的原因有以下几方面。一是原成本计划数据不准确，估价错误，预算太低，分包队伍报价超出预期的最高价。二是国家相关政策的变化，上级和业主的干扰，通货膨胀带来的物价上涨，阴雨气候和自然灾害等的影响。三是实施管理中的问题，例如，不适当的控制程序造成预算外的开支过大；成本责任人没有尽到成本控制的责任，缺乏成本管理方面的知识和经验，激励措施不到位；劳动效率低，工人频繁调动，施工组织管理混乱；采购了劣质材料，材料消耗增加，浪费严重，发生事故，造成返工，周转资金占用量大，财务成本高；合同不能有效履行而产生赔偿。四是工程范围增加，设计变更，功能和建设标准提高，工作量大幅增加等。

3. 竣工成本分析

如果施工项目只有一个成本核算对象，则以该成本核算对象的竣工成本资料作为成本分析的依据。如果有多个单位工程而且是单独进行成本核算的项目，应以各单位工程竣工成本分析资料为基础，再加上项目经理部的经营效益（如资金调度、对外分包等所产生的效益）进行综合分析。单位工程竣工成本分析应包括竣工成本分析、主要资源节约或超支对比分析、主要技术节约措施及经济效果分析。通过以上分析，了解单位工程的成本构成和降低成本的方法，这对成本管理有较大的参考价值。

（三）目标成本差异分析

目标成本差异是指实际成本脱离计划成本的差额，分析的目的是找出产生差额的原因，从而尽可能地降低成本。目标成本差异分析一般从项目成本构成要素入手。

1. 人工费分析

人工费包括直接人工费和间接人工费。直接人员是指在项目中承担了具体工作包任务的人员，间接人员是指不对项目产出物有直接贡献的人员。人工费主要由人员数量和加班费决定。项目中应分析是否存在冗员，避免因人浮于事而产生的人工成本。同时，要合理控制加班，减少因加班引起的支出。

2. 材料费分析

材料费分析是对主要材料、结构件和周转材料使用费以及材料储备进行分析。主要材料和结构件的费用受价格和消耗数量的影响，材料价格受采购价格、运输费用、途中损耗等因素的影响，材料消耗数量受操作损耗、管理损耗和返工损失等因素的影响，可以在价格变动较大和数量异常时再进行深入分析。由于项目中很多周转材料和设备是租赁的，周转利用率和损耗率决定了费用，周转慢意味着租赁费支出增加，损耗超过规定的比例时要支付赔偿。

对材料储备的分析包括材料采购保管费分析和材料储备资金分析。材料采购保管费属于材料的采购成本（包括采购保管人员的工资、办公费、差旅费）以及采购保管过程中发生的固定资产使用费、工具使用费、检验试验费、材料整理费用、零星运费、材料物资的盘亏损失及毁损损失等。材料储备资金是根据日平均用量、材料单价和储备天数（即从采购到进场所需要的时间）计算的。材料储备资金分析可以应用因素分析法，选择运输距离短的供应单位，尽可能减少材料采购的中转环节，缩短储备天数。

3. 设备使用费分析

设备的租用有两种情况：一种是按产量承包并计算费用，如土方工程，项目经理只需按实际挖掘的土方工程量结算费用，而不必过问挖土机械的完好程度和利用程度；另一种是按使用时间结算，设备完好率差或调度不当会影响利用率，从而延长使用时间，增加使用费用。由于项目的特点，在工序衔接上会出现某些施工间隙，影响设备的连续作业；有时因为加快施工进度，设备又需要日夜不停地运转，因此，经常会出现设备利用率高低不均的现象。但是即使利用不足，台班费依旧照付，这将增加设备使用费支出。在项目实施过程中，应加强设备的平衡调度，保持设备的完好率，保证设备的正常运转。

项目成本的分析

此外，还有其他直接费用分析，如二次搬运费、水电费、临时设施摊销费、生产工具使用费、检验试验费、场地清理费等。

即问即答 2-7

如果有物流工程延期，应如何计算其增加的成本？

任务四　项目风险评估

任 务 导 航

A 物流公司以融资租赁方式向多个合作伙伴共提供 50 辆东风大货车，用于拓展新的运输线路。车辆总价值为 3000 万元，融资租赁期限为 12 个月，合作伙伴每月每辆车应向 A 公司缴纳 5.5 万元。12 个月后，货车的所有权转让至合作伙伴名下。合同执行到第 6 个月时，有少数合作伙伴由于经营不善，收益不达预期，提出退出与 A 物流公司的合作。面对这种情况，A 公司按照预定部署，按合同约定条款终止与这些合作伙伴的合作，并在市场上重新招募新的合作伙伴。项目团队只有对可能发生的风险有预案，才能在意外真的降临时做到从容不迫。

一、项目风险的内涵

（一）项目风险的概念

项目风险是一种不确定事件或状况，会对项目目标产生有利或不利后果。例如，项目可能需要申请许可证，或者负责该项目的人员数量有限，面临的风险可能是许可证申请周期比原计划长，或者所分配的人手不能完成任务。无论发生哪个不确定事件，都会对项目的成本、进度或者质量产生不良后果。风险状况则包括项目环境中可能造成项目风险的一些因素，如项目管理方式欠佳，或者过分依赖无法控制的外单位参与者。

风险有两类：可预见风险和不可预见风险。可预见风险，是可以预见、可以计划的，也可以管理的。不可预见风险则是不能预见、不可计划、不可管理的，它需要应急措施。项目中常会出现以下情况带来的风险。

（1）重要人员突然离开项目组。如项目的骨干成员被抽调到别的项目、突然生病、离职等，而他的工作其他成员暂时无法完成。

（2）项目进行过程中，行业标准或相关政策发生变化。如本来要推广海鲜产品销售业务，突然遇到政府有关部门下令禁止的情况。

（3）需求发生重大变更。如手机消费市场中，出现智能触摸屏手机后，传统的按键手机市场需求大幅下降，企业原来设定的进一步开发按键手机的项目必须做出调整。

（4）某些成员能力不胜任其工作。有时项目团队抽调来的成员难以胜任销售、财务、技术等方面的工作，这时只能换人或增添人手，会影响到项目的进度。

（5）各部门的配合不尽如人意，得不到所需协助。如有时财务部门的经费不能按时到位，公司承诺的办公场所无法提供，会导致项目团队的有些工作暂时无法开展。

（6）项目进行到一半时，出现难以解决的技术问题。这种情况在产品研发、工程开发等项目中时常会出现，如修地铁时出现渗水、修隧道时出现盾构机难以穿透石壁的现象，需要项目团队的技术专家想办法解决后，项目才能继续推进。

（7）因自然灾害导致的交通问题使项目不能在计划日期内完成。如某地发生地震，导致某公司原定的运输线路开通项目延后。

（8）意外事故导致计算机系统崩溃，项目的大部分文档和数据丢失。一些计算机病毒会导致项目团队的数据丢失。这要求项目组对工作的计算机系统要有级别较高的安全防护措施。

项目风险在某些情况下是可以接受的，如果能够很好地平衡与处理这些风险，有时还会产生正面的影响。比如快速跟进会带来返工的风险，但是如果能够计划并管理好，快速跟进同样可以大大缩减项目工期。

（二）项目风险管理的主要工作

在项目的规划启动阶段，项目负责人除了做好相应的计划，还必须思考风险方面的问题，提前做好准备，以下问题需要特别引起关注。①项目有哪些潜在的问题现在还看不到？②风险发生的可能性有多大？③谁负责监控和处理风险？④项目组用什么策略和措施应对项目风险？⑤项目干系人对风险的心理承受能力有多大？

要解决这些问题，项目负责人必须对项目风险进行识别、分析、应对和监控，针对整个项目的风险管理制订计划，也可以考虑以前总结出来的风险应对策略，也就是进行风险管理。风险管理就是要系统化地识别、分析和应对风险，使正面影响最大化，使负面影响最小化。具体包括以下工作。

（1）风险管理计划。确定风险管理方法和风险管理活动的计划。

（2）风险识别。找出可能会对项目产生影响的风险，描述其特点。

（3）风险定性分析。对列出的风险进行定性分析，并按其对项目的影响程度排出优先级。

（4）风险定量分析。评估和衡量风险出现的可能性及其对项目目标影响的量化程度。

（5）风险应对计划。制订应对风险的措施和方法，增加对项目有利的机会，减少风险对项目的威胁。

（6）风险监控。在整个项目执行过程中，监督已识别的风险和残留风险，识别可能出现的新风险，执行风险应对计划，评估计划执行的有效性。

即问即答 2-8

一个项目，无论大小，项目组只有将其分解成具体的工作，才能够有针对性地实施。如果某物流企业要建一个新的配送中心，请列举至少三个可能发生的风险。

二、项目风险管理计划

项目风险管理计划主要包括定义项目风险管理的行动方案及方式、选择合适的风险管理方法、确定风险判断的依据等。它是一个迭代过程，包括评估、控制、监控和记录项目风险的各种活动。在项目风险管理计划中，需要明确用什么样的方法，管理风险、明确责任，谁负责风险A、谁负责风险B。还要注意风险评估的方法，也就是为什么要把某个事件当作项目的风险？如果出现了风险，项目干系人的承受度如何？每项风险的预算是多少？风险如何监控？如何报告？如何跟踪、记录？项目风险管理计划的内容如表2-8所示。

表2-8　项目风险管理计划的内容

序号	项　目	内　容　说　明
1	风险管理方法	确定可能采用的风险管理方法、工具和数据信息来源。针对项目的不同阶段、不同部分、不同的评估情况，可以灵活采用不同的方法
2	岗位职责	确定风险管理活动中每一类别行动的具体领导者、支持者及行动小组成员，明确各自的岗位职责
3	时间	明确在项目生命周期中实施风险管理的周期或频率，包括对于风险管理过程各个运行阶段、过程进行评价、控制和修正的时间点或周期
4	预算	确定用于项目风险管理的预算
5	评分与说明	明确定义风险分析的评分标准并加以准确说明，有利于保证执行过程的连续性和决策的及时性

序号	项　目	内 容 说 明
6	承受度	明确对于何种风险将由谁以何种方式采取何种应对行动。作为计划有效性的衡量基准，可以避免项目相关各方对计划的理解产生分歧
7	报告格式	明确风险管理各流程中应报告和沟通的内容、范围、渠道和方式，使项目团队内部、与上级主管和投资方之间以及与协作方之间的信息沟通顺畅、及时、准确
8	跟踪	为了有效地对当前项目进行管理、监察、审计，以及积累经验、吸取教训，应该将风险及其采取的管理行为全面记录下来，归档留存。记录人员应该按照统一规定的文档格式和要求进行记录

资料链接2-3

项目风险管理计划模板

1. 概述

此处需描述本项目状态报告存在的必要性、用途。

2. 定义和缩略语

为了恰当地解释这个报告，需要了解其中的所有术语和缩略语。在这一段，定义或提供对它们定义的参考资料。如果没有，则填写"无"。

3. 项目风险管理组织

（略）

4. 项目风险管理定义

（1）项目风险类别定义（见表2-9）。

表2-9　项目风险定义

风 险 类 别	描　　述

（2）项目风险概率和影响定义（见表2-10）。

表2-10　项目风险概率和影响定义

项目	值	定性描述	进　度	成　本	质　量	范　围
概率	0.9	非常高	表示发生的可能性			
	0.7	高				
	0.5	中				
	0.3	低				
	0.1	非常低				

续表

项目	值	定性描述	进度	成本	质量	范围
影响	0.8	非常高	进度延期1个月以上	成本超支20%	项目最终结果无法实际使用	每月重大变更大于3起
	0.4	高	进度延期半个月以上	成本超支10%~20%	质量降低到客户无法接受	每月重大变更大于2起
	0.2	中	进度延期1周以上	成本超支5%~10%	质量下降到需要由客户审批同意的程度	每月重大变更大于1起
	0.1	低	进度延期3天以上1周以内	成本超支小于5%	仅有要求极其严格的应用受到影响	每月变更大于5起
	0.05	非常低	进度延期2天以内	成本超支不明显	质量下降不显著	每月变更大于1起

（3）项目风险状态定义（见表2-11）。

表2-11　项目风险状态定义

风 险 状 态	状 态 描 述
跟踪中	处于监视中
正减轻	风险发生的可能性正在减小或带来的影响正在减轻
正应急处理	发生情况超出预期，正在紧急处理
已关闭	风险应对成功后被关闭
已消失	风险发生的可能性减少为0
……	……

（4）风险综合影响分类标准（见表2-12）。

表2-12　风险综合影响分类标准

项　目		风险概率 P				
		0.1	0.3	0.5	0.7	0.9
风险影响	0.05	0.005	0.015	0.025	0.035	0.045
	0.1	0.01	0.03	0.05	0.07	0.09
	0.2	0.02	0.06	0.1	0.14	0.18
	0.4	0.04	0.12	0.2	0.28	0.36
	0.8	0.08	0.24	0.4	0.56	0.72

注：风险概率与风险影响的得分相乘后得到的结果，表示风险的综合影响程度，可分为高、中、低三类，分别用三种颜色标注。具体如下。

■ 表示该风险的综合影响程度低。

■ 表示该风险的综合影响程度中等。

■ 表示该风险的综合影响程度高。

5. 项目风险管理策略

针对项目风险，表明管理策略（见表2-13）。

表 2-13　项目风险管理策略

策略内容	说　明
风险管理活动的范围	明确风险管理活动涵盖的范围，如项目生命周期中的几个阶段，或者项目的过程、人员和技术等几个方面
工具和方法	风险识别采用的方法和工具
	风险分析采用的方法和工具
	风险监控采用的方法和工具
	风险应对采用的方法和工具
风险应对策略	参照风险管理策略
风险跟踪和报告机制	风险跟踪机制，每周跟踪风险触发器状态，在项目范围发生变化、项目关键指标出现问题时，重新评估风险； 报告机制，在项目周报中报告，在里程碑处报告

6. 项目风险管理进度安排

项目风险管理进度安排见表 2-14。

表 2-14　项目风险管理进度安排

任　　务	开始时间	结束时间	责任人	备　　注
成立风险管理小组				
培训风险管理知识				
定义风险管理表				
识别和收集风险第 1 轮				
分析和评估风险第 1 轮				
识别和收集风险第 1 轮				
分析和评估风险第 2 轮				
……				

三、项目风险识别

风险识别就是确定何种风险事件可能影响项目，并将这些风险的特性整理成文档。风险识别是项目管理者识别风险来源、确定风险发生条件、描述风险特征、评价风险影响的过程。风险一旦得到识别，往往就可制定简单而有效的风险应对措施，并付诸实施。

（一）风险识别的参与人员

参加风险识别的人员通常应尽可能包括以下人员：项目管理组、风险管理组、公司其他部门相关领域专家、客户、最终用户、其他项目经理、利害关系者和外聘专家。

风险识别是一个反复的过程。第一次反复可以由项目管理组中的一部分人，或由风险管理组进行；整个项目管理组和主要利害关系者可以进行第二次反复；为了保证分析不出现偏颇，最后一轮反复可以由与项目无关的人员进行。

（二）风险识别的依据

项目经理可依据表 2-15 所示文件来识别项目的风险。

表 2-15　风险识别的依据

序号	文　件　名	说　　明
1	立项报告	立项报告中明确了项目的总目标，整个项目围绕这个目标展开
2	范围说明书	范围说明书明确了项目的范围，可以从中事先判断出范围中的某项工作会有什么样的风险，以及它对项目的影响
3	风险管理计划	风险管理计划为识别风险过程提供一些关键要素，包括角色和职责分配、已列入预算和进度计划的风险管理活动，以及可能以风险分解结构的形式呈现的风险类型
4	成本管理计划	成本管理计划中规定工作流程和控制方法，有助于在整个项目内识别风险
5	进度管理计划	进度管理计划有助于了解可能受风险（已知的和未知的）影响的项目时间（进度）目标及预期
6	质量管理计划	质量管理计划中规定的质量测量和度量基准，可用于识别风险。
7	人力资源管理计划	人力资源管理计划为如何定义、配备、管理和最终遣散项目人力资源提供指南，其中也包括了角色和职责、项目组织图和人员配备管理计划
8	干系人登记册	可以利用干系人的信息确保关键干系人，特别是发起人和客户，能以访谈或其他方式参与识别风险的过程，为识别风险过程提供各种依据
9	项目文件	项目文件能为项目团队更好地识别风险提供与决策有关的信息。项目文件有助于跨团队沟通和团队与干系人之间的沟通。项目文件应包括（但不限于）： （1）项目章程； （2）项目进度计划 （3）进度网络图； （4）问题日志； （5）质量核对单； （6）对识别风险有用的其他信息
10	采购文件	如果项目需要采购外部资源，采购文件就会成为识别风险的重要输入。采购文件的复杂程度和项目程度，应与计划采购的价值及采购中的风险相匹配

（三）风险识别的方法

1. 项目文档审阅

风险识别的第一步是项目文档审阅，找出项目文档中的假设条件、限制因素，理解项目的目标、范围、资源计划、进度计划、成本估算等。

2. 信息收集技术

信息收集技术有头脑风暴法、德尔斐技术、访谈等。

（1）头脑风暴法。其目的是形成一份综合的风险清单，供日后在风险定性与定量分析过程中使用。头脑风暴会议通常由项目管理组主持，也可邀请多学科专家来实施此项技术。在一位主持人的推动下，与会人员就项目的风险进行研讨。在广泛的范围内识别风险来源，将其公布，供与会者审议，然后对风险进行分类，并进一步明确其定义。

（2）德尔斐（Delphi）技术。德尔斐技术是专家就某一专题（如项目风险）达成一致意见的一种方式。先确定谁是项目风险专家，然后请他们以匿名方式参与此项活动。主持人用问卷征询有关重要项目风险的见解。问卷的答案交回后，随即在专家中传阅，请他们进一步发表意见。这个过程进行若干轮之后，就不难得出关于主要项目风险的一致看法。德尔斐技术有助于减少数据中的偏倚，并防止任何个人对结果产生不适当的影响。

（3）访谈。访谈的对象包括业务方面的专家、技术方面的专家、行业专家、有经验的项目经理等。有经验的项目经理或某项问题的专家有识别风险的能力。负责风险识别者可以先物色适当人选，向他们简明扼要地介绍项目情况，并提供工作分解结构与项目各项假设等有关资料；被访者则根据自己的经验、与项目有关的资料及其他资料来识别项目的风险。

3. 核对表

风险识别所用的核对表可根据历史资料、以往项目类型所积累的知识以及其他信息来源着手制订。使用核对表的优点是风险识别过程迅速简便。其缺点是所制订的核对表不可能包罗万象，而使用者所考虑的范围却被有效地限制在核对表所列范畴之内。在使用核对表时，应该注意探讨核对表上未列出的事项，如果此类事项与所考虑的具体项目相关，应逐项列出。要把核对表的审议作为每个项目收尾程序的一个正式步骤，以便对所列潜在风险清单以及风险描述进行改进。项目风险识别核对表如表2-16所示。

表2-16　项目风险识别核对表

风险因素	识别标准	风险核查结果		
		大	中	小
项目的环境： （1）项目组织结构 （2）组织变更的可能 （3）项目对环境的影响 （4）干系人的干涉程度 （5）政策的透明程度 ……	稳定/胜任 较小 较低 较少 透明			
项目管理： （1）同类项目经验 （2）项目经理的能力 （3）项目管理技术 （4）可行性研究 （5）承包商经验 ……	有经验 经验丰富 可靠 详细切实 有经验			
项目性质： （1）工程范围 （2）复杂程度 （3）使用的技术 （4）计划日期 （5）潜在的变更 ……	适合操作 相对简单 成熟可靠 可合理顺延 较确定			

续表

风 险 因 素	识 别 标 准	风险核查结果		
		大	中	小
项目人员： （1）基本素质 （2）参与程度 （3）项目监督人员 （4）管理人员的经验 ……	达到要求 积极参与 达到要求 经验丰富			
费用估算： （1）合同计价标准 （2）项目估算 （3）合同条件 ……	固定价格 有详细估算值 标准条件			

4. 假设分析

每个项目都是根据一套假定、设想或者假设进行构思的。假设分析是检验假设有效性（即假设是否站得住脚）的一种技术。它主要辨认假设的不精确、不一致、不完整对项目造成的风险。

5. 图解技术

图解技术可包括以下内容。

（1）因果图又叫石川图或鱼骨图，对识别风险的原因十分有用。

（2）系统或过程流程图，显示系统各要素之间的联系以及因果传导机制。

（3）影响图，显示因果影响、按时间顺序排列的事件，以及变量与结果之间的其他关系。

项目风险识别

（四）项目风险识别的内容

项目风险识别的内容可参照表2-17。

表2-17　项目风险识别的内容

序　号	识别项目	具 体 内 容
1	人员	（1）是否能得到这些人员； （2）他们是否具备需要的教育背景； （3）他们是否具备需要的工作经验； （4）他们的工作时间是否能保证； （5）他们是否能承担任务； （6）他们是否清楚项目的要求
2	进度方面	（1）里程碑的设定是否可行； （2）关键路径是否清楚； （3）关键路径上的活动是否能按时进行； （4）浮动时间是否充分； （5）活动之间的逻辑关系是否清晰

序　号	识别项目	具　体　内　容
3	财务	（1）是否能保证项目资金到位； （2）是否能控制项目资金； （3）市场价格是否会变化； （4）人员的开支是否确定
4	行政	（1）项目是否得到了明确的授权； （2）相关方的需求是否清楚； （3）是否得到了相关方的承诺； （4）与相关方是否进行了沟通； （5）物质条件是否具备
5	范围	（1）项目范围界定是否明确； （2）客户要求动态是否多变
6	合同	合同规定的责任和义务及应负的法律责任是否明确
7	环境	（1）气候是否会对项目造成影响； （2）地理位置是否会对项目造成影响
8	技术	（1）技术是否可行； （2）它是否得到了验证； （3）是否能够获得它； （4）它是否容易理解和应用

（五）项目风险识别的结果

项目风险识别的结果包括已识别出的风险列表、风险征兆或警告信号、潜在的应对方法列表、风险的根本原因分析、更新的风险分类、更新的项目管理计划，如表 2-18 所示。风险初始识别清单如表 2-19 所示。

表 2-18　风险识别的结果

序　号	识别项目	具　体　内　容
1	已识别出的风险列表	描述已识别出的风险、风险的根本原因、假设中的不确定性、风险造成的影响。针对每个风险，要分配一个责任人，以便对风险进行分析、应对和监控
2	风险征兆或警告信号	需要利用这些标识，在风险将要发生时提高人们的警惕性。需要注意，已经发生的事情不再是风险而是问题
3	潜在的风险应对方法列表	在风险识别过程中可能会对如何应对风险提出简单的建议，这为将来的风险应对过程提供了非常有用的帮助
4	风险的根本原因分析	风险的根本原因是导致风险的基本条件或事件，一个根本原因会导致多个风险，通过对根本原因的分析，可以非常有效地进行风险应对
5	更新的风险分类	识别风险的过程会为风险类别列表添加新的风险类别。风险分解结构（RBS）是在风险管理计划过程中开发出来的，要在风险识别的基础上进行增强或修正
6	更新的项目管理计划	风险识别过程可能需要采取进一步措施，包括更新项目管理计划中的其他过程计划。如 WBS 可能不够详细，结果不能进行有效的风险识别；进度计划中没有包括被重要风险影响的活动。项目管理计划及其辅助计划的变更（添加、修改、修订）是通过整体变更控制系统处理的

表 2-19　风险初始识别清单

序号	风险描述	风　险　识　别				
		项目阶段	风险类别	风险原因	可控性	风险影响

四、项目风险定量分析

项目风险定量分析是项目经理或项目工作人员通过一些数学方法和统计工具进行的项目风险分析。其目的是对每项风险的发生概率及其对项目目标的影响，以及项目整体风险的程度进行数值分析。风险定量分析应当在确定风险应对计划时再次进行，以确定项目总风险是否已经减少到令人满意的程度。

在对项目风险进行定量分析时，可以依据以下资料：①风险管理计划；②已识别风险；③按轻重缓急排序的风险清单；④需要再分析与管理的风险清单；⑤历史资料，指以往已完成的相似项目的资料、风险专家对相似项目的研究结果，以及可从行业或厂商自身得到的风险数据库；⑥专家判断，可以来自项目管理组、组织内其他课题专家，以及组织外的其他人，如工程专家、统计专家；⑦其他规划产出，包括确定进度时所使用的项目内在逻辑和工期估算、工作分解结构列出的所有成本要素清单和成本估算，以及项目技术目标的范例。

进行风险定量分析时，第一步是通过调研获取相关数据。有时是从系统中直接获取，有时是问卷调研，有时是面谈。以面谈为例，它用于收集项目干系人对项目风险概率和影响程度的估计（包括各种乐观、悲观的估计），得到一个取值范围，并利用概率进行分析。在具体分析时，常用的工具有敏感度分析、决策分析、专家打分法、项目模拟法等。敏感度分析是量化及评估各风险对项目目标潜在影响的方法，它有助于判定哪种风险最有可能对项目产生影响。决策分析通常按决策树的形式进行。决策树是对所考虑的决策以及其他现有方案可能产生的后果进行描述的一种图解方法。它综合了风险的概率、每条事件逻辑路径的成本或收益，以及应采取的未来决策。决策树的求解可以表明，当所有的不确定后果、成本、收益，与相应的决策全部量化之后，哪一项决策能为决策者带来最大的期望值。专家打分法是专家根据自身的专业素质以及丰富的实践经验，依照项目的具体情况做出的合理判断。在应用这种工具分析时，可以将主观概率看成客观概率的近似值。项目模拟法用一个模型将详细规定的各项不确定性换算为它们对整个项目层次上的目标所产生的潜在影响。

在对项目风险进行定量分析后，项目组可以得到一份按轻重缓急排序的量化风险清单。这张风险清单包括对项目造成最大威胁或为项目提供最大机会的风险，以及对其影响的度量。

项目风险定量分析

资料链接 2-4

万纬物流智慧园区建设项目

1. 建设背景

万纬物流智慧园区建设项目的总体目标围绕着园区运营方、园区客户、业务/股东三个重要参与方展开。

（1）赋能园区运营方更好地服务客户，在市场上赢得客户，保证安全质量，降本增效，建立标准管理体系，打造万纬品牌。

（2）为园区客户提供透明化、高品质、低成本、风险最小化的服务，让客户安心托付，建立紧密开放的合作伙伴关系。

（3）随着商业模式由重到轻，科技赋能的智慧园区服务将成为核心竞争力，为投资创造价值；通过输出由智慧园区支撑的运营团队和服务，转型为科技赋能的服务型企业；通过科技和服务，提升企业的市盈率。

2. 建设内容

（1）平台基础情况。智慧园区技术架构主要由感知层、连接层和技术平台层三层构成。

① 感知层。感知层是指连接到技术平台的各类传感装置、机电设备、智能硬件、软件系统等。目前接入的设备有视频监控、人闸及人脸通行测温设备、车闸及车牌摄像机、制冷机组、智能电表、各类叉车、月台传感器及 AI 摄像机、穿堂及库区温湿度传感器，正在对接的设备有智能水表、各类消防传感器、周界报警系统、执法记录仪、安防 AI 摄像机、冷库各类门、穿堂货物监控 AI 摄像机等。

② 连接层。连接层是指用于数据传输的通信技术和设备，包含交换机、路由器、网关等设备及 4G、5G、WiFi、NBIoT、LoRa 等通信方式。连接层可实现全园区 WiFi 覆盖，支持多方式通信，以保证园区各环节、各地点作业时数据的实时性和准确性。

③ 技术平台层。技术平台层由 IoT 平台、算法平台、数据平台和流程模块化低代码开发平台构成。IoT 平台连接和管理感知层的各类设备，主要功能有设备接入、设备管理、消息通信、运维监控、数据分析、安全认证、权限策略。算法平台封装各类算法，以支持 IoT 平台、算法平台及各类应用的调用与复用。数据平台对接各软件系统，建立标准数据，建设园区和总部控制塔，自动化生成推送各类报表。流程模块化低代码开发平台用来实现低代码开发配置，快速搭建适用于不同园区差异需求的方案。

（2）应用场景情况。冷链园区应用场景可以划分为六个维度：安全、环境、设备、能耗、日常运营、全局管理。目前落地的应用有智能视频云平台、冷链 IoT 系统、智慧叉车系统、智慧月台系统、温湿度监控系统、冷链人员通行系统、EAM 设施设备管理系统。

3. 信息化实施过程中的主要经验

（1）多维度、全方位的智慧园区整体规划。在行业内首次提出覆盖物业、运营、工程、质量等多维度的高安全性、高质量、高效目标，包含 13 个产品模块的智慧园区整体规划。该规划整体指导各个模块建设工作，打通各部门间、各产品模块间的壁垒，有效解决了典型的行业痛点——"烟囱式＋分散式"造成的信息孤岛和延伸扩展性差等问题，避免了重复建设带来的资源浪费、效率降低等问题。

（2）深度融合管理流程机制的产品建设。从业务角度出发，明确智慧园区各产品模块的目的、目标，并制定管理流程机制，将管理流程机制深度融合到产品方案设计中，以保证产品与业务不脱节，产品上线后业务部门能够真正有效使用，进而提升管理水平、解决问题。相比于和业务割裂的方案和行业通用方案，万纬物流的智慧园区产品由于深度融合了业务上的管理流程机制，能够为园区运营管理工作建立标准体系，真正为管理赋能。

资料来源：中国物流与采购网. 万纬物流智慧园区建设项目 [EB/OL].[2023-05-17].http://www.chinawuliu.com.cn/xsyj/202305/17/606158.shtml.

五、项目风险应对计划

制订项目风险应对计划有助于增加机会、减少威胁，包括措施的制订和责任人的安排。风险应对计划应与风险的严重程度相适应；计划应经济、有效、及时、可操作；要经各方一致同意，并落实责任。

项目风险应对计划

（一）风险应对计划的依据

制订风险应对计划，可参考以下资料：①风险管理计划；②按轻重缓急排序的风险清单；③项目风险评级；④按轻重缓急排序的量化风险清单；⑤项目的概率分析；⑥实现成本与时间目标的概率；⑦潜在应对措施清单，在风险识别过程中，可能会发现对个别风险或风险范畴应采取的应对措施；⑧风险临界值；⑨风险负责人，即能作为风险应对负责人采取行动的项目利害关系者的名单，风险负责人应当参与风险应对计划的制订；⑩风险共同原因，即若干种风险可能是某种共同原因造成的，这时一种通过的应对措施可能同时减轻多项项目风险。此外，还可以参考风险定性与定量分析的结果。

（二）风险应对计划的制订环节

风险应对计划必须与风险的重要性相匹配，既能有效应对挑战又切实可行，并得到主要干系人的认可。在条件允许的情况下，尽可能制订多个备选方案，以便及时选择最佳的应对措施。制订项目风险应对计划的过程主要包括以下环节。

（1）确认风险识别和风险评价结果。

（2）分析项目内外部各种条件。

（3）分析可用于处理各种风险的资源和能力。

（4）设定风险处理后应达到的目标。

（5）针对不同风险拟订多种应对策略备选方案。

（6）比较各种方案的代价与效果并做出选择。

（7）执行风险应对计划。

（三）风险应对策略

风险应对策略可以分为消极应对策略、积极应对策略和应急策略三类。

1. 消极应对策略

（1）回避策略。风险回避是指改变项目管理计划，以完全消除威胁。项目经理可以把项目目标从风险的影响中分离出来，或改变受到威胁的目标，如延长进度、改变策略或缩小范围，极端的回避策略是取消整个项目。该策略是从根本上放弃使用有风险的项目资源、项目技术、设计方案等。采取该策略可能要做出一些必要的牺牲，但比风险发生时造成的损失要小得多。

（2）转移策略。风险转移是将项目面临的风险转移给其他人或组织来承担。通过合约，将风险事故发生时的一部分损失转移到项目以外的第三方。风险转移是把风险管理责任简单地推给另一方，而非消除风险。转移策略对处理风险的财务后果最有效，适用于发生概率小但损失大的项目，或者项目组织很难控制风险的项目。风险转移可以采用多种工具，如出售、发包、合同免责条款、责任转移条款、保险与担保等。

① 出售。通过买卖契约将风险转移给其他组织，在出售项目所有权的同时把风险转移给对方。

② 发包。通过从项目组织外部获取货物、工程或服务而将风险转移。

③ 合同免责条款。当无法转移包含项目风险的活动或者转移代价太高时，尽量通过合同免责条款来排除己方的责任。

④ 责任转移条款。在工期较长的项目中，承包商面临着由于原材料价格上涨而导致亏损的风险。承包商可以在承包合同中规定：当价格上涨超过一定幅度后，额外的采购成本由客户承担或合同价格相应上调。很多情况下，成本补偿合同可把成本风险转移给买方（客户），而总价合同会把风险转移给卖方（即承包商）。

⑤ 保险。保险是指投保人根据合同约定，向保险人支付保险费，保险人根据合同约定承担赔偿保险金责任的商业保险行为。当合同约定的可能发生的事故（风险）发生，并造成财产损失时，保险人承担赔偿保险金责任；或者当被保险人死亡、伤残、疾病或者达到合同约定的年龄、期限时，保险人承担给付保险金责任。

⑥ 担保。在工程施工阶段比较适合采取保证和抵押两种担保方式。保证是指保证人和债权人约定，当债务人不履行到期债务或者发生当事人约定的情形时，保证人履行债务或者承担责任的行为。抵押是指债务人或者第三人不转移财产的占有权，将该财产抵押给债权人；当债务人不履行到期债务或者发生当事人约定的实现抵押权的情形时，债权人有权就该财产优先受偿。

（3）减轻策略。减轻策略包括风险预防与损失控制两种方式。风险预防是在风险发生前采取积极的措施，把风险事件的概率和影响降低到可以接受的临界值范围内，这比在风险发生后设法补救有效得多。损失控制是在风险损失已经不可避免地发生后，采取措施，减少损失发生的范围，遏制损失持续恶化。

（4）接受策略。接受风险是指当风险不能避免或有可能获利时，由自己承担风险。它可分为无意识接受和有意识接受两种情况，无意识接受风险是不知道风险的存在而未加处理，有意识接受风险是知道风险事件可能发生但自己承担风险。接受风险是因为项目风险是客观存在的，小概率风险可能在项目中大量出现，由于它们发生概率小（如地震、洪水）或者影响非常小，在有限的项目资源约束下，不能消除全部威胁也无法转移风险，或者控制风险的成本很高而得不偿失时，项目组织只能接受这些风险。风险接受策略的判断标准有以下几个。

①接受费用低于保险公司收取的费用。

②企业认为期望损失低于保险公司的估计。

③项目组织认为项目最大期望损失较小。

④项目组织有承受最大期望损失的能力。

⑤损失和费用支付分布在很长的时间里,存在很大的机会成本。

⑥项目投资机会非常好。

2. 积极应对策略

(1)开拓策略。开拓策略是指消除与某个特定积极风险相关的不确定性,确保机会肯定出现。直接开拓包括把组织中最有能力的资源分配给项目,以缩短完成时间或节约成本。

(2)分担策略。分担策略是指实施某个项目具有巨大商机或项目中必须进行某些活动,而又必须承担相应风险时,通过增加合作方来共同分担风险,减轻每一个投资者的压力。分担风险是把应对计划的部分或全部责任分配给最能为项目利益抓住机会的第三方,包括建立风险共担的合作关系和团队,以及为特殊目的而成立公司或联营体,其目的是充分利用机会,使各方都从中受益。

(3)提高策略。提高策略是指提高机会的发生概率和积极影响,识别那些会影响积极风险发生的关键因素,并使这些因素最大化,以提高机会发生的概率。比如,为尽早完成活动而增加资源。

(4)利用策略。利用策略是指当机会发生时乐于利用机会,但不主动追求机会。

3. 应急策略

应急策略是当已识别的风险事件发生时采取行动策略及步骤,以降低项目风险的负面效应。针对某些特定事件专门设计一些应对措施,当预定条件发生时才能实施这些应对策略。如果确信风险的发生会有预警信号,就必须制定应急策略,对触发应急策略的事件进行定义和跟踪,如未实现阶段性里程碑、关键人员离职等。

(四)风险应对计划的结果

1. 风险应对计划表

风险应对计划表(也叫风险登记册)中的内容应尽量详细,根据其描述就能采取具体的应对行动,如表2-20所示。

表2-20　项目风险应对计划表

项目名称					项目经理	
风险编号	风险名称	风险期望值	风险等级	风险战略	应对措施	风险应对负责人

制表人:　　　　　　　日期:　　　　　　　　　　批准人:　　　　　　　日期:

项目风险应对计划是在风险分析工作完成后，为规避项目风险而制订的计划性文书。项目风险应对计划因项目内容的不同而有所差异，但至少应当包括以下内容。

（1）对所有风险来源及每一来源中的风险因素的识别。

（2）对关键风险的识别，以及关于这些风险对于实现项目目标的影响的说明。

（3）对已识别出的关键风险因素的评估，包括风险发生的概率及其潜在的破坏力。

（4）已经考虑过的风险规避方案及其代价。

（5）建议采取的风险应对策略，包括解决每一风险的实施计划。

（6）各单独应对计划的总体综合，以及分析过风险耦合作用可能性之后制订出的其他风险应对计划。

（7）项目风险形势估计、风险管理计划和风险应对计划三者综合之后的总策略。

（8）实施规避策略所需资源的分配，包括关于费用、时间和技术的说明。

（9）风险管理的组织及其责任，以及负责实施风险规避策略的人员。

（10）开始实施风险管理的日期、时间安排和关键的里程碑。

（11）成功的标准，即何时可以认为风险已被规避，以及待使用的监视办法。

（12）跟踪、决策和反馈的时间。

（13）应急计划，即预先计划好的行动步骤和应急措施，一旦风险事件发生就付诸实施。

（14）对应急行动和应急措施提出的要求。

（15）项目执行组织高层领导对风险应对计划的认同和签字。

2. 残留风险清单

残留风险是指采取了回避、转嫁或减轻等对策之后依然存在的风险。这类风险也包括已被接受并处置过的小风险，如在所允许的成本或者时间中，增加应急储备量。

3. 次生风险清单

由于实施某风险应对措施而直接产生的风险，称为次生风险。对于此类风险，应当准确识别并规划应对措施。

4. 合同协议

合同协议规定具体风险发生时各方所应承担的责任，并可签订关于保险、服务以及其他适当项目的合同协议，以回避或者减轻风险对项目的威胁。

5. 所需的应急储备量

项目的概率分析和风险临界值可帮助项目经理把项目目标超标风险降低到组织可接受水平所需的缓冲量或者应急储备量。

6. 向其他过程的投入

风险的大部分应对措施都需要付出额外的时间、成本或者资源，并需要改变项目计划。

7. 向修正项目计划的投入

项目经理应将规划过程的结果反映在项目计划中，以保证商定的行动作为当前项目的组成部分加以实施与监测。

模块二对应的数字化工具使用技巧请扫描下方二维码。

模块二数字化工具使用技巧

模 块 小 结

本模块对项目协同规划的相关概念和流程进行了介绍，对规划阶段需要完成的项目任务分解、项目计划安排、项目成本分析、项目风险评估等工作进行了梳理。项目协同规划对项目的实施与推进起着重要作用。它需要事先考虑项目组与公司其他部门的关系，通过有效的工具对项目的各项任务进行分解，继而绘制出合理的关键路径图。此外，它也需要提前对项目的实施成本进行测算和分析，向公司提出项目各阶段的资金需求，并对项目推进中可能存在的风险进行识别和评估，制订好各类风险的应对计划。本模块要求学生掌握项目的工作结构分解方法、关键路径图和甘特图等工具，并能用较为专业的知识对项目成本进行有效分析。

动画案例：抛锚难题的解决

动画案例：知错难改

课 后 练 习

一、问答题

1. WBS 的作用有哪些？用自上而下法编制 WBS 的步骤是什么？

2. 关键路径图前导图中的四种依赖关系分别是什么？

3. 项目成本预算一般需要经历哪几个步骤？

4. 项目风险的积极应对策略有哪些？消极应对策略有哪些？

二、案例分析题

某项目团队开发一个手机应用程序（application，App），这个系统能够对用户的属性和行为进行分析，以获得用户的需要，从而为用户精准推送相关信息。由于前期考虑得不够全面，后期具体实施时遇到了一些问题。

第一个问题，项目组在做 App 时，需要收集用户的个人和行为信息，他们当时没有意识到这件事是有法律风险的。在一次里程碑评审会上，公司的一位高层领导提出这个问题，表示这可能会给公司带来损失。项目组意识到这件事的严重性之后，协同公司法务部门和相关主题专家分析 App 的行为合规性，项目产生了大量变更，致使项目进度延迟、成本增加。

第二个问题，项目组在立项的时候记录了有关某项资源的风险，但没有对该风险规划相应的应对措施，致使该风险对项目持续产生影响，从而影响了项目周期，导致项目目标出现了一定偏差。

请结合该案例背景，回答以下问题。

1. 针对用户个人信息泄露的风险，你认为应该从哪些方面加以防范？
2. 你认为该项目组在风险防范上有哪些方面需要完善？

三、实训操作

请自行设定项目背景，利用 Teambition 工具，绘制项目的关键路径图和甘特图。

模块三
项目敏捷执行

知识目标

- 了解项目团队的任务和目标形成。
- 理解项目团队不同成员角色、不同组织方式的区别。
- 掌握打造高效率项目团队的方法。
- 理解项目团队工作冲突产生的原因及应对方式。
- 理解不同项目间工作冲突产生的原因及应对方式。

能力目标

- 能在项目工作发生冲突时进行良好的沟通。
- 能借助数字化工具对项目工作流程熟练地进行设置。
- 理解项目团队工作冲突产生的原因及应对方式。

素养目标

- 形成多方共赢的运营理念。
- 养成用创新方法解决冲突问题的意识。
- 形成守法运营、守住底线的经营理念。
- 养成化繁为简解决问题的意识。

关键词　项目团队　组织方式　行为准则　项目冲突　项目协同

图书出版过程管理

一、面临的挑战

图书出版机构的扁平化管理、多部门合作与弹性工作制，让图书生产过程难以高效协同。同时随着线上渠道销售额的递增，图书出版公司也越来越按市场或电商的节奏交付图书。在这个过程中，项目负责人、责任编辑和财务人员都面临严峻的挑战，具体见表 3-1。

表 3-1　图书出版项目成员面临的挑战

角　色	挑　战
项目负责人	使用传统的管理方式和沟通方式无法对多本图书的进度进行有效把控，造成图书延期上架的风险
责任编辑	一本书的生产过程中，多线程、多任务、周期长，比如获取书号、图书在版编目（CIP）、稿酬支付、付印等，责任编辑在统筹过程中容易忽略某个事项，干扰前后工作
财务人员	每月需要定期给不同的图书支付版权费、策划费、翻译费等各种费用，并需要确保每笔费用准确、准时支付

二、可视化管理每一本书的流程与进度

通过 Teambition 把生产流程落实在可视化的看板上，不仅实现了对生产环节和资源的有效把控，也让团队生产力变得更强，成员协作更轻松。在 Teambition 的项目看板上，将图书出版全流程通过任务列表展现出来，用一个任务承载一本书的工作，从立项—初审—复审—终审—初排—复排—校对—付印—入库—上架，所有环节与当下进度一目了然。

1. 总体把控，协调资源，控制风险

可视化的看板也为各部门调配资源提供了必要的信息化手段，每个环节都可以轻松统揽全局。比如，美术编辑可以直观看到有多少书正在"等待付排"，更合理地安排工作节奏；印务知道有多少本书即将进入"付印"阶段，提前安排好库位；项目负责人可以快速查看图书出版进度，了解各个环节的负载情况，及时发现并化解风险。比如，当一本书在"初排"阶段停留时间较长，项目负责人就可以主动了解情况，推动任务执行，确保图书能够按期出版。

2. 打造一本书的信息中心

通过"自定义字段"把任务卡片打造成一本书的信息中心，结构化地记录重要信息，如书稿类型、字数、定价、出版手续等；通过子任务承载出版一本书所做的全部工作，并且指派到人。当责任编辑打开任务卡片，不仅可以轻松获取所负责图书的基础数据，还能随时检查各子任务是否执行完毕。

3. 沉淀可复用的出版经验

通过创建任务模板，完善子任务设置以及任务说明，使工作流程简明、易操作。比如形成原创图书模板和引进图书模板，新手编辑通过复制任务模板，即可快速上手，依照模

板提示着手开展工作，不必再为工作流程和基础数据而频繁地请教他人。

三、打通和财务的上下游协作

在图书的生产过程中，会有图书版权费、策划费、翻译费等多项"付款任务"，需要责任编辑和财务人员同步信息和进度，确保每笔费用一清二楚。财务部门可以创建一个财务管理项目来管理所有付款工作。财务人员通过看板直观地管理每笔费用的支出，和编辑形成良好协作，并根据时间节奏准时、准确地进行支付。

责任编辑只需在图书任务中创建关联任务到财务管理项目中，填写每笔费用的支付金额、支付时间等信息，并将财务人员设置为执行者，即可转由财务人员独立操作。同时，责任编辑可以随时查看每本书的付款明细和进度。同时，通过自定义报表功能，财务人员可以在付款前对金额进行快速复核与统计。

资料来源：晓冰.读库，图书出版的数字化管理 [EB/OL].[2019-08-20].https://zhuanlan.zhihu.com/p/79040273?from_voters_page=true.

问题：一本图书出版就是一个小的项目，它的实施如何做到高效准确？

任务一　项目人员管理

任 务 导 航

　　浙江某服装公司投资了一个短视频运营项目，并任命张宁为该项目负责人，希望他找一些专业的人来运营这个项目。张宁应该在项目团队中设立哪些岗位？他可以从哪些地方找到合适的团队成员？为了让团队成员能够团结一致、高效合作，张宁应该在项目推进过程中对成员采取哪些管理措施？

一、项目团队的任务和目标

项目团队的建立是为了完成项目的目标。比如，企业为了建立制造执行系统（manufacturing execution system，MES），成立了企业内部的 MES 项目小组。这个项目小组实际上就是项目团队，其基本的任务和目标是为企业设计和运行 MES。由此，可以把项目团队的任务和目标看作项目团队存在的理由，项目经理要明确目标，否则项目团队的存在便毫无意义。

从广义上讲，项目团队需要完成的任务和目标一般包括以下五个方面。

（1）规划与实施项目方案。面对任务或问题，所有团队都必须制订相应的计划并努力实施。

（2）设立运行机制。团队必须根据其上级主管单位及周围环境的要求来设置工作目标，激励员工工作行为，评估工作绩效，决定工作奖酬等。

（3）提升项目工作绩效。团队需要不断提高自己的工作能力，提高团队成员间相互合作的能力，改善工作程序，加强各项训练，努力促进自身成熟并取得好成绩。

（4）协调外界关系。团队只有与外界取得协调，才能保障自身的顺利发展和项目工作的顺利进行。而且，团队只有与外界取得协调，才能取得整个组织的成功。

（5）为高层提供建议。团队不仅要完成分内的工作，而且有义务为更高层的决策提供信息与建议，尤其是事关公司的发展方向与资源分配等影响广泛的问题时，团队有权利也有责任参与并影响更高层的决策。

二、项目团队的组织方式

项目团队由来自不同组织或部门的成员组成，还时常涉及外部的合作方（如咨询商或供应商）。没有人能保证所需的人力资源应有尽有，必须充分利用团队的力量，达到事半功倍的效果。不管项目团队由多少人员组成，也不管他们是谁，都需要以高效的团队模式运营，才能够既满足工期要求又能提供令客户满意的项目交付成果。

（一）外科手术式项目团队

外科手术团队的典型场景是所有人都围绕着主刀医生进行操作，主刀医生是整个团队的核心。外科手术式项目团队的优点是关键任务由团队核心负责人亲自动手完成，成功率较高。缺点也是非常明显的，团队核心负责人事必躬亲、较为劳累，也不利于人才培养和团队成员的迅速成长。

外科手术式项目团队适用于以下情况。①关键工作必须由资深专业人员亲自操作。与外科手术相类似的项目中，关键工作任务由经过严格训练和高资质的人员完成。②一个资深的项目经理带领着一批新手的项目团队。当除项目经理外的绝大多数人都是新手时，项目经理有必要在关键工作上亲自动手。

在实践中，到处都能够看到外科手术式项目团队在运作。有时按照这种方式运作实属无奈，但当团队已经可以转变运作方式时，如果项目经理仍不肯放手让团队成员进行关键操作，其结果是他会很累，同时团队成员也不能迅速成长。

大多数固守外科手术式项目团队组织方式的项目经理，其潜意识里都认为项目团队成员能力不足、积极性不够、责任心不强，如果放手让他们去做会将事情搞砸。

（二）交响乐队式项目团队

交响乐队在演出时，团队成员都全情投入，陶醉在美妙的乐曲中。这里，指挥起到了很好的作用。在演奏过程中，指挥是一个精神领袖，主要任务是把握节奏和与观众互动。而乐手在演奏过程中对演奏什么内容，在排练阶段已经烂熟于心，无须指挥的现场督促。

使用交响乐队式项目团队运作模式的项目经理，他们会假定项目团队成员都勤奋、能干、积极，团队成员会负责任地将事情做好。在这种情况下，这类项目经理会大胆使用团队成员，给他们压担子，强化工作授权。项目经理要做的事情主要是指导和鼓励团队成员。项目经理自己较为轻松，项目团队成员可以得到历练、迅速成长。

交响乐队式项目团队是一种高效的团队组织方式，对组织及团队成员提出了很高的要求，一般的组织可能不具备相应的条件。交响乐队式项目团队对组织及其成员的要求如下。

①组织有明确的工作任务分工体系，团队成员对整个组织及其他成员的情况了如指掌。组织成熟的分工与管理体系是团队的乐谱，团队成员依靠乐谱各负其责。在交响乐队式的项目团队中，整套项目管理计划就是项目的乐谱。②团队领导有大胆用人的气度，敢于授权；团队成员训练有素，自我指导，勇于承担责任，拥有良好的团队意识，互相配合默契。

在交响乐队式项目团队中，项目经理是"不干活的"。对于超负荷工作的多数企业家而言，如果能够像交响乐队指挥那样潇洒，就达到了自己的目标。但这种境界是经过长期修炼才能达成的。

（三）爵士乐队式项目团队

爵士乐队没有"脱产"的指挥，所有人都做事——参加演奏。这种团队是以分工协作为基础的，不同的人演奏不同的乐器，合奏出美妙的音乐。爵士乐队虽然没有一个"脱产"的指挥，但同样有一个灵魂人物——项目协调人。这个人站的位置通常靠前一点。演奏开始时，一般由项目协调人给大家一个暗示，然后大家开始演奏。

在一些规模不大的项目中，项目经理一般不能够完全"脱产"，他要带领大家进行演奏，一马当先。爵士乐队式项目团队的要求如下。①团队各成员都是专业的，能够熟练完成自己的任务，对项目了然于胸。②团队各成员熟悉项目情况，不仅能做好自己的工作，还具备总体意识和系统意识，能够与其他成员保持协调。

即问即答 3-1

交响乐队式项目团队和爵士乐队式项目团队有哪些区别？

（四）足球队式项目团队

足球队目标明确——自己进球并有效阻止别人进球（或者说，目标是比对手多进一球）。在足球队式项目团队中，成员有相对明确的分工，每场比赛有针对性的战略和战术，但不规定在何时、由谁、在何位置、做什么，一切要随时进行调整，甚至有点"走着瞧"的味道。成员在分工相对明确的前提下，通过积极、主动、灵活的跑动配合其他成员的工作。

优秀的足球队式项目团队需要具备以下条件。①团队成员之间有基本分工，但有一些中间地带，要求大家通过积极、灵活的跑动进行协调，团队成员之间需要高度配合和相互支持。②团队成员有十分明确且共同的目标，具有互相补位的意识，不计较个人得失。③团队成员能够根据场上形势迅速达成共识，共同进退。比如，一场比赛到了尾声，如果本方领先一球，前锋也必须回后场参与防守；反之，如果本方落后一球，即便是后卫也应到前场参与进攻。而且，这种共识不需要进行过多讨论，这需要很强的团队意识和判断力。

某些足球队踢不好球，可能有以下原因。①输球后常常问责出现在现场的人（守门员、后卫）。这就容易导致前场人员丢球后不再回追，因为他不出现在现场就不用负责。实际上，如果前场人员的水平高，足球一直运行在前场，本方的球门就不会有危险。②带球跑是最好的踢球方式，这样能吸引对方球员，队友才会有更好的机会和位置。但是，带球跑容易被抢断，一旦被抢断，自己又要承担责任。怎么办？拿到球就传给队友，不管队友位置好不好，以此来转移责任。以上也是足球队式项目团队容易出现的问题。

（五）合理选择项目组织形式

个人要发挥其专长，那么他本身必须符合环境的需要。如果脱离了环境的需要，其专长也就失去了价值。同样，采用何种项目团队组织形式，要根据项目的特点、规模以及成员对项目工作的胜任程度等多个因素进行选择。不能简单地判定交响乐队式的组织形式就一定比外科手术式的组织形式好。对于项目而言，最适合的组织形式就是最好的形式。

项目团队的组织结构没有一个普遍适用的模式，需要用权变的观点来考虑其结构的选择，特别是要充分考虑与项目目的性、独特性、约束性、规模、所使用技术的特点相契合。同时，在结构设计中要注意团队成员的特点，他们的技术特长、成熟度、彼此间的信任和协作程度等因素对团队的影响是显著的。

在一定条件下，项目团队的四种组织形式可以相互转变。外科手术式项目团队可以转变为爵士乐队式项目团队，爵士乐队式项目团队也可以向交响乐队式项目团队转变。当一个新的小项目团队刚组建时，一般可以采取外科手术式组织形式，主要任务由项目经理本人亲自操刀；当团队成员比较熟悉项目时，就可以转变为爵士乐队式组织形式。当一个爵士乐队式项目团队的规模扩大到一定程度时，就应该及时转变为交响乐队式项目团队。这时，项目经理就必须从"不脱产"的带领大家做事的爵士乐队协调人，转变为"脱产"的交响乐队指挥，不能再陷入某项具体事务中。

项目团队如何选择
合适的组织方式

三、项目团队的成员角色

一个完整的项目团队包括项目经理、项目计划人员、项目控制人员、项目团队普通成员、项目专家等角色。在有些项目里，一个人可能会承担几个角色。

（一）项目经理

项目经理是项目的负责人，具有指挥项目工作、汇集所需技术、交付产品或服务的权力。其责任主要包括以下内容。

（1）向上级管理层汇报团队的进展，帮助管理层对团队和项目实施管理。

（2）愿意迎接新角色的挑战，并努力扮演好新的角色，接受培训、不断学习，增强自己扮演新角色的信心与能力。

（3）建立部门之间的交流渠道，建立团队与外界环境的联系，为团队的发展创造良好的环境。

（4）向团队传达和贯彻公司的政策及发展战略等，向团队成员传递信息、知识和技能。

（5）教导团队成员如何管理工作和评估工作结果。

（6）提高团队成员的自我激励与自我约束能力。

（7）鼓励团队成员提出不同的看法，寻找更新、更好的方法。

（8）帮助团队解决困难和问题，帮助团队设置对客户的目标。

（9）支持团队为达成目标而采取的行动，激励团队化的行为。

（10）在团队发生冲突时充当裁判员，有效地解决冲突。

（11）规范团队的行为，建立团队氛围，纠正行为偏差，指导建立团队。

（12）关心团队成员，倾听、收集、采纳团队成员的想法与建议。

即问即答 3-2

你认为什么样的员工适合担任项目经理？

（二）项目计划人员

项目计划人员的工作主要是安排进度计划。项目计划要求从业人员具有计划的知识和能力，能够制订和推行连贯一致的项目计划。项目计划人员必须掌握有关计划的概念和原理，具有良好的沟通能力，以确保计划能够传达正确的信息。一个合格的计划人员必须能够收集信息，形成报告，描述需要完成的工作和如何完成该项工作。这就包括了项目计划工作的所有要素，如工作范围陈述、风险计划、质量计划及采购计划等。

（三）项目控制人员

项目控制人员是指通过跟踪和收集信息保持项目工作的现状和进程的人员。通常，项目控制人员为项目经理或领导汇集信息。项目控制人员收集并分析信息，以确定信息的有效性，然后将其汇编成报告，即形成有关项目进程情况的文件。

（四）项目团队普通成员

普通成员是项目团队中非常重要的部分，他们的主要职责如下。

（1）帮助团队建立共同目标，并为团队目标的实现尽心尽力。

（2）帮助保持和扩大团队共同努力的成果。

（3）在团队会议开始前做好准备，准时参加团队会议；积极参与讨论，针对团队的问题发表自己的观点，并提出相应的解决办法。

（4）争取保质、保量、按时或超标地完成团队分给自己的任务。

（5）与其他成员密切协作。

（6）随时向其他项目成员提供帮助。

（五）项目专家

项目专家的职责主要分为以下两个方面。

（1）应就团队在项目工作过程中遇到的有关专业性问题，提出自己的看法与建议。

（2）解决团队遇到的难题时，既要充分运用自己的专业技能，又不能有专业偏见，一切以提高团队整体绩效和促进团队发展为目标。

以上项目团队成员主要有以下三种来源。

（1）公司的职能部门。完成某一项目的大多数成员都可以从相关的职能部门中进行调配。比如项目团队的财务人员、技术人员、供应人员等，可以从公司的财务部、技术部、供应部中挑选合适的人员。这些人员大多有丰富的项目经验，并且经常相互配合、协同作战，因此是项目团队的首选人员。

（2）人才市场。当公司无法提供项目所需的成员时，从人才市场上进行招聘也是一种有效的方法。

（3）外部协作方。与外部协作方签订协议，把项目的某些工作交给他们来做。通过签订协议、支付佣金的方式，把一些专业的协作方（如咨询顾问、供应商等）纳入项目团队的管理体系。

即问即答 3-3

如何在人才市场上招到适合自己项目的人？

四、项目团队的行为准则

（一）确定团队成员的职责

项目团队组建之后，正式运作之前，项目经理应让所有成员都知道以下内容。

（1）自己需要承担什么职责，需要完成哪些任务。团队成员要清楚而明确地对这些问题做出回答。

（2）项目中谁有权安排工作，项目成员需要与谁合作、为谁服务。

（3）项目成员需要与谁交往、与谁合作，以实现他们的既定任务。

（4）项目成员应该在项目上投入多少时间。应该确保项目成员能够在项目参与的持续期内和具体的参与时间留出充足的时间。

（5）团队成员任务完成与否的衡量标准。

（6）项目成员被选入团队的原因。

需要注意的是，项目成员之所以被选入团队，是因为他们是适合该项目工作的唯一人选；但应尽量不要把这一理由告诉他们，因为这样很难对他们产生激励作用。

（二）制定项目团队成员的行为准则

每一团队都必须有自己的行为准则。项目经理最好以书面形式制定出有益于团队的行为规范，并向全体成员宣布，以此来鼓励有益的行为、纠正有害的行为，并帮助成员了解什么是团队所期望的行为，从而提高团队自我管理、自我控制的能力，促进团队的成长，使其早日进入规范期。团队的行为准则应在成立之初就制定出来，一旦确立就不应轻易更改，否则会引起混乱和不安。行为准则将会成为团队文化的基础，但随着团队的成长和环境的变化，通常需要对最初的行为准则进行定期的修改。制定和修改行为准则都需要团队全体成员的共同参与，并最终得到全体成员的接受、遵守与维护。同时，团队最好指定专人来监督团队行为准则的遵守情况。

资料链接 3-1

××项目成员行为规范

1. 相互尊重，具有团队合作精神

来自不同团队成员之间以及顾问和客户之间要互相尊重，尊重彼此不同的背景和价值，具有团队合作精神，不断发展团队沟通和合作的技能。项目成员要识大体、顾大局，具有集体荣誉感和责任感，积极参与公司、团队、项目组织的各项活动。项目实施过程中必须分析自己做出的决定可能对其他工作模块造成的影响，多做横向沟通。对客户和团队有意见和建议时，要通过正常沟通渠道反馈和解决，严禁搬弄是非。每天至少检查一次公司的邮件，工作期间不得无故关闭手机。

2. 树立严格的时间观念

开会、上班、组织集体活动时，不迟到、不早退。有事要提前向上级请假，并通知所有有关同事，不搞"突然袭击"。严格执行项目里程碑计划、工作模块主计划和周计划，必要时主动加班加点，以保证进度和质量。每周五下午以邮件形式向项目经理提交周工作报告，汇报本周工作进展、下周工作计划和关键问题，不得敷衍了事。周工作计划采取以顾问组长为主，并与客户对应组长共同确定的方式，要严格根据项目主计划进行安排，并细化工作任务到半天（同一任务不得连续做超过半天的时间。若有，必须将任务进一步细分），将责任落实到个人而不是小组。

3. 鼓励有纪律的创新

要积极参加建设性的辩论，开发逻辑性强、先进、具有可操作性的解决方案。要富有原创精神，从客户角度出发用心思考，不得简单复制、粘贴。要积极借鉴最佳实践，并充分结合客户实际，不得闭门造车。要严格执行项目实施方法论，开发符合文档规范的高质量的交付产品。要积极主动承担富有挑战性的工作，而不是在任务和挑战面前退缩或寻找借口推辞。

4. 积极与他人分享知识和经验，互相学习，促进团队共同进步

对新知识持有开放的态度，绝不保守。对他人的请求，在力所能及的情况下做到有求必应，不得遗漏或推诿客户提出的任何请求。对会议纪要、项目备忘录等，要内容翔实、重点突出，根据需要签署、分发、保存；要积极配合项目知识管理员的文档管理工作，将项目计划、项目交付作品及时、正确地在共享文档服务器或项目管理工具上存档，并根据实际情况及时更新，定期进行分类、清理和整理，不允许"垃圾文件"存在。同时：项目成员要具有保密观念，未经项目经理批准，不得将任何项目资料以任何形式传递给任何与项目无关的人或组织。

5. 树立良好的风险意识

项目成员要时刻注意发现、汇报并管理项目风险，及时更新风险问题清单，不断跟踪各类问题的解决状况；树立项目范围管理意识，不可贪大求全；谦虚谨慎，不允许不懂装懂，遇到难题要及时寻求帮助。

6. 严格遵守项目纪律，正确、及时地完成报销单的填写和提交

上班时间不允许在办公室内闲聊、浏览与工作无关的网站、玩游戏、（戴耳机）听音乐、长时间打私人电话、阅读与工作无关的读物、打瞌睡、吸烟、喝酒、吃零食、化妆、大声喧哗以及其他任何形式影响工作的行为。在工作场所，着装要合适，不准穿拖鞋、运动装、无领 T 恤等。出席正式或重要会议时，必须严格按照公司相应标准。

资料来源：肖剑皓.零基础轻松学项目管理 [M].北京：化学工业出版社，2022.

五、打造高效率的项目团队

（一）整合团队成员

在项目团队中，项目成员可能没有共同合作的经历。项目经理必须做出努力，整合团队成员，让他们能够建立起良好的合作关系。在团队建设方面，没有绝对正确的方式。不同类型的人员，需要在不同的时间和范围内组合起来，以共同完成项目工作。为了做好团队建设，整合团队成员，项目经理需要做到以下几点。

（1）认真对待动员工作。项目团队第一次动员时，项目经理一定要对项目目标和每个人员的角色进行充分沟通，专门安排一定的时间，让大家彼此熟悉。

（2）要确保每个人对自己的角色能够形成清楚而深刻的认识和理解。

（3）确保建立畅通的沟通渠道。不仅在项目经理和团队成员之间需要建立畅通的沟通渠道，在团队成员之间也需要建立畅通的沟通渠道。

（4）项目经理应该尽量创造机会，让项目成员多见面、多交流。

（5）对项目成员之间那些有助于团队建设的行为、活动，项目经理要多加鼓励。对那些不利于团队建设的活动，项目经理要坚决抵制。

（二）确保团队成员的个人成长和发展空间

如果团队成员无法从项目中取得个人的成长和发展空间，那么他们对工作就没有激情。如果团队成员感到自己的技能能够在项目过程中得到强化，那么他们就会获得忘我工作的动力。项目经理在安排相关人员参与项目工作时，应该做到以下几点。

（1）理解团队成员获得个人成长和发展的必要性。虽然这通常并不是项目经理的核心目标，但对项目的成功却至关重要。因此，项目经理要尽力平衡好团队成员现有技能和学习目标之间的关系。

（2）在引导团队成员参与项目时，要准确理解、把握团队成员的需要和想法。如果团队成员的期望与现实无法协调或是团队成员的期望显然不合理，就要直接指出来，而不要拖延到项目工程后期。毕竟在项目刚开始时，项目经理还有一定的机会去应对某些问题。

（3）要尽力向团队成员宣传这样的理念：在参与项目的过程中，自然而然地会学到想学的东西，实现自我成长。

（三）确保团队成员在项目结束后有一个好的归宿

在团队成员中，有些是以项目管理为职业的专业人员。这些人员是指那些把自己全部精力投入到项目工作中，总是结束一个项目又会转入另一个项目。但大多数项目团队的成员是从他们日常的职能部门中抽调至该项目中的。对他们来说，若需要在项目中投入较长时间，就会心存顾虑。项目经理可以围绕以下几个方面，做好团队成员的思想工作。

（1）项目团队在配备相应人员前，就需要针对可能出现的问题做好充分准备。

（2）项目完成后，需要告知团队成员，他们仍旧需要对项目付出一定的努力。

（3）对抽调到项目中的成员，可以安排其他人员或从外部聘请顾问人员担负起他们原来的工作；在项目结束时，他们就可以重新回到原来的工作岗位。

（4）对一些核心人员，可以采取一些极端的做法。比如可以在项目结束时向他们发放一些奖金或其他报酬，以弥补他们参加项目所承担的风险。这种做法并不常用，但非常有效。

（四）为团队成员创造聚会场所和沟通渠道

如果团队成员能够在工作时保持密切接触，就会做出更为突出的工作成绩，想到更富有创造性的解决方案，而彼此之间的冲突也会大大降低。因而项目经理在接受新的项目任务时，应尽力为项目团队找一个聚会的场所，这会对项目进展的效率和效果带来显著影响。如果项目极为重要，就需要投入一定的精力和时间，把项目团队带到一个聚会的场所，让大家进行充分的沟通和研讨。

如果实在没条件，也应确保所有项目成员至少要相互认识一下，彼此见面。在这种情况下，要确保沟通渠道的畅通无阻，确保大家能够尽量保持交流和沟通。最理想的沟通方式是面对面沟通，其次是网络视频会议沟通、电话联系、电子邮件沟通等方式。

（五）做好零星资源的管理工作

每个项目经理都希望团队成员能够全力以赴，把自己的全部心思和精力投入项目工作中。但实际上，总有一些项目成员在承担项目任务时，还需要承担项目以外的其他任务，例如，其他项目的一些任务、企业中其他日常的事务性工作。

许多小型项目的主要成员是由兼职人员构成的。在这样的项目中，项目经理是唯一的项目专职人员，必须向其他人员做出种种恳求，趁他人方便的时间为项目挤出一点资源，完成相关任务。因此，项目经理会把自己的大部分时间用在说服工作和资源争取工作上，而不是用在其他方面的工作上，以取得零星的资源投入。

当然，如果项目需要投入的工作量很大，项目经理就必须做出努力，争取让更多的人员全职参与项目。但不管怎样，项目经理都要做好对零星资源的充分利用，以克服全职人员不足的困难。

（1）项目经理要确保项目成员能够拿出固定的、能够量化的时间，参与到项目中。例如，弄清项目成员每周能安排多长时间（是一天还是两天）投入到项目中。

（2）对项目成员能够投入的时间做好控制和管理，确保对方同意投入的时间能够如约投入到项目中。

（3）尽力做好协调工作，确保为项目留出充足时间。如果项目经理需要安排两个成员合作完成某项任务，但这两人每人每周只能抽出两天时间投入该项目工作。这时，项目经理就需要进行协调，做出安排，至少应该确保这两个需要合作的项目成员能够把工作安排到相同的两天中，这样这两人就可以在工作时进行合作了。

（4）对项目成员完成的项目成果和所投入的时间进行测量，评估工作进展情况。

（5）项目团队中有一些人员的作用至关重要，但他们通常处于组织的初级岗位上，工作繁忙，没有太多的时间投入到项目中。这时，项目经理需要做出权衡，通过自己的人格魅力和得体行为，说服他们为项目投入更多的时间；或者是把问题提交到项目发起人那里，迫使他们做出新的调整，把工作重点转移到自己负责的项目中。

（六）管理好高层人士在项目中承担的工作

几乎所有的项目都会有一些任务需要由高层人士（专家）来完成。项目经理如何管理好这些高层人士在项目中的工作呢？

（1）项目经理一定要事先告知团队成员，让他们知道需要他们留出一定的时间投入具体的项目工作中。如果那些高层人士在项目中承担某种正式职责，那么做到这点就很简单。例如像项目发起人这样的高层人士，项目经理需要在项目开始时就把他们需要承担的工作坦诚相告，至少应该让他们知道在项目进展过程中会有一些问题需要他们解决。

（2）要把"为什么需要高层人士承担工作"的原因简洁明了地解释清楚。项目经理应该让高层人士认识到，要完成项目，确实需要他们承担相应的工作，这完全是出于项目的需要。

（3）项目经理需要向对方说明时间安排，说明需要在什么时间完成相应的项目任务。高层人士很少能够全力以赴地投入到项目中，他们还有其他一些重要的事情需要做，而且即使他们希望完成自己应该承担的工作，通常也难以做到这点。因此，对高层人士来说，他们需要不断调整任务的优先级。这就要求项目经理确保自己的项目不被排除在他们优先考虑的范畴外。如果能够让高层人士明白他们拖延工作带来的后果，那么他们通常会做出积极行为，确保项目任务的按期实现。

（4）要尊重他们。项目经理要注重礼貌，要把事情解释清楚，要对高层人士给予足够的尊重。同时，项目经理还需要积极主动与高层人士沟通，以确保及时完成任务。

（七）做好兼职专家的管理工作

某些专家只能以兼职的形式参与项目。当专家提供兼职服务时，项目经理应注意确保这些兼职专家们能够恰如其分地对待其工作任务。因此，要向专家做出详细解释，使他们明白自己承担的工作处在什么项目背景下，自己的行为会对项目带来什么深远的影响。项目经理应让这些兼职专家知道他们需要达到的具体要求，以确保他们提供可靠的解决方案，从而保证任务如期完成。

如何打造高效率
的项目团队

六、项目干系人管理

（一）项目干系人的概念

项目干系人（stake-holder）也称项目利益相关者或者项目利害关系人，他们关注项目的成功与失败。其中，有的人积极参与项目，对项目提供支持；有的人对项目持有消极或者反对态度，这是因为项目的成败会直接或者间接地影响他们的切身利益（受益或者受害）。

项目干系人是能影响项目决策、活动或结果的个人、群体或组织，以及会受项目决策、活动或结果影响的个人、群体或组织。项目干系人可能来自组织内部的不同层级，具有不同级别的职权，也可能来自项目执行组织的外部，应当对项目干系人做好早期分析和定期评估。某项目中的项目干系人分布如图 3-1 所示。

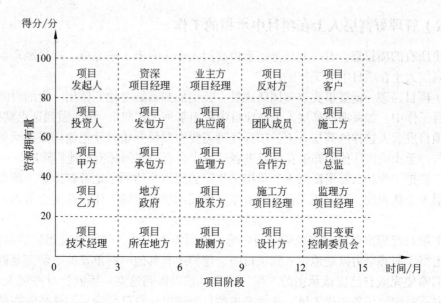

图 3-1　某项目中的项目干系人分布

（二）项目干系人管理的必要性

项目干系人管理事关项目的成败。项目失败的原因是多种多样的。但是，凡是成功的项目都有一个共同的特点，那就是从调查、分析项目干系人的需求开始，到满足项目干系人的需求和期望结束。识别、确定和管理项目干系人的需求和期望是一个项目成败的前提，也是使项目的范围、质量、进度和成本等指标都能够按计划完成的前提。

然而，项目干系人在项目的不同阶段扮演的角色不同、看问题的角度不同，对项目的需求、期望、利益和影响力往往也不同，甚至会出现矛盾和冲突。在这种情况下，项目经理和项目团队无法避免地要应对这样的矛盾：既要关照项目投资人和客户的利益，又要统筹兼顾项目执行组织和其他干系人的利益。

识别项目干系人的目的就是管理好他们的需求和期望，为项目的成功执行营造一种良好的人际关系环境。从项目启动到圆满结束，项目高管、项目经理和项目执行组织都要在这个问题上保持清醒的头脑，达成共识。

通常把对项目影响比较大的项目干系人分为两大类：一类是能够从项目成果和服务中获益的人和组织，多属于持有积极态度的项目干系人；另一类属于持有消极态度的项目干系人。相应地，识别项目干系人的需求和期望的主要目的有两个方面：①最大限度地获取项目正面干系人的支持，调动他们的积极性和创造性，为项目提供正能量；②最大限度地减少项目负面干系人的反对，防止、减少他们对项目的消极影响、阻碍甚至破坏。

（三）识别项目干系人

识别项目干系人是识别能影响项目决策、活动或结果的个人、群体或组织，并分析和记录项目干系人的相关信息的过程。这些信息包括项目干系人的利益、参与度、相互依赖关系、影响力及对项目成功的潜在影响等。识别项目干系人的主要作用是帮助项目经理建立对各个项目干系人或项目干系人群体的适度关注。

1. 项目干系人分析

项目干系人分析是系统地收集和分析各种定量与定性信息，以便确定在整个项目中应该考虑哪些人的利益。通过项目干系人分析，识别出项目干系人的利益、期望和影响，并把他们与项目的目的联系起来。

项目干系人分析通常应遵循以下步骤。①识别全部潜在的项目干系人及其相关信息，如他们的角色、部门、利益、知识、期望和影响力。关键干系人通常很容易识别，包括所有受项目结果影响的决策者或管理者，如项目发起人、项目经理和主要客户。②分析每个项目干系人可能产生的影响或支持，并把他们分类，以便制定管理策略。在项目干系人很多的情况下，必须对项目干系人进行排序，以便有效分配精力，来了解和管理项目干系人的期望。③评估关键项目干系人对不同情况可能做出的反应，以便策划如何对他们施加影响，提高他们的支持度，减轻他们潜在的负面影响。

2. 识别项目干系人的方法——辐射图法

过去，项目执行组织在分析和识别项目干系人时，是以项目经理为核心画出网状分析图，如图 3-2 所示。这种图的缺陷是没有明确地体现"以实现项目干系人的需求和期望为核心"的项目管理理念，使用起来有一定的局限性。

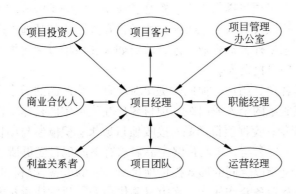

图 3-2　以项目经理为核心的项目干系人分析图

华为公司经过长期的探索，提供和推荐了一种直观、高效分析项目干系人的方法，并把它称为辐射图法，如图 3-3 所示。其核心思路是以"实现项目干系人的需求和期望"为核心，画出相互关系和相互影响的辐射图。

图 3-3 具有通用意义，可以当作工具和模板来使用。使用该辐射图时，应注意几个基

本步骤：在图的中心写出项目的名称；在图的正上方写出项目客户的名称；在图的左边写出项目执行组织外部干系人的名称；在图的右边写出项目执行组织内部干系人的名称。根据项目的大小、难易程度，画图的细节，可繁可简。结合图3-3，可以对项目干系人做一个大致的分析。

图 3-3　项目干系人辐射图

（1）项目发起人是倡导开展某一个项目，并负责为该项目提供需求、资金、实物等形式的资源的个人或组织。项目发起人对项目的成败承担着很大的风险，因此，项目的前期调研、立项评估、启动，项目范围变更的审批、项目阶段最终成果的评审和验收等工作都需要项目发起人参与决策。

（2）项目投资人是为项目提供需求、资金、技术和实物等资源的个人或团体。项目投资人有可能是项目的全额投资人，也可能是股份投资人。比如某地方政府在开发区积极倡导吸引外资，兴办一家中外合资企业。地方政府如果在该项目中有投资，那么地方政府既是项目发起人，也是项目投资人。

（3）项目客户即客户、用户。他们是提出对项目最终产品的需求和期望，并将使用项目最终产品、服务或成果的个人或组织。项目客户在项目中的具体工作职责包括提出清晰明确的项目需求和期望；验收项目产品；接收项目成果；积极参与项目工作；作为项目变更控制委员会成员之一，参与评审与最终产品需求有关的项目变更请求。

（4）商业合伙人是指以合同的形式提供项目所必需的设备、原材料或服务的外部公司。商业合伙人包括卖方和业务合作伙伴。卖方又称供应商、供方或承包方，是根据合同协议为项目提供人力资源、设备、材料、咨询或培训服务的外部公司。商业合伙人也是外部公司，但它们与本企业间存在特殊的商务关系。

（5）利益关系者，如地方政府与公众，主要包括项目合同签署和实施地点的政府有关部门，工商、银行、税务、土地、环保、交通、供水、供电和通信部门，以及教育、电子卫生、新闻媒体、合作伙伴和社区公众等。某些大中型企业的建设项目是否开展、何时开展，怎样开展以及成功与失败，都会直接或者间接地影响项目所在地的地方政府和公众的切身利益。

（6）施加影响者与项目产品的取得和使用没有直接关系，但是因其与客户组织或实施组织的地位或者关系，能够对项目的立项、启动、计划和执行施加积极或消极的影响。

（7）项目承建方是承接项目、满足客户需求的项目承建方，又称承包商。被委托人承接项目以后，根据客户的需求和期望启动项目。在从项目启动、计划到项目实施、控制和结尾的整个管理过程中，项目承建方始终处于主导地位。

（8）项目管理办公室是组织内部常设的一个职能部门，主要负责对其所辖项目进行集中协调管理，如图3-4所示。

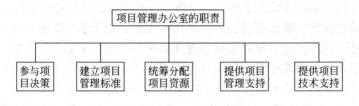

图3-4 项目管理办公室的职责

（9）职能经理是各职能部门的负责人或者管理者，拥有相应的职能部门的资源。特别是在弱矩阵及职能型的组织中，他们对职能部门内的固定员工和其他资源具有完整的调配权力。职能经理在项目中的工作职责主要是为项目提供专业技术人员、技术支持和专业服务。某医院的职能部门设置如图3-5所示。

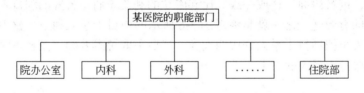

图3-5 某医院的职能部门设置

（10）运营经理是在核心业务领域（如研发、设计、制造、供应、测试或维护）承担管理角色的个人。不同于职能经理，运营经理直接管理产品的生产、营销和售后服务。基于项目的类型，在项目完成时，需要把项目的技术文档、图纸和其他永久性资料移交给相关运营管理人员。然后，运营管理人员把所移交的项目纳入日常运营中，并为之提供长期支持。

（11）项目经理是由上级组织授权或委派来保证按照客户的需求完成项目，并对项目全面负责的人。项目经理职位是一个富有挑战性的、需承担重要责任的岗位。项目经理需要具备灵活、快捷的判断力和娴熟的谈判技巧。项目经理是项目干系人之间沟通、协作和信息交流的焦点。

（12）项目团队由项目经理、项目管理团队和负责实施项目的项目团队成员组成，他们是为实现项目的共同目标而相互依赖、协同合作的团队。在某些项目中，发起人也可能是项目团队成员之一。项目团队的具体工作职责包括参与项目的启动，编制项目计划，实施项目管理计划，协助 PMO、配置控制委员会（CCB）评估变更对项目的影响，参与项目变更控制，完成项目可交付成果，并配合项目干系人进行验收。

为确保识别和列出全部项目干系人，应该向受过专门培训或具有专业知识的小组或个人寻求专业判断和专业意见。同时，项目组应召开项目干系人情况分析会议，分析关于各项目干系人的角色、利益、知识和整体立场的信息，加强对主要项目干系人的了解。

（四）项目干系人的有效管理

（1）全面分析，换位思维。所谓全面分析，就是项目经理召集项目团队成员参照辐射图法的模板，采用头脑风暴等办法，比较全面地罗列出所有的项目干系人。对项目干系人的分析应该在项目启动阶段就着手进行，并随项目进展情况进行及时更新，形成新的版本。只有这样才能减少疏漏，确保项目经理及其团队更好、更全面地服务于项目干系人。所谓换位思维，就是要特别注意尽早以积极态度面对负面的项目干系人。人们大多愿意面对态度积极的正面干系人，不愿意面对甚至有意回避态度消极的负面干系人——只在实在无法回避时才与他们打交道。这常常使项目工作陷于被动局面，不能有效推进。

（2）权益大小，分类平衡。各项目干系人之间或多或少地存在权力和利益之间的矛盾，无法同时、同等程度地满足所有干系人的利益；但是应该尽量缩小各干系人（至少是主要干系人）满足程度之间的差异，达到相对平衡状态。所谓分类平衡，就是在众多项目干系人之间寻找利益平衡点。通过寻找平衡点，可以在主要项目干系人之间形成合作关系，以及基于这种合作关系的项目大团队，有利于项目的顺利完成。

对于各干系人之间的利益差别乃至冲突必须承认和理解，鼓励大家把各自的利益追求充分表达出来，进行协商，达成一致。比起隐藏的利益矛盾，公开的利益矛盾要好管理得多。解决问题的有效途径之一就是参考图 3-6 所示的项目干系人利益与权力四方图，分别按利益和权力大小把项目干系人分成四大类，然后采取统筹兼顾、按轻重缓急处理的方法来管理和满足项目干系人的需求。

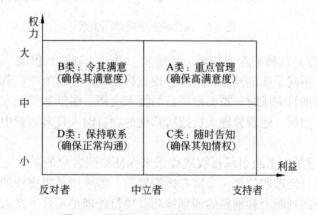

图 3-6　项目干系人利益与权力四方图

（3）量身定制管理策略。如图 3-6 所示，A 类项目干系人对项目的权力和利益最大，是项目干系人中的重中之重，应当与其保持经常性的沟通，及时获得他们的理解和支持；B 类项目干系人掌控着项目的许多资源，应当及时地争取这些资源，并让他们看到这些资源投入后的实际效果，保证其满意度；C 类项目干系人掌控的项目资源比较少，但是项目的成败对其利益影响比较大，应当及时地让他们知道项目的范围、质量、进度和成本等现状，保障其知情权；D 类项目干系人掌控的项目资源比较少，项目的成败对其利益影响也比较小，与他们保持正常的联系和沟通就可以了。在实际应用中可以参考表 3-2 所示的量身定制管理策略。

表 3-2 量身定制管理策略

态 度	影 响 力		
	影 响 力 大	影 响 力 中 等	影 响 力 小
态度积极	继续取得支持	继续取得支持	继续取得支持，并设法提高其影响力
态度中立	做转变工作，争取支持	做转变工作，争取支持	做转变工作或忽略不管
态度消极	做转变工作；转变不成，则削弱影响力	做转变工作；转变不成，则削弱影响力	防止其影响力扩大或忽略不管

影响力是指某一项目干系人影响（推动或阻碍）项目进行的能力。一个项目干系人所具有的影响力是其所拥有资源的数量以及调用资源的能力大小的综合体现。利益相关度是指项目干系人的需求和利益受项目影响的程度。影响力和利益相关度的区别在于，有一些项目的利益相关者可能受项目的影响很大，而他们参与项目的能力却很弱，对关键决策的影响力有限。

对于项目沟通案例的统计发现：对项目持中立或者消极态度的项目干系人，有 80% 是由于不了解或者误会造成的。项目经理要特别注意通过沟通来消除他们的误会，做好转变工作。如果项目干系人之间有相同或相近的价值观，就可以通过沟通来达到相互理解、相互支持。

当项目执行组织与其他项目干系人的利益发生冲突时，最好的做法是持续改进，通过沟通改善其中一位或几位项目干系人的状况，但同时不会使其他人感觉自己的状况变坏。这要求项目经理充分理解各项目干系人的特点和需求，也需要项目经理具有很强的沟通和协调能力。

如何做好项目
干系人管理

任务二 项目工作协调

任务导航

某装修公司在一地同时承接了 5 套公寓的装修项目，每套公寓的计划装修时间都是 3 个月。现在公司下属的施工队共有 20 人，含木工、石匠、电工等，木工和石匠相对比较充足，但是电工只有一个，经常分身乏术。假设你是项目经理，你会怎样协调这些项目？

一、项目团队冲突处理

项目工作中的冲突是必然存在的。人们也许认为冲突一无是处,应尽量避免。但是有不同的意见是正常的,因此冲突也是可以接受的。试图压制冲突是一个错误的做法,因为冲突也有其有利的一面——它让人们有机会获得新的信息,另辟蹊径,制订更好的问题解决方案,加强团队建设,也是学习的好机会。

在项目过程中,冲突来源于各种情形。它可能涉及项目团队成员、项目经理甚至客户。以下是项目工作中冲突的主要来源。

(1)工作内容。关于如何完成工作、要做多少工作或工作以怎样的标准完成会存在不同的意见,从而导致冲突。

(2)资源分配。冲突可能会由于分配某个成员从事某项具体任务,或某项具体任务分配的资源数量多少而产生。

(3)进度计划。冲突可能源于对完成工作的次序及完成工作所需时间的不同意见。

(4)成本。在项目进程中,经常会因工作所需成本的多少产生冲突。

(5)先后次序。当某一人员被同时分配在几个不同项目中工作,或当不同人员需要同时使用某种有限资源时,可能会产生冲突。

(6)组织问题。各种不同的组织问题会导致冲突,特别是在团队发展的激荡期。

(7)个体差异。由于偏见或者在个人价值观及态度上的差异,团队成员之间会产生冲突。

二、利益相关方不配合工作的原因

概括起来,造成项目利益相关方不配合工作的原因主要有以下几个方面。

(1)利益相关方不知道为什么这是他们应该做的事情。很多项目委托人有这样的想法:我花钱,你就应该替我做事,减少我的麻烦。这是一个很大的误区。项目需要彼此合作,而不是由某一方提供一个完全封装的产品。为了避免这个问题,项目组需要在制订计划时尽可能早地推动项目利益相关方的介入。一些项目计划中没有包含沟通计划,项目计划本身也没有得到项目利益相关方的认可和承诺,这可能是出于对项目计划的保密和财务方面的考虑等,但结果往往得不偿失。

(2)利益相关方不知道该如何做。有些项目的专业性要求很高,所以要有结构师、建造师、造价师,还要有项目经理资格认证;但是,项目承担者需要资格认证,并不意味着项目利益相关方都需要资格认证。在很多情况下,利益相关方想帮助项目组,但他们不知道该怎么做。与不专业的客户合作是很难做到准确有效配合的,所以项目组要培训利益相关方,使他们更专业。如果项目组不能够改变利益相关方,就需要改变自己,要主动走向他们。

(3)利益相关方认为项目组的方法没有效果。利益相关方中有各种各样的人,当然也会有人怀疑项目组的方案。在这种情况下,应该如何使利益相关方配合项目组呢?得到他们的信任是非常重要的。大家都是为了取得项目的成功走到一起的,那么谁的方案正确就应该听谁的。项目组的方案可能确实不是最好的，所以要有开放的心态——毕竟任何精确的方法都不能代替利益相关方的经验和直觉。这里要特别注意的是：千万不要通过让别人做错事来证明项目组的想法是正确的。

（4）利益相关方可能认为其他的事更重要。项目组不能够指望所有项目利益相关方都把他们的项目当成最优先的，但是项目组确实应该努力争取让利益相关方将项目的某些关键活动放在优先位置上。项目并不是一个同时进行的整体，其任务可以被分解和逐步实施；而其中的关键活动并不多，也并不一定会与其他项目的关键活动发生冲突。项目之间的关联性构成了一个系统，项目组可以利用系统中间的长短板，给利益相关方动态调整资源的机会，扩大他们资源的有效度。当然，同样不现实的是在多个项目中追求完美。有时，项目组需要以退为进，以局部的让步来换取利益相关方在其他方面的支持，以保证整体项目的进步。

（5）对利益相关方来说项目没有正面结果。项目生命周期有时候会很长，项目产生成果的时间可能会更长，利益相关方不一定有耐心等待项目成果。当他们获得了其他利益或者长时间得不到回报的时候，就会对项目失去信心，那么他们的不配合也就在情理之中。因此，项目组要用透明的项目进展情况展示以及阶段性成果移交来使项目利益相关方对项目保持信心。在项目的实施过程中，需要尽可能使项目利益相关方在该项目上投入时间。利益相关方在某个项目上投入的时间越多，这个项目对他的影响就越大，他就越不希望这个项目失败。项目计划应该最大限度地向利益相关方公开。甲方或是乙方都不要将彼此的关系局限在商业关系上，要尽量建立一些个人友谊，要尽量扩大项目的激励范围，包括对业主、供应方和使用方等外部相关方的激励。

（6）利益相关方误认为他们正在配合项目组。有时候人们会误认为只要按合同办事就是配合，但这样是远远不够的。如果合同能将所有的事情都定义清楚，就没有那么多麻烦事了。如果项目组对利益相关方的需求理解得不明确、不正确，那么不但会耽误项目，还会引起利益相关方的反感。为了保证正确理解利益相关方的需求，要及时反馈项目组对其需求的理解，避免利益相关方错误配合。此外，反馈的时点很重要，包括达到项目里程碑时、生命周期特定阶段、存在风险时等。项目组可以利用这些时机，加强对利益相关方的反馈。

（7）超出他们控制范围内的障碍。在现实生活中，项目组常常对利益相关方的要求过于苛刻。要减少这种情况的发生，就需要从组织设计方面找原因。从广义上讲，任何事都与人有关，但是具体到个案上，人却往往不是最重要的因素，组织的作用要大于个人。项目责任矩阵至少应包含两类，一类是项目内部的，一类是所有利益相关方的。如果所有利益相关方之间的责任关系定得比较清晰，利益相关方的配合程度就会大大提升。

即问即答 3-4

在资源相对宽裕的情况下，项目冲突往往会由哪些因素导致？

三、项目工作冲突的处理

项目工作中的冲突不能完全靠项目经理来处理解决，团队成员间的冲突应该由相关成员来处理。如果能恰当处理，冲突也能发挥其有利的一面。例如，它能将问题暴露出来，使其及早得到重视；它能引起讨论，澄清成员们的观念；它能迫使成员寻求新的方法；它能激发成员的创造性，增强解决问题的能力。如果正确处理，冲突会促进团队建设。然而，如果处理不当，冲突会对项目团队产生不利的影响。冲突的处理方法如下。

（1）回避或撤退。回避或撤退就是卷入冲突的人们从这一情况中撤出来，避免发生实际或潜在的争端。

（2）竞争或逼迫。竞争或逼迫是通过冲突争夺胜利成果。这种观念认为，在冲突中获胜要比人们之间的关系更有价值。在这种情况下，人们会使用权力来处理冲突。

（3）调停或消除。调停或消除就是尽力在冲突中找出意见一致的方面，最大限度地忽视差异，对可能伤害感情的话题不予讨论。

（4）妥协。妥协就是团队成员寻求一个折中的方案，着重于分散差异。

（5）合作、正视和解决问题。通过这种方法，团队成员既正视问题的解决，也重视人们之间的关系。

如何处理项目工作中的冲突

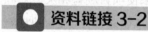

资料链接 3-2

项目经理的权力

1. 背景介绍

在许多公司，项目经理常常抱怨责任大、权力小，谁也指挥不动，项目推进过程中举步维艰。项目经理除了撸起袖子自己干，实在想不出什么更好的办法。

小伟在一家互联网公司担任开发工程师，他日复一日地写代码、修改漏洞，还动不动被要求加班赶进度。小伟所在的公司还处于创业阶段，谈不上规范管理，所有人都在磨合状态。有个突出的问题是，大大小小的项目很多，但谁都不愿意当项目经理。大家都认为，项目经理这个岗位是个"大坑"，除了挨怼、"救火"，就剩下"背锅"了。每次有了新项目，常常开一上午会都定不下来项目经理。

一次，公司又发起了一个新项目，各部门按惯例抽调人手组建了项目团队。团队第一次聚在一起开会，到了选项目经理的环节，气氛变得尴尬起来，大家纷纷低头看手机，谁也不表态。小伟起身去了趟卫生间。没想到，回来时会议室气氛很活跃，大家一个个都眉飞色舞。原来，大家一致推荐小伟担任这个项目的经理！就这样，小伟当上了项目经理，可是，项目该怎么管呢？团队该怎么带呢？小伟一脸迷茫。当想到之前别的项目经理被各种冲突折磨得痛不欲生，小伟感到后背一阵阵发凉。

2. 学以致用

既然不能坐以待毙，那就只能迎难而上。小伟从来没做过项目经理，之前只考虑技术层面的工作，从没往管理层面考虑，现在只能从头学起。搜索"项目管理"，小伟发现项目管理还真是一门学问，居然有项目管理专业人士（PMP）认证。抱着试试看的想法，小伟决定报名参加培训。一些同学参加培训的目的是为了考证，而小伟参加培训的主要目的是解决眼前的难题。小伟认真听课，生怕错过一个细节，认真做笔记，不放过一个案例。

关键是，小伟现学现用，下课后马上去实践。

第一件事，小伟去文具店买了一摞空白奖状，回到公司就开始"创作"，他设置了"本周项目之星""项目杰出贡献者""最佳项目团队成员"等一系列奖项，然后找到公司领导，希望在这些奖状上盖上公司的章。领导觉得这没什么，就把章给他，让他自己盖。接下来，小伟就开启了花式发奖状模式，周周发，月月发，找个理由就发。刚开始，获得奖状的小伙伴并没有太在意，毕竟拿到奖状也没得到什么实际的好处——既没有升职，也没有加薪；但既然给了奖状就拿着，只当留个纪念。

很快，小伟迎来了峰回路转的契机。公司筹备上市，领导吩咐人力资源部选出公司级的先进人物并对其进行宣传，以彰显一家准上市公司的形象。人力资源部犯了难，选谁好呢？后来发现有些人获得小伟的奖状多，那就是他们了！于是，这几位小伙伴接受了采访，荣登官网头条，公司也为他们拍摄了巨型海报和宣传片，一时间风光无限！随着铺天盖地的宣传，这几位小伙伴在领导心中留下了深刻的印象，如果有升职加薪的机会，当然要优先考虑公司的先进人物。小伟的奖状变得炙手可热，大家都渴望得到小伟的奖状。后来，小伟的奖状正式升级为公司最重要的官方奖项——金袋鼠奖。

小伟当选项目经理后，公司的小伙伴们都争着抢着要求加入他的项目团队。大家发现，同样都是进行敏捷开发，公司其他团队在一个冲刺中完成 3~4 个用户故事就已经很不容易了；而小伟带的团队常常在一个冲刺中就能够完成 6~8 个用户故事，产出是其他团队平均水平的两倍。更关键的是，他带的团队很少返工，基本不加班。而且，他带的团队士气高涨，每天干得热火朝天，时间安排得紧张而有序，每个人都忙碌并快乐着，这让其他团队无比美慕。

3. 总结

谁说项目经理没有权力？只有不会使用权力的人才可能这样说。小伟创作奖项，就是项目管理中"奖赏"的权力。不要小瞧这看上去微不足道的奖赏，只要有诚意、肯坚持，每一个小的奖状都是公司对团队成员努力的肯定、进步的见证。这些奖状能让团队成员感受到被尊重，感受到温暖和用心。团队成员们会因此更加努力，以不辜负这份荣誉，对得起这份信任。

小伟带团队风生水起，大家争相投靠，靠的就是项目管理中"专家"的权力。因为小伟掌握了项目管理的知识、方法和工具，可以更好地厘清项目管理中的优先级，能够带领大家制订更加合理、可行的计划，能够预判和有效应对项目中的各种风险，所以可以做到更少的返工、更多的产出、更少的加班、更高的士气。因为专业，所以小伟能够赢得大家的信任，在项目管理中也就有了更多的话语权。

资料来源：杨述.项目管理案例[M].北京：人民邮电出版社，2023.

四、项目与部门间的冲突与协同

（一）冲突的表现形式

矩阵型组织结构试图在稳定性的职能型组织与临时性的项目型组织之间取得平衡。基于此，矩阵型组织结构的常见矛盾也恰好是职能部门工作和项目工作间的矛盾。项目经理是否能对来自职能部门的团队成员产生较强的影响力，这是矩阵型组织下项目取得成功的关键点。

在矩阵型组织中，来自职能部门的项目团队成员更倾向于服从职能经理的任务安排。其本质原因是职能经理对团队成员在公司中的绩效考核和职位升迁的影响更大，这几乎是无力改变的事实。因此，项目经理应想办法和职能经理达成共识。尽管这比较困难，因为同一个职能部门往往会同时参加公司多个项目，而且承担着自己部门的任务。

矩阵型组织结构在实际工作中最为常见。这种职能部门人员临时参与项目、项目结束时释放资源的方式，引发了项目中关于人的最常见问题：争夺职能资源。在矩阵型组织中，常见的问题包括以下方面。

（1）项目经理如何增强自己的影响力？

（2）职能部门经理不配合怎么办？

（3）在项目实施过程中职能经理更换了自己职能部门的人员，如何应对？

（4）其他职能部门经理推卸责任怎么办？

（5）如何制定项目的绩效考核体系？

（6）如何发放项目的奖金？

（7）项目组成员给其自身所在部门的工作分配了过多精力，从而影响了项目，应如何应对？

（8）未经项目经理同意，职能部门经理给自己部门成员放假，应如何处理？

（9）如何跟其他项目经理争夺一个关键核心资源？

（二）促进项目协同的措施

为更好地应对矩阵型组织下的各种问题，项目经理需要提升自己的领导力。在实践中，可以采取以下措施。

（1）明确目标，并让每个人知悉。一个明确的目标可以让每个项目团队成员都有工作的动力。人做任何事都需要一个理由，哪怕这个理由并不一定经得起推敲。项目管理者需要做的就是使项目目标成为每个员工工作的理由。大家通常并不一定会认真思考这个理由的合理性，只是需要一个理由而已。让项目目标成为工作理由的说法可以有以下几点：

① 这个项目很重要，对公司的发展十分关键；

② 通过这个项目，项目组的每个人都会在技能上有所提高；

③ 客户急需项目组的产品，只有保证项目进度和质量，才能不影响他们的使用；

④ 达到项目目标对项目组团队是一个考验，项目组要证明项目组的团队是合格的。

资料链接 3-3

"插队"的沟通

实验者到图书馆，请正在排队复印的人帮一个小忙。

第一种：对不起，我有 5 页纸要复印，能不能让我先复印，因为我有急事。

第二种：对不起，我有 5 页纸要复印，能不能让我先复印。

第三种：对不起，我有 5 页纸要复印，能不能让我先复印，因为我就只有几页纸要复印。

测试结果是：第一种情况下 94% 的人同意，第二种情况下 58% 的人同意，第三种情况下 93% 的人同意。

结果表明，只是加了一个理由，同意的概率就大幅增加。事实上，人做任何事情都需要一个理由，这是人在社会生活中被规则训练出来的一种心理模式。

资料来源：郭致星.极简项目管理 [M].北京：机械工业出版社，2020.

（2）设定一个可以短期实现的里程碑。过于长远的目标往往给人造成心理上的压力，有时项目需要人为地制造一个短期里程碑，虽然从业务上讲也许并没有实质性进展，但这对建立项目节奏、保持工作效率的帮助很大。因此，第一个里程碑要简单一些，让团队成员可以迅速达到。

（3）不要让团队成员闲下来。这似乎有些不近人情，但事实就是如此。闲下来的团队成员会把注意力放在其他方面，如刷微信、看微博、读即时消息、试验各种新技术（未必与项目相关），甚至有人会关注其部门内部的人员关系等。这会不可避免地对还在紧张工作的人造成影响。所以，要人为地为团队成员找一些事情做，让大家保持忙碌的状态。

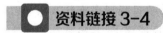

即问即答 3-5

你怎么理解"不要让团队成员闲下来"这句话？假设你是项目经理，在项目工作相对较少的时候，你会安排成员做些什么事情？

资源约束是项目管控中不可忽视的问题，项目管理者都希望项目组成员是一些"牛人"，这些"牛人"确实能对项目的效率产生重要的作用。但在一个企业中，"牛人"的数量是有限的，他们很难完全服务于某个项目。他们经常被迫在多个项目中充当"救火队员"或"清洁工"的角色。

如何处理项目与
部门间的冲突

资料链接 3-4

时间冲突如何解决

假设某公司有 A、B、C 三个项目在同时运作，现在遇到一个糟糕的局面：因为之前三个项目经理在做计划时没有互相沟通，这三个项目从第二天起都需要公司中陈某的帮助才能完成，而且均需要陈某为其工作 10 天，麻烦的是找不到任何替代资源。

有人会说，怎么会有人是不可替代的呢？一定是公司的管理出了问题。没错，如果每个人的工作都可以互相替代，那是最理想的，但这并不容易实现。而且，解决人员的问题也不是一时的事。现在问题已经摆在面前，怎么办？

1. 第一种安排

如图 3-7 所示，这其实算不上是安排，只能算是 A、B、C 三个项目的项目经理的期望，这将导致陈某每天 24 小时地工作。显然，这是不可行的，也绝不可能，更是没有人性的安排。

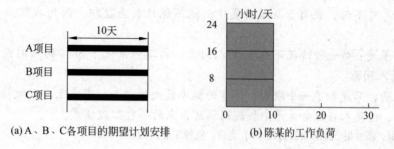

(a) A、B、C各项目的期望计划安排   (b) 陈某的工作负荷

图 3-7　第一种安排

2. 第二种安排

如果公司设有组织级的 PMO 这种专门机构，PMO 可以依据组织战略基于可明示的标准进行优先级排序。假如排序为 A、B、C，则安排如图 3-8 所示。其结果是：A 项目按时完成，B 项目拖期 10 天，C 项目拖期 20 天。

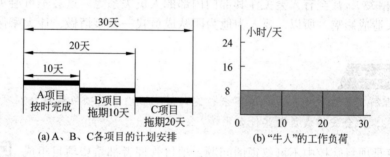

(a) A、B、C各项目的计划安排   (b) "牛人"的工作负荷

图 3-8　第二种安排

问题来了，企业将 PMO 作为常设机构尚不普遍，即便常设也往往处于支持性 PMO 层次，时常没有明确的项目优先级评价标准。最后的结果往往是由老板来确定项目优先级顺序。假如老板给出的优先级排序为 A、B、C，试想 B 和 C 的项目经理会有什么感想？自己或自己的项目不重要——这是他们的感受（特别是 C 的项目经理），其项目及其团队的状况可想而知。更有甚者，如果此二人将老板的安排"悄悄"通知客户，接下来会发生什么呢？也许老板的电话正在响起。

这种由某个高管确定项目优先级的方式，就是常见的"一把手工程"。"一把手工程"强调了高管的重要性和他们的责任，但也会因为缺乏管理程序而造成"无事不需一把手"的情况。

3. 第三种安排

这三个项目的项目经理均向公司管理层极力呼吁，要优先将陈某安排给自己负责的项目使用，互不相让。经过"研究"，管理层只好安排陈某到这三个项目轮流工作，如图 3-9 所示。

（1）在项目 A 工作 5 天。

（2）在项目 B 工作 5 天。

（3）在项目 C 工作 5 天。

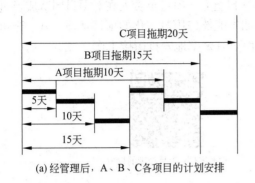

(a) 经管理后，A、B、C 各项目的计划安排

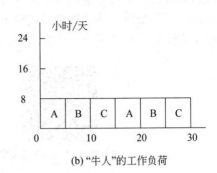

(b) "牛人"的工作负荷

图 3-9 第三种安排

（4）赶到项目 A "灭火" 5 天，完成项目 A 的工作。

（5）赶到项目 B "灭火" 5 天，完成项目 B 的工作。

（6）赶到项目 C "灭火" 5 天，完成项目 C 的工作。

经过"管理"后的结果：A 项目拖期 10 天，B 项目拖期 15 天，C 项目拖期 20 天。陈某的时间分散使用，会造成三个项目工期均拖延。

第二种安排和第三种安排的结果对比如表 3-3 所示，如果按工作优先级排序，三个项目还有好有坏，经过"管理"后三个项目都变坏了。

表 3-3 "管理"前后的项目状况

项　目	A	B	C
第二种安排	按时完成	延期 10 天	延期 20 天
第三种安排	延期 10 天	延期 15 天	延期 20 天
前后对比	更坏了	更坏了	未变好

资料来源：郭致星. 极简项目管理 [M]. 北京：机械工业出版社，2020.

模块三对应的数字化工具使用技巧请扫描下方二维码。

模块三数字化工具使用技巧

模 块 小 结

本模块对项目的人员管理和工作协调进行了梳理，重点介绍了项目团队的组织方式、成员角色、行为准则，以及项目工作冲突的类型、产生原因、应用方式等。项目成员各自工作的明确分工、相互间的配合会影响项目的敏捷执行。在项目推进过程中，由于项目团队内部或外部的因素影响，项目实施往往不会一帆风顺，成员相互间难免会有一些冲突。

要解决这些冲突，需要考量项目负责人的智慧和能力。项目负责人在对项目团队成员进行角色分配、工作安排、冲突处理的过程中，如果能够应用数字化的项目管理工具，则可以在看板上方便地了解各模块工作的边界，从而更有效率地安排衔接工作。

动画案例：瀑布派与敏捷派　　动画案例：项目经理的权力

课 后 练 习

一、问答题

1. 简要回答外科手术式项目团队和足球队式项目团队的区别。

2. 项目的实施工作主要由成员推进，那么项目组的专家主要起什么作用？项目负责人应如何发挥好这些专家的作用？

3. 项目经理应如何在一个临时性的项目团队中树立自己的威信？

4. 当项目和部门的利益发生冲突时，公司的高层领导应该如何协调？

二、案例分析题

小王就职于一家从事智慧政务的软件公司，任开发部经理。2023年，公司中标了一个县域智慧旅游项目，中标价格为5000多万元。该项目的甲方为某县数字化建设办公室（以下简称数字办），小王作为公司核心部门的负责人，担任该项目的项目经理，直接对接甲方需求和开发团队。小林接到项目后，首先充分研究了投标书和合同文件，然后立即与数字办主任沟通。数字办主任对这个项目非常重视，也表现得非常积极。

但是，小王很快就发现了一个问题。数字办是县行政二级部门，为副科级；而这个智慧旅游项目覆盖了该县全域的旅游，并且涉及方方面面的沟通和协调，如文化和旅游局、商务局、公安局、交通局、住房城乡建设局，以及发展特色旅游的所有乡镇。项目开展过程中涉及大量的需求确认、系统对接、数据同步等业务。然而，数字办在协调这些单位和乡镇时出现了力不从心的尴尬局面。在和每个单位沟通项目时，数字办都会收到花样繁多的要求和各式各样的困难。小王和团队根据各单位的反馈，一遍一遍地修改项目方案；但在和下一个单位沟通时，方案往往又被推翻，不得不重新来过。每家单位又都很强势，如果达不到他们的要求，项目就无法推进。小王感觉自己既无力又无助，数字办主任也表示很无奈。

小王和公司领导及团队商量后，希望通过数字办约县长做一次项目汇报。县长很快安排了时间。会上，小王直接阐述了项目目前遇到的问题，同时向县长提出了建议方案：这个项目对全县未来的发展至关重要，是该县实现产业转型的关键所在。所以，第一，强烈建议县长亲自挂帅，统筹各部门、各单位通力合作；第二，建议实行项目周例会制度，各单位指定能够做主的相关领导参会，并且必须每周落实会议决议。县长听完汇报，表示基本同意小王的方案。很快，县长挂帅成立项目领导小组，并指定分管旅游的副县长担任甲方项目负责人，每周各单位明确参加项目周例会的主管领导，并形成书面会议决议，会后紧抓落实。

这次汇报会从根本上扭转了项目的被动局面，各单位配合力度空前提高，沟通效率大幅提升。虽然在之后的项目推进过程中还是不可避免地遇到了各种问题，但是有了县长、副县长和各单位负责人的支持，问题最终都得到了妥善解决。该项目最终在计划的时间内顺利交付验收，得到了各方的好评。

问题：从这个案例中，你得到了什么启示？

三、实训操作

假设你是某别墅装修项目的负责人，请自行添加相关的条件，利用 Teambition 工具模拟完成工作流程设置的操作。

模块四
项目数字监控

知识目标

- 了解利用数字化工具进行项目质量监控的意义和方法。
- 掌握项目数据采集和分析的方法。
- 理解项目质量管理的内在逻辑。
- 掌握项目质量管理实施方法。
- 理解项目变更实施的概念及内容。
- 理解项目变更实施过程中需注意的问题。

能力目标

- 能熟练地利用工具进行项目数据收集和分析。
- 能根据项目背景资料制订质量管理的具体措施。
- 能根据具体情况制订项目变更的有效措施。
- 能利用项目数字化管理工具对项目变更实施操作。

素养目标

- 强化精益求精的工匠精神。
- 强化用创新解决业务问题的意识。
- 形成注重细节和监督管理的质量意识。

关键词 数据分析　质量控制　项目变更　项目监控

霸蛮米粉：2000 万碗粉背后的秘密

一、背景介绍

霸蛮米粉（以下简称"霸蛮"）是一家集堂食、外卖、小吃外带、零售分销、电商运营于一体，致力于打造数字化时代"无界餐饮"新业态的餐饮企业。霸蛮自成立以来，用 7 年的时间开设了 100 多家商贸综合体线下直营餐饮连锁体验门店。通过"无界餐饮"模式，实现了快速扩张。霸蛮凭借线上品牌直播，积攒了大量线上客户，做好客户留存成了公司的核心方向。面对市场的快速变化，霸蛮决定扩张线下门店，对客户进行线下分流，快速占领市场，打造更多品牌门店，建立"米粉 = 霸蛮"的金字招牌。

二、Teambition 助力霸蛮米粉实现"数字化开店"

在进行了充分的市场调研后，霸蛮米粉选择启用 Teambition 作为全国门店筹建管理平台，承载所有门店工程建设、开业、运营等工作协同。在 Teambition 的帮助下建立了标准体系，并保持着持续的迭代，完成新开加盟店 500 余家。

1. 一张看板，全国门店筹建流程可视化

Teambition 整合了新门店开业筹备的全生命周期流程，作为霸蛮内部统一的流程协作平台，为公司在开拓市场领域方面提供了一大利器。

2. 跑得快，还要跑得稳，掌握每一个细节

质量一直是霸蛮重视的要素，从餐品质量到工程质量一贯如此。为了保证最终给消费者提供最优质的体验，需要严苛控制店铺筹备过程中的每一道工序。Teambition 根据霸蛮对工程的要求，将每一道工序都做了明确定义，为细节把关；根据以往的经验，沉淀出每一道工序的 SOP，使用子任务模版即可快速复制业务流程——即便项目成员流动频繁，也能快速上手。

3. 数据支撑"工程流程"迭代分析，大团队也要高效透明

完善的业务流程梳理确定了筹备店铺的正常走向。但是，在加盟项目的实际推进过程中，会遇到来自场地、供应商、证照等方面的风险；而且，随着团队能力的提升，流程或资源都需要进一步的迭代。那么如何提前把握团队的风险和机会呢？答案是借助数据化管理。Teambition 强大的统计视图让霸蛮告别了依赖专人利用 Excel 进行统计制图的模式，真正实现业务数字化、可视化。

霸蛮在实践过程中也摸索出了很多高阶用法。例如，当管理者想要知道各店铺在开发、筹建、工程建设阶段花费的时长分布时，可以进入"任务按状态停留时长分布"报表，一目了然地看到筹建过程中的卡点分布情况。

三、实施效果

除了 Teambition 项目管理能力外，霸蛮还深度使用钉钉作为企业内外的沟通平台。在 Teambition 与钉钉做了深度融合和打通后，霸蛮团队更是得心应手。例如，项目群可以帮助项目组成员在群内获取项目的任务动态、日报等信息，群内也可以一键进入项目，沟通和协作入口统一聚焦于一处，不再分散和碎片化。

资料来源；https://www.teambition.com/case/detail/?tag=trading_3.

问题：霸蛮米粉如何实现"数字化开店"？

任务一　项目数据分析

任务导航

李丁是某企业财务报销办公软件开发的项目负责人，项目组共有 5 名成员，现项目已经完成一半。李丁想要对前一阶段的工作进行分析，并对后面的推进工作进行安排。因此，他要对前面各成员工作的相关数据进行分析，他需要怎么做呢？

一、项目数据采集

不确定性会加剧人们的焦虑感，但是如果人们知道确切的消息，即使这个消息未必是好消息，人们的焦虑感也会大大减轻。例如，开车等红灯时，如果信号灯是以数字显示的，人们的心态就会平和，这就是信息确定、透明的好处。

管理项目时，用数据而不是用感觉，让信息透明化，避免因信息不畅而使人往坏处想。在现实中，管理者尽量不要说"你好好干，不会亏待你"这样的话，因为员工和领导考虑的事情不一样；也尽量不要采用"不相互打听工资收入"这样的策略，因为人们越好奇就越要打听，打听不到就往坏处想的情况会多于往好处想的情况。

很多人靠感觉做项目，自然问题就很多。有时，他们会过于乐观地低估工作量；有时，他们制订的计划没有预测出工作可能遇到的问题，会受制于其他人、其他工作。更重要的是，他们还时常对自己已经完成的工作给出过高的评估结果，以致经常出现的一个情况是，当团队成员以为自己完成了 90% 的任务时，实际上还有很多工作尚未完成，这就是"90%完成效应"。

项目组应该设法避免"90% 完成效应"。为此，应该做好以下两点。第一，给团队成员定义更细致的工作目标和计划。例如，时常提问："要完成这项任务，需要多久？这周需要处理的细分任务都有哪些？"第二，要让团队成员把自己的工作进度用数据展示出来。每一次展示都是对工作的澄清，有助于识别项目中隐含的问题。

为管理好项目，需要收集的常见数据有：技术绩效测量结果；进度活动的实际开始日期和完成日期；已完成的任务数量；可交付成果状态；进度进展情况；变更请求的数量；缺陷的数量；实际发生的成本；实际持续时间。

即问即答 4-1

在项目推进的过程中，便捷的相关数据分析对项目实施有哪些促进作用？

二、直方图分析

直方图是一种统计报告图，由一系列高度不等的纵向条纹或线段表示数据分布的情况。一般用横轴表示数据类型，纵轴表示分布情况。直方图可以解析数据的规则，能够比较直观地展示项目特性的分布状态，让人一目了然，便于判断其总体情况。直方图的常见作用有以下三点：①显示某个特性波动的状态；②较直观地传递有关特性的状态信息；③在研究波动状况之后，可以掌握过程状态，从而确定在什么地方集中力量进行工作改进。

直方图分析

（一）确定组数和组宽

设计直方图最重要的工作是确定条形的数量，即组数。直方图并不把每个数据按处理单元作为独立条形显示出来，而是将其分组显示。如果分组太多，很多条形会很低且高度相近，分析比较困难；如果分组太少，很多条形会很高且高度相近，分析也会很困难。

在实践中，分组一般按组宽相等的原则确定。迄今为止，尚无准确的计算公式可用于合理确定组数，只能根据经验数据或经验公式来确定。一般情况下，合适的分组数量通常是取数据总量的平方根，也可以参考表 4-1。确定组数后，可以依据组数确定组宽。

表 4-1　组数选择参考表

数据总量	<50	50~100	100~250	>250
适当分组数量	5~7	6~10	7~12	10~25

（二）绘制直方图

直方图的绘制步骤如下。

（1）选择要分析的对象，典型对象有时间、成本、质量、变更、故障、重量、速度、尺寸等。

（2）收集数据。

（3）确定组数和组宽。

（4）绘制直方图。

（三）直方图的观察与分析

从表面上看，直方图表现了所取数值的分布，但其实质是反映了数据所代表的项目实施过程的分布，即实施过程的状态。根据直方图的这一特点，可以通过观察和分析直方图，对项目实施过程的稳定性加以判断。

通过观察图形的分布状态，可以判断其属于正常型还是异常型。若为异常型，则应进一步判别属于哪种异常，以便分析原因，采取处理措施。

1. 正常型分布状态

正常型直方图一般是左右对称的山峰形状，如图 4-1（a）所示。该图的中部有一峰值，两侧的分布大体对称；而且，越偏离峰值，数值越小，符合正态分布。这种直方图表明这批数据所代表的实施过程中仅存在随机误差。因此，从稳定正常的项目过程中得到的数据所形成的直方图，是一种正常型直方图。

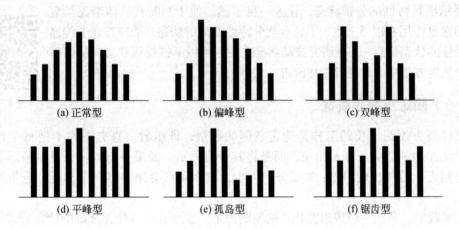

(a) 正常型　　　　　　(b) 偏峰型　　　　　　(c) 双峰型

(d) 平峰型　　　　　　(e) 孤岛型　　　　　　(f) 锯齿型

图 4-1　各种类型的直方图

2. 异常型分布状态

与正常型分布状态相比，带有某种缺陷的直方图称为异常型直方图。该种直方图表明这批数据所代表的项目过程是异常的。异常型直方图主要有以下几种。

（1）偏峰型。直方图的顶峰偏向一侧，如图 4-1（b）所示。计数值或计量值仅对一侧加以控制或对一侧控制严而对另一侧控制松时，经常出现这种分布状态。

（2）双峰型。一个直方图出现两个顶峰，如图 4-1（c）所示。这往往是由于两种不同的分布混在一起造成的，也就是说，虽然测试统计的是同一项目的数据，但数据的来源有较大的不同。

（3）平峰型。在分布范围内，数据的大小差距不大，形成平峰型直方图，如图 4-1（d）所示。这往往是由项目过程中某些缓慢变化的因素造成的。

（4）孤岛型。在远离主分布中心处出现孤立的小直方，如图 4-1（e）所示。这说明项目在实施过程中的某一段时间受到异常因素的影响，使项目条件发生较大变化。

（5）锯齿型。这往往是由于分组不当所致，如数据少、分组多时就可能出现这种类型，如图 4-1（f）所示。

例 4-1　直方图实例。

高层认为公司的 A 项目实施周期太长，为提高竞争力，高层要求统计过去 5 年中所有已实施完毕的项目（从立项到收尾）的实施时间。

（1）收集数据。经过一番努力，项目成员集齐了数据，并把这些数据按顺序整理为表 4-2，其中显示了项目实施时间的周数和相应的项目数。

表 4-2　项目实施周期的频次分布

实施周期/周	项目数/个	实施周期/周	项目数/个	实施周期/周	项目数/个	实施周期/周	项目数/个	实施周期/周	项目数/个
10	1	20	0	30	1	40	0	50	0
11	0	21	0	31	0	41	1	51	1
12	0	22	1	32	2	42	0	52	0
13	0	23	0	33	2	43	1	53	0
14	0	24	1	34	1	44	0	54	1
15	0	25	2	35	2	45	1	55	0
16	1	26	0	36	2	46	0	56	0
17	0	27	1	37	0	47	2	57	0
18	0	28	1	38	0	48	0	58	0
19	0	29	0	39	0	49	0	59	1

（2）计算组数、组宽。项目的总数是 25 个（数据总量），所以合适的分组数就是 25 的正平方根，即组数为 5。

最小的项目实施周期是 10 周，最大的项目实施周期是 59 周，10 周到 59 周之间的距离（含两个端点）是 50 周，所以组宽为 10 周（50 周除以组数 5）。

（3）绘制直方图。直方图绘制结果如图 4-2 所示，这种结果很形象，也更容易理解。从图 4-2 中可以看出，项目的实施周期近似呈现正态分布，看起来像是一条钟形的曲线。在公司内，项目的实施周期落在 30~39 周内的频率最高，共有 9 个项目。频率次之的分别是 20~29 周（共有 6 个项目）和 40~49 周（共有 5 个项目）。频率最低的分别是 50~59 周（共有 3 个项目）和 10~19 周（共有 2 个项目）。

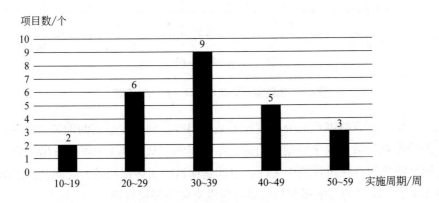

图 4-2　项目实施周期的直方图

三、散点图分析

散点图又称相关图，可识别出两个变量之间可能存在的关系。理解数据之间的关系对于理解整体数据来说至关重要。

散点图分析

创建散点图应遵循以下几个步骤。

（1）定义理论关系。变量之间的关系并不总是很明显，但很容易假设，第一步是识别出要分析的两个变量。

（2）收集样本数据。创建散点图之前，必须基于充足的数据做分析。如果数据太少，就可能因数据之间的耦合关系而得出错误结论。

（3）在直角坐标系中绘制散点图。

（4）分析数据。在绘制出的数据点中寻找规律。

某公司每个项目的周期都处于 10~59 周，但各项目的周期却不尽相同。公司高层、项目经理都猜测项目周期与某些因素存在关系，比如项目的合同金额、项目的启动月份等。

为了验证这些猜测，项目经理把每个项目的合同金额、项目的启动时间信息补充进来，分别绘制了对应的散点图。其中，图 4-3 显示了项目实施周期与合同金额之间的关系，图 4-4 显示了项目实施周期与启动月份之间的关系。

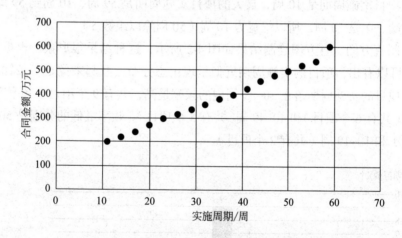

图 4-3　项目实施周期与合同金额的散点图

在散点图中，所有数据点的分布越靠近某条斜线，两个变量之间的关系就越密切；所有数据点的分布越分散，两个变量之间的关系就越弱。从图 4-3 中可以看出，项目的实施周期与合同金额之间存在很强的相关性，也就是项目的实施周期随着合同金额的增长而延长。而图 4-4 中，项目的实施周期与启动月份没有体现任何规律。

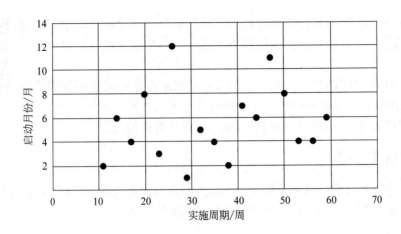

图 4-4　项目实施周期与启动月份的散点图

资料链接 4-1

如何估算池塘里的鱼

池塘里的鱼游来游去，有办法"数清"有多少条鱼吗？

有这样一道关于统计的初中数学题：老王想估计一下自己池塘里鱼的数量，第一天他捕捞了 50 条鱼做好标记，然后重新放回池塘。过了几天，带标记的鱼完全混合于鱼群中，他又去捕捞了 168 条，发现做标记的鱼有 8 条。请帮老王估算一下池塘里的鱼有多少条。

这是一个典型的用抽样样本来估计总体的统计办法。168 条鱼中有 8 条标记鱼，这样老王可以估计标记鱼占全体鱼的比是 8∶168。由于总共有 50 条标记鱼，那么全体鱼的数目就应该是 1050 条（50×168÷8）。

简单估计池塘里鱼的数目，容易产生较大的误差。而上面这种方法也是一种误差极大的估计方法，鱼游来游去，其分布并不均匀。如果由于偶然原因，老王少捞了两条标记鱼，那么池塘里鱼的总数就会被高估，变成 1400 条（50×168÷6）。这样很轻易就造成了 25% 的误差。

基于这个原因，如果这些鱼经得起折腾，更好的办法是放回去再多捕捞几次，取个平均值。

资料来源：科普中国．如何简单估计池塘里鱼的数目？　[EB/OL].[2017-07-18].https://baijiahao.baidu.com/s?id=1573221474789470&wfr=spider&for=pc.

四、帕累托图分析

帕累托法则也称 80/20 法则，是由意大利经济学家帕累托提出的。他通过研究发现，80% 的财富控制在 20% 的人手中。而且这一法则似乎在很多方面同样适用：80% 的结果是由 20% 的原因导致的。换句话说，影响结果的要素有两种类型：①次要多数，它们只能造成次要的影响；②关键少数，它们造成主要的、重大的影响。

帕累托图是基于帕累托法则绘制的，有助于在很多潜在机会中识别出最大改进机会，或者在全部的问题原因中识别出影响最大的少量原因（关键原因）。

帕累托图分析

在帕累托图中应该显示三个重要信息：数据由左至右按降序排列成条形；各要素按百分比累计的曲线；占比 80% 的水平线。在帕累托图中，80% 水平线与累计曲线交叉点的左侧要素就是需要重点解决的问题。

（一）收集数据

帕累托图分析之前先收集需要了解的某类问题的相关数据，将其分类形成表格。例如，对项目总结报告存在的问题进行统计，收集的数据如表 4-3 所示。

表 4-3　项目总结报告存在的问题

问　题	数　量	问　题	数　量
未按期提交报告	3	选错会签专家	4
写错日期	1	没及时更新	3
引用资料的标注不规范	2	图表不规范	2
用错报告格式	47	用错单位	1
选错项目类型 / 子类型	31	报告附件错误	1
关键词错误 / 不完整	5		

（二）计算相关数据

将需要分析的数据按降序排列，计算每一类的占比和累计百分比。以表 4-3 中项目总结报告存在问题为例，问题数量及其占比、累计百分比的计算结果如表 4-4 所示。

表 4-4　问题数量及其占比、累计百分比

问　题	数量 / 个	占比 /%	累计百分比 /%
用错报告格式	47	47	47
选错项目类型 / 子类型	31	31	78
关键词错误 / 不完整	5	5	83
选错会签专家	4	4	87
未按期提交报告	3	3	90
没及时更新	3	3	93
引用资料标注不规范	2	2	95
图表不规范	2	2	97
写错日期	1	1	98
用错单位	1	1	99

续表

问　　题	数量 / 个	占比 /%	累计百分比 /%
报告附件错误	1	1	100

（三）绘制帕累托图

在帕累托图的左侧是累计百分比坐标轴,与右侧纵坐标轴相对应的是累计百分比曲线,置于条形数据的上方。将每个条形数据占全部数据总量的百分比,从左至右逐步累加,把所有点连成一条曲线。同时,标明 80% 水平线与累计曲线交叉点。图 4-5 是完整的项目总结报告存在问题的帕累托图。

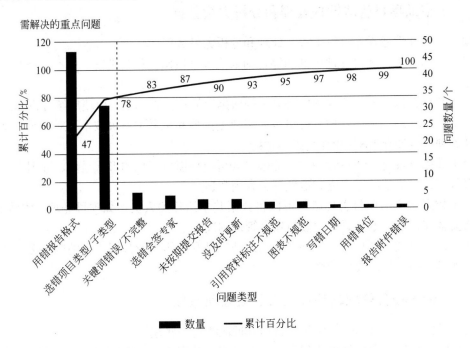

图 4-5　项目总结报告存在问题的帕累托图

（四）解读帕累托图

从帕累托图中可以解读出两条重要信息:第一,排在最左边的条形显示出最大的改进机会,它代表了导致最多缺陷或错误的原因;第二,帕累托图识别出了"关键的少数原因",也就是那些导致大多数缺陷或错误的少数原因——80% 水平线与累计曲线交叉点左侧的要素。

关于帕累托图,还有一点也很重要。因为帕累托图通常基于问题数量绘制,所以后续措施都是为了减少问题数量。但有时问题的数量并不像影响那么重要,这就应该关注影响重大的问题。例如,经统计发现,对于野外的通信基站建设项目,每 10 000 个工时中,就会有 20 起由于地面湿滑造成的事故发生,这些事故会造成轻微的擦伤。同时,每 100 起事故中,会有1起严重事故（如截肢）发生。显然，这1起严重事故是不可忽视的工作重点。

总之，当问题的成本远比问题的数量更重要时，绘制帕累托图时就要基于问题的成本，而不是数量。

五、大数据和项目管理

大数据通常包括大量的结构化和非结构化数据，这些数据需要进行处理和分析，以获得有用的信息。在大数据项目管理中，使用项目管理软件可以帮助处理和分析数据，并帮助项目团队更好地管理项目。

（一）借助项目管理软件处理和分析大量数据

项目管理软件通常通过以下方式处理和分析大量数据。

（1）数据采集。项目管理软件能够自动采集大量数据，包括进度、成本、资源、风险等数据。

（2）数据存储。项目管理软件将采集的数据存储在数据库中，以便后续分析和使用。

（3）数据处理。项目管理软件可以使用数据挖掘和机器学习等技术，对大量数据进行分析和处理，以便获取有用的信息和洞察。

（4）数据可视化。项目管理软件能够将分析结果以可视化的形式呈现，如图表、仪表板和报告等，以便帮助用户更好地理解和利用数据。

（5）数据共享。项目管理软件可以将数据共享给相关人员，如项目经理、团队成员、利益相关者等，以便他们更好地参与项目管理和决策。

通过以上方式，项目管理软件能够高效地处理和分析大量数据，帮助用户更好地管理和控制项目，提高项目成功的概率。

（二）使用项目管理软件优化大数据处理流程

以下是使用项目管理软件优化大数据处理流程的一些建议。

（1）定义清晰的数据处理流程。在开始处理大数据之前，需要定义一个清晰的数据处理流程，包括数据采集、存储、处理、分析和报告等步骤。项目管理软件可以帮助用户自动化处理这些步骤，减少人为错误和提高效率。

（2）使用自动化工具。项目管理软件通常具有自动化工具，如自动化报告和数据可视化工具。这些工具可以帮助用户自动化生成报告和图表，以便更好地理解和利用数据。

（3）利用协作和共享功能。项目管理软件通常具有协作和共享功能，如在线讨论、文件共享和即时通信等。这些功能可以帮助用户更好地协作和共享数据，加速数据处理流程。

（4）用智能分析工具。项目管理软件通常具有智能分析工具，如数据挖掘和机器学习工具。这些工具可以帮助用户更好地分析和处理大量数据，以便发现隐藏的信息和趋势。

（5）确保数据的准确性和安全性。在使用项目管理软件处理大数据时，需要确保数据的安全性和准确性。例如，需要确保数据采集和存储的过程符合隐私和数据安全法规，同时需要确保数据的质量和准确性，以便提高数据处理的可靠性。

通过上述方式，可以使用项目管理软件优化大数据处理流程，提高效率和准确性，同时加速项目的成功。

即问即答 4-2

在项目的实际推进过程中，我们怎样拿到相关的真实数据？

（三）选择最适合处理大数据的项目管理软件

以下是选择最适合处理大数据的项目管理软件的一些建议。

（1）确定需求。在选择项目管理软件之前，需要先明确需求。例如，需要考虑处理的数据类型、数据量、数据来源等因素。这有助于确定所需的功能和性能，以便选择最合适的软件。

（2）评估功能和性能。根据需求，评估不同项目管理软件的功能和性能，包括数据采集、存储、处理、分析和报告等功能，以及性能指标（如数据处理速度和数据安全性等）。并需要确保软件具有足够的功能和性能来处理大量数据。

（3）考虑集成性。项目管理软件需要与其他工具和系统集成，如数据仓库、业务智能工具、CRM 系统等；需要考虑软件的集成性，以便实现无缝的数据流和交互。

（4）了解数据隐私和安全性。处理大量数据需要保证数据隐私和安全性，因此需要了解不同项目管理软件的数据隐私和安全性措施，如数据加密和访问控制等，以确保数据安全。

（5）评估成本和投资回报率（return on investment，ROI）。选择项目管理软件需要考虑成本和 ROI，需要评估不同软件的成本和价值，以确定最适合的软件，同时确保对该软件的投资能够带来可观的回报。

通过上述步骤，可以选择最适合处理大数据的项目管理软件，以提高数据处理的效率和准确性，同时加速项目的成功。

（四）保证在项目管理软件中处理大数据的准确性和安全性

以下是保证在项目管理软件中处理大数据的准确性和安全性的一些建议。

（1）采用标准化的数据采集和存储流程。为保证数据的准确性和可靠性，需要采用标准化的数据采集和存储流程。同时，要确保数据存储的安全性，如加密数据存储、访问控制等。

（2）定期清理和更新数据。为确保数据的准确性和时效性，需要定期清理和更新数据。在实践中，可以利用项目管理软件提供的自动化工具，如数据清理和数据更新工具，来减少手动工作和减少错误。

（3）采用数据质量管理工具。数据质量管理工具可以帮助检测和纠正数据质量问题，如重复数据、缺失数据、错误数据等。在处理大数据时，可以利用项目管理软件提供的数据质量管理工具来提高数据的准确性和可靠性。

（4）采用访问控制和权限管理。为确保数据安全性，需要采用访问控制和权限管理措施，以限制用户对数据的访问和操作。在实践中，可以利用项目管理软件提供的访问控制和权限管理功能，如角色管理、用户管理、权限设置等来确保数据的安全。

（5）建立数据备份和恢复机制。为防止数据丢失和损坏，需要建立数据备份和恢复机制，以便在出现数据问题时及时恢复数据。在实践中，可以利用项目管理软件提供的数据备份和恢复工具，如定期备份数据、紧急恢复等，来保证数据的安全性和可靠性。

通过上述措施，可以确保在项目管理软件中处理大数据的准确性和安全性，提高数据处理的效率和可靠性，并加速项目的成功。

综上所述，选择适当的工具和方法是确保大数据项目管理成功的关键。不同的工具和方法可以适应不同的数据类型、项目需求和业务场景。因此，在选择工具和方法时需要根据具体情况进行评估和比较，以确定最适合的工具和方法。同时，团队成员也需要具备一定的数据处理和分析技能，以便更好地应对大数据项目管理的挑战。这包括熟悉数据分析工具、掌握数据分析方法、理解数据统计和数据挖掘等基础知识。在实际项目中，可以通过培训、知识分享等方式来提高团队成员的数据处理和分析能力，使之能够更好地应对大数据项目管理的挑战。

● 资料链接 4-2

如何利用工程项目管理软件实现项目数据分析

利用工程项目管理软件进行项目数据分析可以帮助项目团队更好地了解项目的现状、制订决策和优化项目管理。以下是一个详细的步骤，介绍如何利用项目管理软件实现项目数据分析。

1. 数据收集和录入

在项目管理软件中，确保所有与项目相关的数据能够被收集和记录。这可能包括任务列表、工作时间安排、资源分配、里程碑、问题和风险等。项目团队成员需要及时录入和更新数据，确保数据的准确性和完整性。

2. 数据清洗和整理

对收集的数据进行清洗和整理，可以确保数据的质量，确保数据是可信的、一致的和完整的。数据清洗和整理包括去除重复数据、修正错误、填补缺失值等。

3. 数据分析目标设定

确定数据分析目标。比如，项目团队可能想要分析项目进展情况、资源利用率、成本控制、风险评估等方面的数据。明确了目标，更有助于确立分析方法和提取相关数据。

4. 数据分析方法选择

根据数据分析的目标，选择相应的分析方法。项目管理软件通常提供各种分析工具和功能，如报表、图表、筛选器等。常用的数据分析方法包括趋势分析、成本效益分析、资源利用率分析、风险评估等。

5. 数据可视化

工程项目管理软件会提供各种图表和报告，以帮助可视化项目数据。利用这些可视化工具，可以展示和分析数据，如甘特图、资源分配图、成本报表、风险矩阵等。这些图表可以帮助项目团队更好地理解项目的现状和趋势，并发现关键问题和机会。图4-6是某项目管理工具可视化数据看板。

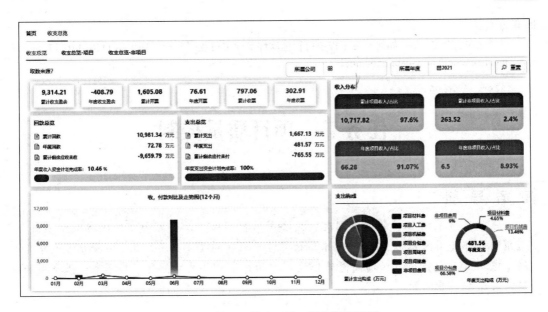

图 4-6　某项目管理工具可视化数据看板

6. 结果解读和改进

　　分析数据的结果，并从中得出结论。如图 4-7 所示的某项目管理工具经营数据分析，解读数据可以帮助项目团队了解项目的整体状况、风险和机会，以及制定相应的改进措施。基于数据分析的见解，项目团队可以调整资源分配、优化进度管理、改进质量控制等，从而提高项目的成功率。

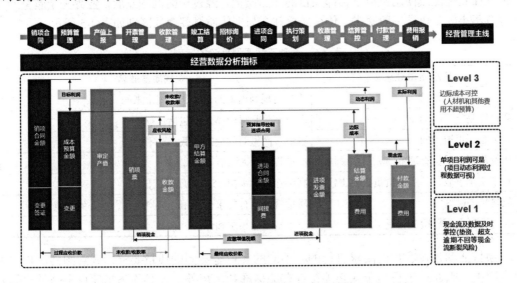

图 4-7　某项目管理工具经营数据分析

　　定期进行数据分析，可以帮助项目团队追踪项目进展，并及时采取行动。通过工程项目管理软件，项目团队可以更高效地收集、分析和应用项目数据，为项目的决策和管理提供有力支持。

资料来源：中建君联. 如何利用工程项目管理软件实现项目数据分析？ [EB/OL].[2023-07-17].https://www.junnysoft.com/know-detail/564.html.

任务二　项目质量控制

任务导航

张平是某装修公司的项目经理，该公司承接了哈尔滨一家超市的内部装修项目。超市的内部使用面积为 2000 平方米。该装修项目实施了 1 个月，业主方提出在电路布线、电路开关面板质量、墙面瓷砖铺设等方面存在一些质量问题。接下来，张平应如何解决这些质量问题？

一、项目质量

质量管理的范畴很大，涉及组织和项目的诸多方面。项目的质量管理贯穿项目的全过程。如果将项目作为一次性的活动来看，项目的质量体现在由工作分解结构反映出的项目范围内所有的阶段、子项目、项目工作单元的质量；如果将项目作为一项最终产品来看，项目的质量体现在其性能或使用价值上，即项目的产品质量。经过长时间的发展，业界关于质量的理念也有不小的变化。一般来讲，传统质量理念与现代质量理念的区别如表 4-5 所示。

表 4-5　两种不同质量理念的区别

传统质量理念	现代质量理念
质量是检查出来的	质量是规划出来的，而非检查出来的
质量就是指产品的质量	质量不只是指产品，还包括过程
缺陷是不可避免的	事情一次做对的成本最低——零缺陷
质量管理是质量管理部门人员的事情	质量管理，人人有责
对于质量事故，基层人员负主要责任	高层管理者承担 85% 的质量责任
质量越高越好	质量就是符合要求、适用、客户满意，需要考虑成本与收益
改进质量主要靠检查和返工	改进质量靠预防和评估

项目活动是按客户的要求进行的。不同的客户有不同的质量要求，其意图已反映在项目合同中。因此，项目质量除必须符合有关标准和法规外，还必须满足项目合同条款的要求——项目合同是进行项目质量管理的主要依据之一。

质量对项目的重要性不言而喻，一般可以将质量管理水平分为五个等级。

（1）靠客户"逼"。代价最大的方法是让客户发现缺陷。这种方法可能会导致担保问题、召回、商誉受损和返工成本。

（2）靠检查"控"。控制质量过程包括检测和纠正缺陷，经过检测和纠正缺陷后，再将可交付成果发送给客户。该过程会带来相关成本，主要是评估成本和内部失败成本。

（3）靠过程"保"。通过质量保证检查来纠正过程本身，而不仅是特殊缺陷。

（4）靠设计"防"。将质量融入项目和产品的规划和设计中。

（5）靠文化"治"。在整个组织内创建一种关注并致力实现过程和产品质量的文化。

在项目实施过程中，质量管理往往处于不被看重、受人责难、工作难开展、成效不明显的尴尬境地，这是许多企业质量工作的缩影。在项目实践过程中，确保质量管理过程的高效（效率、效果）既是重点，也是难点。

即问即答 4-3

项目实施的质量是项目最后顺利交付的保证。除了提醒项目组成员重视质量外，还可以采取哪些方法促进项目质量的提升？

二、项目质量管理的困境

客户可以要求好的质量，组织可以承诺实现好的质量，但项目团队才是真正对质量负责的部门。质量不达标会给项目团队和组织带来直接和长期的灾难性后果。既然质量对于项目成功很重要，那么质量问题早就应该得到解决。事实并非如此。项目一直为含混不清的质量目标和晦涩难懂的质量检测方法所困扰，这导致项目的结果不能令人满意，甚至更为糟糕。从产品或服务交付的角度来看，质量在很大程度上已经是一个被解决的问题。但实际上，质量管理还面临以下困境。

（一）质量管理部门成了质量检验部门

项目质量的重要性，恐怕没有人会否定，很多企业甚至宣称"质量就是生命"。但质量管理却并没有受到足够的重视，与"生命"更是相距十万八千里。在很多企业里，名义上的质量管理部门，实际上是质量检验部门，像是一个附属组织，有时还有比这更尴尬的形容——"鸡肋部门"。

（二）质量管理人员常成为众矢之的

因为质量管理人员的阻拦影响了项目进度，项目组成员和市场人员常对他们产生不满。对质量问题紧追不放，让研发人员觉得质量管理人员让人头痛。这些人员一起找老板告状、投诉，质量管理人员的日子就更不好过了。

（三）有没有质量问题都难以处理

很多时候，质量管理人员苦于对业务（尤其是对研发业务）不了解，无法深入业务活动中控制和保证质量，很多地方都插不上手，感到无能为力。而项目一旦出了质量问题，大家都认为是质量管理部门的工作没有做好。项目质量没有问题，大家又感觉质量管理部门没做什么事情。在大家看来，项目质量控制得好，是因为研发部门遵循了设计规范，增加了测试和技术评审，或者是因为生产人员改进了工艺，加强了过程控制，但这些都与质量管理部门的工作没有什么关系。

对于质量管理部门来说，最好是产品时不时地出现一些质量问题，这样能为自己加强质量检验工作和开展质量控制活动找到充分的理由，也能证明自己存在的价值。所以，这是一个悖论。

（四）质量认证越来越像形式主义

企业需要用到质量管理部门的地方还有 CMMI、ISO 9000 等质量标准体系的推行。这确实是公司级的一件大事，质量管理部门也会格外卖力。毕竟质量标准体系对产品质量的重要性不言而喻，推行质量认证体系是提升质量部门地位和影响力的大好机会，而且获证后的成就感和为企业带来的价值也很直接。

拿到证书无疑是一项成绩。然而，在绝大多数情况下，辛辛苦苦花了一两年甚至更长时间推行质量认证体系，项目质量却并没有明显提升，但质量部门的工作也落得了一个形式主义的评价。质量管理部门的困境恰恰是许多企业在质量管理方面的缩影，说明许多企业没有把质量管理放在应有的位置上，有的企业的质量管理部还从属于公司的某个部门。

项目质量管理
的尴尬

即问即答 4-4

质量是企业的核心竞争力。你认为导致一些质量认证工作形式主义的原因是什么？如何避免形式主义的质量认证现象？

三、适合项目需要的质量管理部

质量管理是企业的生命线，企业应建立一个组织级的质量管理部，统抓企业的产品质量和过程质量。作为企业关键的职能部门，质量管理部应该直接由企业最高领导负责，其职能可以定义为：开展有效的质量控制活动，建立健全质量保证体系，树立优秀的质量文化，以确保企业的产品质量和过程质量。

质量管理部在加强自身建设和提升能力的同时，尤其需要注意与领导层和项目组的沟通，一方面获得领导层的支持，另一方面赢得项目组的信任，在质量目标和措施上与项目组达成共识。

需要强调的是，质量管理部千万不要成为高高在上的部门，必须把工作重心下移，深入各项业务工作中，具体的做法是：向研发、制造、采购等与项目质量直接相关的部门派驻质量管理人员。目标、政策、流程、制度、人员任用等问题归质量管理部统一管理，日常工作由项目经理安排和指挥。这样，即使质量管理体得到有效落实，使项目质量得到有效监控，又使质量管理人员直接深入和服务于项目业务。

在质量管理部的设置上，需要兼顾质量控制和质量保证两方面的职能。质量控制不应局限于检验和检查，大量的质量控制活动（如测试、交叉检查等）是由业务部门实施的，质量管理人员要对这些活动的组织和有效性负责。

质量保证既是事前的预防和事后的总结提升，又是对项目质量形成全过程中所涉及的人员、过程、方法、工具等要素的全面管控。因此，必须对其进行系统设计和完整部署，并确保其能够有效运行。

（一）矩阵组织下的质量管理部门

在最常见的矩阵型组织中，质量管理人员由组织级质量管理部门指派到各个项目组和业务部门，在管理上向质量管理经理报告，业务上向项目经理和职能部门经理报告。矩阵组织下的质量管理人员只有直接参与项目工作，了解过程运行情况，才更容易发现过程改进的"短板"，从而成为实施过程改进的重要推动力量。这样，质量管理部门就可以担负起组织级质量体系的优化，以及过程资产库和度量数据库的建立、维护和使用的责任。

糟糕的是，很多企业选择一些新人和"闲人"负责质量管理工作，以为质量管理工作很容易，就是例行公事。还有人调侃，连质量管理工作都不会做，就真的是"百无一用"了。其实，质量管理工作对人的要求非常高——熟悉质量体系仅仅是基本条件，更需要很高的综合素质、业务能力和项目经验。如果没有实际的项目经验和业务能力，选择一些新人和"闲人"来负责质量管理，即便他们把整个过程体系背下来，仍然很难成为真正合格的质量管理人员。

（二）合格项目质量管理人员的角色

以研发项目的质量管理为例，一个合格的质量管理人员在项目中会扮演三种角色：警察、教师和医生。质量管理人员典型的职责包括过程指导、过程评审、产品审计、过程改进、过程度量。

（1）扮演警察的角色。质量管理人员以业务流程为依据，需要及时发现和报告项目中的问题，有选择性地参加项目，定期对项目的交付成果和过程进行审计和评审。

（2）扮演教师的角色，质量管理人员辅助项目团队制订项目计划，包括根据质量体系中的标准过程裁剪以得到项目定义的过程，帮助项目进行估算，设定质量目标；对项目成员进行过程和规范的培训以及在过程中进行指导等。

（3）扮演医生的角色，质量管理人员可以承担收集、统计、分析度量数据的工作，对项目过程进行诊断，帮助分析原因、开处方。

项目组有自己的制度，平时的工作应参照制度执行。如果平时执行不到位，那么慢慢地会让项目组成员养成不良的工作习惯。如果有个项目成员为了自己方便而违规实施，质量管理人员提醒或考核绩效时，他马上来一句"项目组一直都是这样做的"，或者来一句"你行你来做"；如果质量管理人员只是象征性地提醒一下而没有下文，无形中就降低了管理水平，项目质量岂会有保障？所以，项目负责人在项目开始实施时就要严格执行相关的制度，在团队中形成良好的风气。

即问即答 4-5

企业的质量管理部要对其他部门的工作质量进行监控，这看起来很容易得罪人。但是如果放松质量管理的尺度，又会对企业产生较大的负面影响。那么，你认为这个部门的员工应如何做好自己的本职工作？

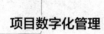
四、规划项目质量管理

规划质量管理是识别项目及其可交付成果的质量要求或标准，并书面描述项目将如何证明其符合质量要求的过程。这个过程的主要作用是为整个项目如何管理和确认质量提供指南和方向。表4-6描述了这个过程的输入、工具与技术和输出。

表 4-6   规划项目质量管理的输入、工具与技术和输出

输　入	工具与技术	输　出
项目管理计划	成本效益分析	质量管理计划
干系人登记册	质量成本	过程改进计划
风险登记册	质量管理工具	质量测量指标
需求文件	标杆对照	质量核对单
事业环境因素	实验设计	项目文件更新
组织过程资产	统计抽样	
	其他质量规划工具	
	会议	

（一）成本效益分析与质量成本

1. 成本效益分析

项目达到质量要求的主要效益包括减少返工、提高生产率、降低成本、提升干系人满意度及提升企业品牌价值和营利能力。

2. 质量成本

质量成本包括在产品生命周期中为预防产品不符合要求、评估产品或服务是否符合要求，以及未达到要求而发生的所有成本。质量成本可分为一致性成本和非一致性成本。

一致性成本是指预防性质量管理过程的成本，是为保证和提高产品或服务质量而发生的成本，是积极的质量管理过程。一致性成本包括计划编制、培训、教导、过程控制、实地测量、设计确认、过程确认、测试与评估、质量审计、维护与校准等过程发生的质量成本。

非一致性成本是指因质量缺陷造成的成本。非一致性成本包括废料、返工、加速处理、额外材料或库存、现场服务、保修或服务、投诉处理、责任判定、产品取消、产品修正措施等过程发生的质量成本。

（二）质量管理工具

1. 因果图

因果图又称因果关系图、树枝图、鱼骨图等。使用因果图时，把问题陈述放在鱼骨的头部，作为起点，用来事先预防质量问题，或者事后追溯问题的根源，然后进一步提出针对性的纠正对策和办法。图4-8是轿车失控的因果图分析。

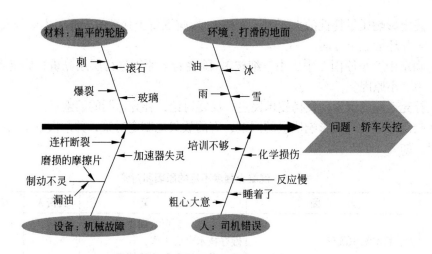

图 4-8　轿车失控的因果图分析

因果图是一个非定量工具，能够集中问题的实质内容，而不是问题的历史或个人的观点；可以帮助质量管理人员找出引起问题的根本原因，采取补救措施，实施正确的行动。因果图主要用于对问题根本原因的查找，同样可用于对策研究及归纳总结。运用因果图时，需进行头脑风暴，鼓励集思广益。

问题的特性总是受到一些因素的影响，质量管理人员可以通过头脑风暴法找出这些因素，并将它们与特性值一起，按相互关联性整理成层次分明、条理清楚，并标出重要因素的图形。一张专业因果图，不仅有利于梳理思路、集思广益，找到问题的原因，还可以把人们的精力集中到问题的本质，而不是问题的过程和细节上。通常，对于任何一个想要快速解决问题的企业而言，因果图都是高效的方式之一。对于项目实施，它有助于起到以下作用：透过现象看本质，以图形化的方式呈现问题；帮助项目组更好地进行头脑风暴，找到问题之间的关联性；更好地明确要解决的主要问题，分析问题发生的所有可能成因。

因果关系图可分为以下三种类型。

（1）结果分解型。这种类型的因果图的特点是沿着为什么会产生结果进行层层解析，可系统地掌握纵向的关系，但易遗漏或忽视某些平行关系。

（2）工序分类型。按工序的流程，将各工序作为影响项目质量的平行的主干原因，再将各工序中影响工序质量的原因填写在相应的工序中。这种分析图简单易行，但可能造成相同的因素出现在不同的工序中，难以反映因素间的交互作用。

（3）原因罗列型。采用头脑风暴法等方法，使参与分析的人员自由发表意见，并将所有观点和意见一一罗列，然后系统地整理出它们之间的关系，最后绘制出一致同意的因果图。这种分析图反映出的因素比较全面，在整理因素间的关系时，能促使分析人员客观地对各因素进行深入分析，有利于问题的深化，但工作量较大。

不同类型的因果图的绘制步骤有所不同。现以混凝土强度不足的质量问题为例，来说明原因罗列型因果图的绘制步骤。

（1）确定质量问题。特性就是需要解决的质量问题，放在主干箭头的前面。本例的特性是混凝土强度不足。

（2）确定影响质量特性的大原因（大枝）。影响混凝土强度的大原因主要是人、设备、材料、工艺和环境五个方面。

（3）确定中、小原因（中、小、细枝）。围绕着大原因进行层层分析，确定影响混凝土强度的中、小原因。

（4）补充遗漏的因素。发扬技术民主，反复讨论，补充遗漏的因素。

（5）制定对策。针对影响质量的因素，有的放矢地制定对策，并落实解决问题的负责人和时间，如表 4-7 所示。

表 4-7　混凝土强度不足的原因和对策

序　号	原　因	对　策	负责人	解决期限
1	人：基本知识匮乏	对工人进行教育培训； 做好技术交底工作； 学习操作规程及质量标准		
2	人：责任心不强，有消极情绪	加强组织工作，明确责任； 建立工作岗位责任制； 关心工人生活		
3	设备：振捣器、搅拌机常坏	加强维修，增加设备		
4	材料：水泥用量不足	严格计量水泥		
5	材料：骨料含泥量大	清洗过筛，用前检验		
6	工艺：配合比不准	重新设计、试验材料结构		
7	工艺：水灰比的控制不严	严格计量		
8	环境：场地乱	清理现场		
9	环境：气温低	采取保温措施		

2. 流程图

流程图是由若干因素和箭头线相连的因素关系图。借助流程图，项目团队可以发现项目的工作流程及各活动之间可能产生质量问题的工作环节。图中的菱形表示质量控制点，有助于明确项目质量管理的责任，便于项目经理估计未来将在何时、何地发生质量问题，从而及时制定应对策略，提出解决质量问题的方法和措施。

3. 核查表

核查表又称计数表，是用于收集数据的查对清单。检查表可以合理排列各种事项，以便有效地收集关于潜在质量问题的有用数据。用于检查与识别缺陷时，经常会使用帕累托图来显示。表 4-8 是某产品模型的问题核查表。

表 4-8　某产品模型的问题核查表

模型编号	种　类	检查记录	小计 / 个	问题出现的频率 / %
A	裂纹	正正正正正正	30	12.8
B	气孔	正正正正正	25	10.6

续表

模 型 编 号	种　类	检 查 记 录	小计 / 个	问题出现的频率 /%
C	掉砂	正正正正正正正正	45	19.1
D	刮伤	正正正正正正	30	12.8
E	纹饰不良	正正正正正正正	35	14.9
F	模痕	正正正正正正正正	40	17.0
G	油污	正正正正正正	30	12.8
问题合计			235	

（三）质量管理计划

质量管理计划是项目管理计划的组成部分。它主要描述将如何实施组织的质量政策，以及项目管理团队准备如何达到项目的质量要求，包括项目的质量规划、质量保证、质量控制和质量改进方法，如表 4-9 所示。在项目早期对其评审，可确保决策基于准确信息，从而降低因返工造成的成本超支和进度延误。

表 4-9　质量管理计划

角色：	职责：
质量规划方法：	
质量保证方法：	
质量控制方法：	
质量改进方法：	

五、实施项目质量保证

项目质量保证是要在项目管理过程中合理地拆分项目阶段性成果，并就可交付成果进行检验、确认。每一次的交付都需要通过严谨地检查、核对，有合理的输出过程才能够更加规范地约束具体的活动行为。

里程碑完成率
的考核

项目质量保证的依据有以下三方面。

（1）项目质量计划。这是项目质量计划工作的结果，是有关项目质量保障工作的目标、任务和要求的说明文件，所以它是项目质量保证工作最根本的依据。

（2）项目实质质量的度量结果。这是有关项目质量保障和控制工作情况的度量和评价结果，是一种给出项目实际质量情况和相应的事实分析与评价的报告，也是项目质量保证工作的依据。

（3）项目质量工作说明。这是指对于项目质量管理具体工作的描述，以及对项目质量保证与控制方法的说明，它同样是项目质量保证工作的具体依据。

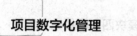

资料链接 4-3

工程项目质量控制措施

在工程施工过程中，严格质量控制是确保工程顺利进行的前提条件。安全是生命，质量是效益。加强施工质量管理，项目才能取得良好的收益。优质工程也是建筑施工企业市场竞争取胜的法宝。要想确保工程质量，就必须将质量控制渗透到每个施工管理环节中。

1. 施工图核对

接到设计文件（图纸）后，由项目总工程师负责，组织项目部有关人员和施工作业队技术人员共同进行现场核对及设计文件（图纸）的审核，全面领会设计意图。各方一起查看设计文件（图纸）是否有短缺，设计内容是否遗漏，设计方案是否合理可行，材料及工程量是否正确，找到存在的问题，对现场情况进行调查、研讨，并与业主、监理、设计单位确定联系，将问题解决。

2. 施工测量

收到设计文件后，必须于开工前办理测绘资料移交手续，并会同设计单位到现场进行点位的交接工作，办理相应的手续。组织人员进行全线复测，复测过程中完成测量桩位的交接和补齐工作。复测完成后，即向下一级进行测量资料交接手续。

由非项目部完成的控制测量成果，必须确定无误后方可采用；各级测量机构负责完成的控制测量，其成果在使用前，应进行检查和复核；独立建筑物、续建工程原始位置，需进行控制复核；施工过程中，必须认真检查、复核。对正在施工的工程，尤其是容易发生错误的环节，要进行抽查（或实行监控）；对于抽查的部位、时间、采用的方法等，要在工程日志上做详细记录。

3. 开工报告的审批

在具备开工条件后，经监理部门认可和业主（建设单位）复审，申报开工报告。开工报告中要说明该项工程机具设备配备、上场人员和管理人员分工、施工材料进场、工程数量复核情况以及准备开工日期、计划完成日期，对单项工程的施工方案、施工工序、工艺流程、拟应用科技成果等进行详细的文字说明。经业主（建设单位）批准，接到开工令和单位工程开工通知书后，方可展开施工。

4. 材料、设备、构配件进场检验及储存管理

所有材料、设备、构配件必须经过检查，检查包括外形、尺寸、数量及合格证，合格后方可进场。对进场水泥、钢材、砂石等材料及时进行二次复试，合格后方可用于工程主体；对不合格的材料，要坚决清理出现场。对于混凝土配合比，要严格执行实验室和技术部门给定的数据，并根据现场实际情况换算成施工配合比后，方能用于施工。

施工过程中，按批量对混凝土试件、钢筋焊接等试件进行检验，严禁使用不合格材料。新材料、新产品、新工艺，尤其是混凝土外加剂，在使用前要对其性能进行定期试验、检验，掌握其性能并制定出质量标准和操作规程之后，才能在工程上使用。

设备及构配件进场前，必须经过有检验资质的单位进行全方面的功能检验，各方签字确认合格并出具检测报告后，方可进场。

材料、设备、构配件要保证储放在适宜的环境中，钢筋要有防雨棚、水泥要有防潮措施；易燃易爆物品（油料、爆破器材等）按规定有专门存放地点；设备、构配件在使用前进行必要的防护，必要时设专人防护。

5. 检验批、分部、分项、单位工程质量检查

检验批划分，检验的项目、频率、标准，要严格按检验标准执行。专职质量检查工程师对检验批、分项、分部、单位工程质量进行跟踪检查，对涉及结构安全的工序要进行重点检查。施工队设置专职质量检查员对施工现场质量全过程控制检查，同时实行"三检制"。

（1）自检。每道工序（或检验批）施工完成后，专业工长组织该工序（或检验批）作业班组进行100%检查，检查项目为质量验收规范规定的主控项目和一般项目。在自检过程中，应随检查随纠正，并由班组填写自检记录，专业工长签字确认。自检记录应由各专业工长报至专业质量检查员，保存到竣工验收完成，以便于追溯。

（2）专检。工序（或检验批）施工完成，班组自检通过后，项目专业质量检查员对工序（或检验批）进行施工单位内部质量验收。检验批质量验收按既定的抽样方案由专业质量检查员进行现场检查和实测实量。检验批质量验收合格应符合质量验收规范的规定，同时专业质量检查员的现场检查结果和数据与自检记录中的数据应基本相符，检验批才可判定为合格。专业质量检查员填写检验批质量验收记录和现场验收检查原始记录，专业工长和专业质量检查员签字后，报专业监理工程师进行检验批最终质量验收。专业监理工程师验收合格后，在检验批质量验收记录上填写验收结论并签字，下一工序方可开始施工。检验批质量验收记录和现场验收检查原始记录作为竣工资料，由项目资料员统一归集、整理、编目、组卷。

（3）交接检查。同一施工单位的上、下工序间交接检查应由上道工序的工长组织，不做书面交接检查记录。同一施工单位施工的分项工程之间应移交方工长组织工序交接检查，并填写交接检查记录。分包方与总包方之间的交接检查验收工作由项目经理负责组织，交接内容包括工程实体和资料，并做书面交接检查记录。移交方、接收方共同对移交工程进行验收，并对质量情况、成品保护的注意事项、遗留问题等进行记录。

6. 隐蔽工程及关键部位的检验

在通知驻地监理工程师检查前，应通知项目部专业主管工程师、质检工程师检查，经自检合格后，按合同规定格式填写相应施工用表，通知监理工程师（或甲方代表）到现场进行检查，并在检查证上签字，方可继续施工。影响安全的基础工程签证后，应立即封闭，避免地质变化危及安全。未经项目部专业主管工程师及监理工程师签证，严禁自行覆盖，否则应揭盖补验。如在检查中发现地质与设计不符，及时与监理工程师（或甲方代表）、设计单位联系解决。项目部专业主管工程师、质检工程师将进行不定期抽查和重点检查，严格控制质量水平。

7. 成品及半成品的保护

对施工过程产品进行必要的防护，防止因施工及意外因素对半成品或成品造成的破坏。根据工程实际情况，防护可以采取围挡、地下工程经检查后隐蔽等形式，设置醒目标志。工程已完工但未进行移交的产品，由副经理全面负责成品的保护工作。现场由专职防护人员负责具体防护，防止丢失和人为、自然破坏，保证成品在投入使用前的完好。因防护不利对半成品或成品造成破坏的，要追究相关人员责任，并对破坏的半成品或成品进行及时的修补，以满足验收规范的要求。

8. 质量例会及专题分析会

周例会由项目质量总监主持召开，月度例会及专题分析会由项目经理主持召开，各部门有关人员及负责人、技术负责人、质量负责人参加，每月一次。

质量分析会的主要内容如下。

（1）对工程实施质量预控，做到心中有标准，施工有标准。

（2）对工程质量趋势进行分析。

（3）分析已出现的质量问题（含不合格物资、不合格过程）和可能造成质量问题的潜在因素。

（4）针对质量趋势、质量问题，制定出相应的预防、纠正措施。

（5）对质量有广泛影响的质量问题及其产生原因、预防、纠正措施等，以通报、纪要形式及时发布。

只有在施工管理的每个环节中，严格实施各项工程质量控制措施，针对容易发生质量问题的薄弱环节，加大管控力度，制定专项方案，认真落实，才能确保项目施工优质、高效。安全、优质地完成所承担的每个项目，才能树立良好的企业形象，使企业在竞争激烈的市场中立于不败之地。

资料来源：工地迷途小浪子.项目质量控制措施[EB/OL].[2021-11-08].https://baijiahao.baidu.com/s?id=1715843230025265980&wfr=spider&for=pc.

六、项目质量控制

项目质量控制是指对于项目质量实施情况的监督和管理。项目质量控制是监督并记录质量活动执行结果，以便评估绩效，并推荐必要的变更的过程。其主要作用包括：识别过程低效或质量低劣的原因，建议或者采取相应措施消除这些原因；确认项目的可交付成果满足主要干系人的既定要求，足以进行最终验收。项目质量控制的主要内容包括：项目质量实际情况的度量；项目质量实际与项目质量标准的比较；项目质量误差与问题的确认；项目质量问题的原因分析和纠正措施等。

（一）项目质量控制的依据

（1）项目质量计划。这与项目质量保证是一样的，这是在项目质量计划编制中生成的计划文件。

（2）项目质量工作说明。这也是与项目质量保证的依据相同的，同样是在项目质量计划编制中生成的工作文件。

（3）项目质量控制标准与要求。这是根据项目质量计划和项目质量工作说明，通过分析和设计生成的项目质量控制的具体标准，质量控制标准是根据这些最终要求制定的控制依据和控制参数。

（4）项目质量的实际结果。这包括项目实施的中间结果和项目的最终结果，还包括项目工作本身的好坏。项目质量实际结果的信息也是项目质量控制的重要依据，因为有了这类信息，人们才可能将项目质量实际情况与项目的质量要求、控制标准进行对照，从而发现项目质量问题，并采取项目质量纠正措施，使项目质量处于受控状态。

（二）项目质量控制的方法

（1）检查，包括度量、考察和测试。质量检查的内容有两个方面：一是进行评审，是合格还是不合格，能打多少分；二是提出建议，对质量的好坏进行分析，以便"改差为好""好上加好"。以下是人们经常采用的质量检查措施。①事先把检查的主要内容制成一张表，使检查活动集中在主要问题上。②只评审工作，不评审开发者。评审的氛围应该是融洽的。发现错误之后，应该有礼貌地指出来。任何人的意见都不应被阻挠或忽视。③建立一个议事日程，并遵循它。在检查过程中，不能放任自流，必须按照既定的方向和日程进行质量检查。④不要把太多的时间用在争论和辩驳上。⑤说清楚问题的表现，但不要企图当场解决所有问题。⑥对检查人员进行适当的培训。

质量检查并不是要等到项目结束才执行唯一的一次检查，而应该在每个实践环节都要执行。质量检查可以对应进度表，在每个里程碑到达时，执行一次质量检查是比较合理的。

（2）统计样本。对项目实际执行情况的统计值是项目质量控制的基础。统计样本涉及样本选择的代表性，合适的样本通常可以减少项目控制的费用。当然，这需要一些样本统计方面的知识。所以，项目管理组有必要熟悉样本统计的技术。

（3）流程图。流程图通常被用于项目质量控制过程中，其主要的目的是确定以及分析问题产生的原因。流程图能够帮助项目小组预测可能发生哪些质量问题，在哪个环节发生，因而有助于采取更为高明的解决问题手段。

（4）趋势分析。趋势分析是应用数学原理，根据历史数据来预测项目未来的发展趋势。趋势分析通常被用来监控以下两方面。①技术参数，如多少错误或缺点已被识别和纠正，多少错误仍然未被纠正。②费用和进度参数，如多少工作在规定的时间内被按期完成。

（三）项目质量控制的结果

项目质量控制的结果是项目质量控制和质量保证工作所形成的综合结果，是项目质量管理全部工作的综合结果。这种结果的主要内容包括五个方面。

（1）项目质量的改进。项目质量的改进是指通过项目质量管理与控制来提高项目质量水平。项目质量改进是项目质量控制和保证工作共同作用的结果，也是项目质量控制最为重要的一项结果。

（2）对于项目质量的接受。对于项目质量的接受包括两个方面：①项目质量控制人员根据项目质量标准对已完成的项目结果进行检验后，对该项结果做出接受和认可的判断结论；②项目客户根据项目总体质量标准，对已完成项目工作结果进行检验后，做出接受和认可的判断结论。项目客户做出了接受项目质量的决定，就表示一项项目工作或一个项目已经完成，并达到了项目质量要求；如果项目客户做出不接受的决定，就应要求项目返工和恢复，并达到项目质量要求。

（3）返工。返工是指在项目质量控制中发现某项工作存在质量问题并且其工作结果无法接受时，所采取的将有缺陷或不符合要求的项目工作结果重新变为符合质量要求的一种工作。返工的原因通常为项目质量计划考虑不周、项目质量保障不力、出现意外变故。返工带来的不良后果是延误项目进度、增加项目成本、影响项目形象。重大或多次的项目返工会导致整个项目成本超出预算，并且无法在预定工期内交付成果。返工是最严重的质量后果之一，项目团队应尽力予以避免。

（4）核检结束清单。当使用核检清单开展项目质量控制时，已经完成了核验的工作清单记录是项目质量控制报告的一部分。这一结果通常可以作为历史信息被使用，以便对下一步项目质量控制所做的调整和改进提供依据和信息。

（5）项目调整和变更。项目调整和变更是指根据项目质量控制的结果和面临的问题（一般是比较严重的，或事关全局的项目质量问题），或者是根据项目各干系人提出的项目质量变更请求，对整个项目的过程或活动所采取的调整、变更和纠正行动。在某些情况下，项目调整和变更是不可避免的。例如，当发生了严重的质量问题而无法通过返工修复项目质量时，就需要进行项目调整和变更。

项目质量管理的控制

即问即答 4-6

作为负责项目质量的监控人员，在项目推进出现问题时，应怎样找到问题产生的真正原因？

任务三 项目变更实施

任务导航

2023年，杭州某连锁企业已成立十周年。公司拟定于9月28日、29日举办规模盛大的十周年庆典活动。期间，杭州刚好举办第19届亚运会。9月初，杭州相关部门发布通知，为了确保亚运会期间道路交通顺畅，决定从9月18日至10月8日实施小汽车单双号限行措施。这对开车前去参加庆典的嘉宾会产生一定的影响。蒋松是该公司的总经办主任，也是这次庆典活动项目的负责人。在面临这样的临时限制时，你认为他应该协调项目团队成员在哪些方面实施变更呢？

一、项目风险监控

在项目的整个生命周期内，项目经理应监视残余风险，识别新的风险，执行风险应对计划，以及评价这些工作的有效性。风险监测与控制过程进行得好，可以提供有助于在风险发生之前制定有效决策的信息。项目经理需要与所有项目利害关系者沟通，以定期评估项目风险水平的可接受性。

（一）项目风险监控的依据

（1）风险登记册。风险登记册包括已识别的风险、风险责任人、商定的风险应对措施、具体的实施行动、风险征兆和预警信号、残余风险和次生风险、低优先风险观察清单，以及时间和成本应急储备。

（2）项目管理计划。

（3）工作绩效信息。

（4）绩效报告。

（二）项目风险监控的方法

（1）风险再评估。项目经理应安排定期进行项目风险再评估。项目团队状态审查会的议程中应包括项目风险管理的内容。重复的内容和详细程度取决于项目相对于目标的进展情况。例如，如果出现了风险登记单未预期的风险或观察清单未包括的风险，或其对目标的影响与预期的影响不同，预先规划的应对措施可能将无济于事，则此时需要进行额外的风险应对规划，以对风险进行控制。

（2）风险审计。风险审计在于检查并记录风险应对策略，处理已识别风险及其根源的效力以及风险管理过程的效力。

（3）变差和趋势分析。通过绩效信息对项目实施趋势进行风险审查。一般可通过价值分析和项目变差及趋势分析，对项目总体绩效进行监控。分析的结果可以揭示项目完成时在成本与进度目标方面的潜在偏离。如果与基准计划存在偏差，则可能是威胁或机会的潜在影响。

（4）技术绩效衡量。技术绩效衡量是将项目执行期间的技术成果与项目计划中的技术成果进度进行比较。出现偏差，如在某里程碑处未实现计划规定的功能，有可能意味着项目实现存在风险。

（5）储备金分析。在项目实施过程中可能会发生一些对预算或进度应急储备金造成积极或消极影响的风险。储备金分析是指在项目的任何时点将剩余的储备金金额与剩余风险量进行比较，以确定剩余的储备金是否充足。

（6）状态审查会。项目风险管理可以是定期召开的项目状态审查会的一项议程。该议程所占用的会议时间可长可短，取决于已识别的风险、风险优先度以及应对的难易程度。风险管理开展得越频繁，状态审查会的实施就越容易。经常就风险进行讨论，可促使有关风险（特别是威胁）的讨论更加容易、更加准确。

（三）项目风险监控的步骤

项目风险监控的第一步是判断风险（广义上的风险）是否已经发生。如果风险没有发生，则遵循"风险管理的过程：识别新风险 → 实施风险定性分析 → 实施风险定量分析 → 规划风险应对 → 控制风险"这一系列过程。如果风险已经发生，则遵循下述步骤。

（1）针对已识别的风险。做风险应对计划并执行风险应对计划，如不能达到预期效果，则执行额外的风险应对规划。对已识别的风险，要查阅风险登记册中是否有相应的应对策略。若有相应的应对策略，则遵循"提出变更申请 → 查阅问题解决权限 → 获得解决方案的批准 → 执行解决方案 → 跟踪解决过程 → 更新风险登记册"这一系列过程。若没有相应的应对策略，则遵循"提出变更申请 → 分析风险对项目范围、进度、成本、质量等诸

方面的影响 → 给出问题的解决方案 → 查阅问题解决权限 → 获得解决方案的批准 → 执行解决方案 → 跟踪解决过程 → 更新风险登记册"这一系列过程。

（2）针对新风险。当前风险已发生负面影响，则采取权变措施；如风险尚未发生，则更新识别、分析、应对规划。具体步骤为：书面记录该未知风险的特征 → 提出变更申请 → 分析风险对范围、进度、成本、质量等诸方面的影响 → 提出已发生风险的相应解决方案 → 查阅问题的审批权限 → 获得解决方案的批准 → 执行解决方案 → 跟踪解决过程 → 更新风险登记册。

二、项目变更管理的概念及主要任务

（一）项目变更管理的概念

项目变更管理是指项目组织为适应项目运行过程中与项目相关的各种因素的变化，保证项目目标的实现，对项目计划进行部分变更或全部变更，并按变更后的要求组织项目实施的过程。

项目从启动开始就在不停地变化。用户需求发生了变化，需要调整计划或者设计；测试发现了问题，需要对错误代码进行变更；甚至人员流失了，也需要项目进行一定的调整，以适应这种情况。需求管理、风险控制等本质上都是项目变更的一种。它们都是为了保证项目在变化过程中始终处于可控状态，并随时可跟踪、回溯到某个历史状态。

（二）项目变更管理的主要任务

孤立地看单个变更的生命周期是比较简单的，大致就是"提出 → 审核 → 修改"。但变更管理并不是单纯的数据库记录，在这样一个简单的流程中，变更管理要能体现出它的两个重要用途：一个是控制变更，保证项目可控；一个是变更度量分析，帮助组织提供自己的开发能力。

为了保证项目可控，项目管理者要充分了解变更的信息，衡量变更实施对项目的冲击，才能决定是否要修改。例如，问题是否严重到必须马上修改，问题的修改是否很复杂，是否会牵扯很多方面。这些信息大致可以归为两类，一类是变更的自身信息，如复现步骤等；另一类是关联信息，如某个功能变更实施后，对项目其他模块的影响分析，这类信息通常不可能由变更提出人来提供，而需要变更审核者结合多方面信息进行分析。

实施变更管理的一个更重要且更有意义的作用就是对变更进行度量分析。在项目进行过程中，对变更进行分析，可以很好地了解项目的当前质量状态。定时进行项目复盘，分析变更产生的原因和解决方法，及时了解组织中常见错误并有针对性地进行改正，可以促使组织的开发能力不断得到提高。

项目变更管理的主要任务包括五个方面：①分析变更的必要性和合理性，确定是否实施变更；②记录变更信息，填写变更控制单；③做出更改，并交上级审批；④修改相应的软件配置项（基线），确立新的版本；⑤评审后发布新版本。

项目变更管理的
主要任务

出现哪些情况时，项目需要进行变更？

三、项目变更管理的关键点

（1）确定变更的原因。明确为什么提出变更请求？变更能否避免？变更对项目、流程、产品是否有益？除此之外，还要检查变更日志，以确定项目的变更次数是否过多。当变更确定后，还要评估此次变更相对于其他变更的优先级。

（2）分析变更对项目管理四要素的影响。分析项目变更对项目时间、范围、成本和质量的影响。

（3）明确变更范围。确定变更对整个项目范围的影响。收集变更的详细信息，用以识别需要添加、删除、更改的产品特性，对产品分解结构和工作分解结构进行调整。

（4）明确变更成本。变更是否会引起成本增加？增加的成本谁来支付？分析变更对成本的影响，确定对成本管理计划和总体财务计划进行的任何更改。除此之外，分析中还应该突出项目和组织的财务效益，记录变更带来的正面影响，比如改进的计划、更好的性能、更低的风险、未来的机会、相关方的满意度等。

（5）明确变更进度。预估实施变更所需要的时间，评估其对里程碑和关键路径的影响，确定对项目进度管理计划和里程碑的更改。

（6）确定依赖关系。项目活动由复杂的前后关系交织在一起，要识别出其他依赖于此变更的任务，确定前后的关系，并对必须在此变更前完成的任务进行优先级排序。同样重要的是，确定资源依赖关系以及如何为此次变更分配资源。最后，还需要确定其他依赖关系，比如市场条件、政府法规等。

（7）分析风险。分析与此次变更相关的风险，以及变更可能带来的新风险，并进行定性和定量分析。

（8）确定对项目管理系统的影响。确定并列出需要对项目过程描述或项目决策结构进行的所有更改，对沟通、质量、风险管理计划和整个项目管理计划进行更改。

（9）明确项目变更的目标。项目变更管理，旨在实现三个主要目标。

① 规范地识别和提出对项目原计划的变更，并评估变更的价值和有效性。通过分析各项变更的影响（有害的或有益的），为持续验证和改进项目创造机会。

② 与有关干系人规范地沟通变更的批准和否决情况。

③ 选取合适的时机，引导团队复盘变更的原因，持续地改进策略和流程规范。复盘中需要排除干扰因素，聚焦高频变更，并分析产生的本质。复盘除了支持持续改进，形成流程闭环，还有助于团队就变更原因和解决方案达成共识，提高团队管理变更和执行变更两方面的执行力。

以上的所有分析结果都可以整理记录，为变更控制委员会准备一份详细的报告。当变更被批准后，就可以根据前面已确定的变更计划对其进行更改，根据计划实施变更，并在变更的执行过程中监控状态和风险。

项目变更管理
的关键点

四、项目变更的步骤

项目变更可按图 4-9 所示的步骤实施。

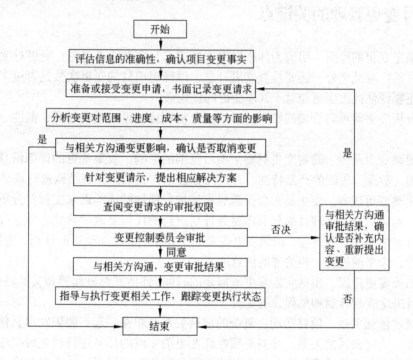

图 4-9　项目变更的步骤

（1）当有人提出变更时，要先评估信息的准确性，确认项目变更事实。也许人们并非真的需要这个新功能，只是一时兴起而已。如果是这种情况，无论怎样变更都不会得到好的结果。这种变更就是所谓的"用正确方法解决一个错误问题"。因此，此时最应该做的是了解其真正的需要，而非变更管理。切记，定义问题比解决问题难。

（2）提供变更申请的书面记录。原则上讲，谁提出变更，就应由谁提出书面申请。不得不面对的一个现实是，在一个不成熟的商业环境中，项目组的客户一般位于相对强势的位置，可能不愿意甚至不提供书面申请。怎么办？既然客户不愿意提供，那只能由项目组来写。项目组完成书面文件后，呈给客户。一般而言，当项目组这样跟客户沟通时，客户是会认可并确认的。

（3）分析变更对范围、进度、成本、质量等方面的影响。项目的知识领域是一个相互联系的系统，一个方面的改变会对各方面造成影响。不要忽视变更对时间安排和质量的影响。

（4）沟通变更的影响，确认是否取消变更。在讨论和探索项目问题的过程中，谁先找到最佳的结论并不重要，重要的是寻找最佳结论的过程。如果能给那些反对的人一个信号，表明在这个探索过程中双方是伙伴关系，探索过程对双方都有益，也许他们就会把变更看作双方都不可否认的事情。

（5）针对变更请求，提出相应解决方案。变更很可能需要额外的费用、资源和时间。因此，应建立变更控制委员会，以批准或否决变更。这个委员会的组成人员来自不同领域，必须有相应的职位和权限，有能力在管理上做出承诺。需要提醒的是，在没有解决方案之前不要向高层汇报。因为如果每个人都直接把问题交给管理层，估计他们会崩溃。所以，最佳的方式应该是给出至少三种解决方案，然后提交给高层决定。总之，让管理层做选择题，不要让他们做问答题。

（6）查阅审批权限，选择合适的人员对变更进行审批。务必要记住变更的权限问题——如果让没有合法授权的人来签字批准，势必会造成令人不快的矛盾。

（7）召开变更控制会议，批准或否决变更。如果需要，及时召开变更控制会议，对变更做出决策。

（8）根据变更请求的审批状态，与相关人员进行沟通。项目管理者需要根据审批结果进行沟通，出现的具体情况见表4-10。

表 4-10　变更审批结果的沟通

变更控制委员会审批结果	相关人员接受否	项目经理的处理方式
变更控制委员会批准并接受了一种变更方案	客户认可	（1）记录变更并将结果归档； （2）与相关人员沟通变更； （3）执行变更
	客户不认可	（1）记录问题； （2）安排双方领导见面并沟通问题，问题升级
变更控制委员会否决了变更	客户认可	（1）记录变更结果并将结果归档； （2）结束变更
	客户不认可	（1）记录问题； （2）安排双方领导见面并沟通问题，问题升级

（9）指导与执行变更相关工作，跟踪变更执行状态。保证变更的正确执行，保证相应的变更都被登记、评估、批准、跟踪和正确实施，从而确保所规定的功能要求都能实现。在变更执行过程中，要注意将变更执行结果及时通知相关人员，并做好对执行结果的实时跟踪。

资料链接 4-4

一个易于实施落地的项目变更管理流程

项目变更时，主要有六个方面的关键因素会产生影响，如图4-10所示。

1. 谁提出变更，为什么要变更

变更内容主要涉及范围变更、进度变更、成本变更、质量变更、资源变更、采购变更，原因来自于组织内部与组织外部因素。组织内部因素引起的变更，由项目组内各职能代表提出。组织外部因素，即由客户需求变更，可由产品经理作为联络窗口，代表客户于组织内提出变更申请。具体项目变更类型及原因如表4-11所示。

图 4-10　项目变更的六个关键因素

表 4-11　项目变更类型及原因

变 更 类 型	变 更 原 因
范围变更	客户需求变了吗？需要交付的产品变了吗？
进度变更	交付时间变了吗？关键里程碑节点变了吗？
成本变更	开发投入费用变了吗？交付的产品成本变了吗？
质量变更	交付产品的质量标准变了吗？
资源变更	设备需求变了吗？团队成员变了吗？
采购变更	供应商变了吗？

2. 谁接收变更，如何实施影响分析

所有的项目变更申请，均可将接收方设置在项目经理处，项目经理是唯一归口。由项目经理带领项目组成员从各自负责的模块和专业角度分析受影响的类型及内容，如表 4-12 所示。

表 4-12　受影响的类型及内容

受影响的类型	受影响的内容
对项目范围的影响	过程交付工作量的影响如何？是否超过目标范围？
对项目成本的影响	项目投入成本的影响如何？是否超出预算范围？
对项目进度的影响	项目进度的影响如何？是否延期？
对可交付成果的影响	交付产品的影响如何？对客户的影响如何？

3. 谁判定是否实施

依据分析的变更影响结果，可将变更分一般变更和重要变更两类。

一般变更的影响面较小，在可控基准内。对于一般变更，项目经理可直接审批，确认

是否实施变更。

重要变更的影响面较大，已超过初始定制的标准基准。对于重要变更，项目经理评审后，做变更升级处理，提交变更管理委员会进行审批。

4. 谁跟踪变更

批准变更后，可由项目经理按影响面做出分析结论，跟踪变更实施人的执行效果，形成项目变更管理的闭环。

项目变更的具体流程可参见图 4-11。

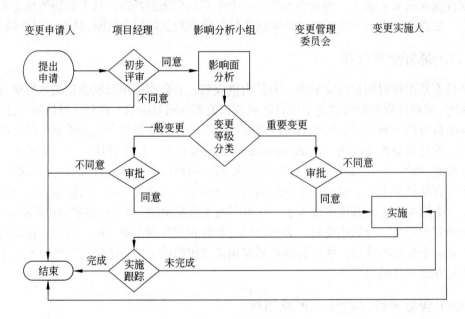

图 4-11　项目变更的具体流程

资料来源：米二 . 一个易于实施落地的项目变更管理流程 [EB/OL].[2023-05-14].https://zhuanlan.zhihu.com/p/629252268.

五、项目变更管理的注意事项

没有变更的项目几乎是不存在的，变更管理做得好不好，在很大程度上能够反映企业项目管理水平的高低。项目变更管理需要把握好以下几点。

（一）项目变更过程严肃化

计划做得再好，在实施过程中也无法避免变更，所以在变更之前制订好变更计划尤为重要。目前，很多企业都把变更管理作为项目实施阶段的一类"见招拆招"的活动，但实际上变更管理应该作为计划的一部分。没有对变更进行控制的"计划"是设想，而非计划。变更越容易，大家在做计划时越不认真，计划的严肃性就越差；变更越困难，大家在做计划时越认真，计划的可靠性也就越强。人们都不愿意去做相对麻烦的事情，在项目中也是如此。所以，在项目计划中要制定规则，使变更变得很麻烦，大家才会重视项目的计划。

（二）小心"绑架"领导的现象

在项目中，某个人的工作需要变更时，常常需向分管他的领导汇报，而领导与其利益立场一致，所以一般会同意变更。如果这位领导决定不了是否变更，他就需要向分管他的上级继续汇报。同样地，领导的上级因与领导的利益立场一致，所以也会同意变更。就这样，层层向上汇报，直到相当高的级别做出同意变更的决定之后，哪怕是总经理想否决这种变更也不是很容易了。这就是项目中利用变更"绑架"领导的现象。因此，在变更过程中不能直接靠领导来决定，而是需要建立一个中立机构来做判断，这个机构便是变更控制委员会。变更控制委员会站在整体效率而非局部效率的立场做出判断，减少不必要的变更。

（三）抓好配置管理

项目不是由项目组自己完成的，而是由供应商、分包商等项目利益相关方与项目组配合完成的，项目计划的制订也是由项目各利益相关方一同完成的。在制订原始项目计划时，需要各项目方的一致认可；而当项目计划需要变更时，这些相关方也会受到不同程度的影响，所以就要抓好配置管理（configuration management）。"配置管理"一词来源于计算机操作系统的设置，其目的是减少计算机软件或硬件在地址占用等各方面的冲突。众所周知，在人体器官移植手术中，最容易出现的问题就是病患出现排异反应。同样地，项目变更相当于在一个原本和谐的系统中植入了一些本不属于该系统的"器官"，必定会出现排异反应。项目相关方中的某一方做出变更，必然会引起其他相关方的变更。配置管理就是要获取其他相关方对于变更的认可，使项目的各利益相关方按照统一的版本进行变更，不能不考虑其他相关方而独自做出变更。

（四）变更要经过验证，形成闭环

项目变更是必然的，没有变更的项目是理想化的项目，项目组要把变更变成企业成长的螺旋推动力。变更需要经过验证这一环节。首先，变更要得到变更控制委员会的批准才能实施。其次，变更实施之后，要评估其是否达到了预期效果。如果没有达到预期效果，下一次再有这样的变更申请就难以得到批准；相反，如果达到了预期效果，就要考虑是否直接更改企业的操作方案，以之作为日后项目计划的依据。这就是持续改进，使无法避免的变更成为推进企业成长的机遇。

（五）能不变更的，就不要变更

要尽量减少不必要的变更，因为一个变更会引起太多的连锁反应，总在变更的东西实际上没有计划的必要。项目组鼓励创新，但是"过度的创新"和"为创新而创新"的现象值得警惕，环境变化也不是项目组做出变更的必然理由。

项目变更管理
的注意事项

即问即答 4-8

为什么要严肃对待项目变更？

六、对变更的管控是项目管理水平的体现

（一）认识变更中的矛盾

变更不可避免，如处理不当，常会导致冲突。冲突带来的好的影响是可以发现项目中的不足，进行及时调整，进一步优化项目的资源配置。但是，如果冲突处理不好，就会导致矛盾。这种矛盾可能来源于甲乙双方、项目组内部或者部门之间。

（1）甲、乙双方的矛盾主要涉及是否变更，变更的范围，由变更引发的时间、质量、成本上的变化等。

（2）项目组内部的矛盾则来源于项目组成员对变更所增加的工作量或者否定自己已完成工作的强烈抵触情绪。

（3）部门之间的矛盾往往来源于公司管理层对项目底线的坚持，以及市场、营销、售后等部门的工作调整。

应该说，项目变更所引发的矛盾涉及方方面面，项目管理者要保持高度警觉。

例如，在某通信运营商的流量统计与分析项目中，甲方负责人希望了解项目进展情况，让乙方项目经理组织主要项目组成员汇报工作。项目组已经对前期不断的变更忍无可忍，带着一种强烈的抵触情绪参加了这个会议。甲方负责人对某些业务存在疑问，希望项目组成员予以解释；而项目组成员误认为这又是一个变更，极力辩解，而且明显情绪化。这又引发了对方的情绪反应，继而导致双方发生了激烈的争论。此时，争论已不单纯是关于业务的合理性问题，而是演变成基于双方情绪的争论。该负责人回去之后，向更高层的领导进行了汇报，阐述"项目存在缺陷，如果不能得到修正，一定会影响最后的业务使用"。这场矛盾上升到了公司层面，直到双方的高层领导出面才得以平息。

变更对项目内部的影响是显而易见的。一个工程师经过辛苦努力取得的成果，被告知要重新设计和调整时，其内心的挫折感是不可避免的。这对士气的打击是巨大的。团队成员一方面将此归咎于项目管理的失误，另一方面会把矛头指向"不讲理""不懂"的客户。

（二）警惕范围蔓延

在项目实施过程中，由于各种各样的原因，人们会加入细小的计划外工作，这使范围悄悄改变，这就是范围蔓延——不受控制的范围改变。人们并不一定能意识到这种变化对项目的致命性破坏，直到有一天这些变化由量变引起质变，严重时彻底摧毁了项目。

项目范围蔓延产生的原因主要有两种：一种来自客户，另一种来自项目组本身。在项目实施过程中，客户会提出一些小的、略微增加一些工作量就能实现的想法。这些想法虽然与项目成果的特征和特性无太大关系，但满足客户的想法会使他们更愉快、更满意。然而，这些细小的变化积累起来就会造成工期的拖延、费用的超支。而到了那时，不仅高层对项目不满意，客户同样会对项目不满意。客户不会因为额外工作而抵消对整个项目延期的不满。更有甚者，尽管项目的延期可能是由于客户造成的，但如果对这些变更不加以记录和确认，还可能会造成一些法律纠纷。因为与承诺有关的条件可能会被忘记，但承诺本身却不会被忘记。

项目管理者不得不面临的残酷现实是大多数客户总是对项目的结果不满。因为人的欲望是无穷的，不管项目增加多少功能，客户总是会提出更多的需求。需要注意的是，不管产品特性多么独特，过一段时间之后，人们就会将其视为正常的功能。所以，在项目实施的过程中，不要追求多，而要追求少而精。

为避免客户造成的范围蔓延，记住这条原则是十分有用的："决不让步，除非交换。"变更是客户的权利，但任何变更都需要通过正规的变更控制程序来完成，必须在项目工期、费用或质量等方面做出相应的、正规的变更。

项目组自身原因造成的范围蔓延同样值得注意，因为这种情况的发生是没有人买单的，所造成的损失只能由项目组或其所在组织承担。试图通过变更而增加合同金额的"钓鱼工程"，只对不成熟的客户有用；对于成熟的客户而言，这种做法只会自取灭亡。

项目组自身造成的范围蔓延较为隐蔽，一般是由于项目人员的技术心态造成的。技术人员想从技术中获得成就感的渴望，促使他们自觉或不自觉地按照兴趣去创造一些没有必要的、不合理的、仅满足自身情感需要的产品。在项目执行过程中，团队内部或外部总会时不时地冒出各种各样的想法。遇到这种情况，一定要谨慎对待，确认新想法是否有助于项目目标的实现。否则，放任自流的常见结果就是范围蔓延——增加了成本，推迟了进度，却做了和项目目标无关的事。

例如，T公司为一家客户开发基于Web的三年期数据处理中心项目。鉴于双方过去良好的合作关系，T公司迫不及待地展开工作，没有项目计划而只有一个简单进度表。项目启动时，项目组有许多很有天赋的程序员，而他们所有的指导来源于他们并非项目管理专家的上司。随着项目的进行，这家公司已经无法为员工发工资了。这对投资者来说像一个无底洞，而且从它的管理层来看还只是刚刚开始。由于在项目启动的时候没有签订正式的项目合同，而这个项目范围不断地改变，甚至每天都在改变，最终所有的工作（从开发、销售到质量保证）都因项目范围的变化而停滞。

（三）谨慎对待第一次变更

现实中的行为环环相扣，任何一个部门或成员的一个举措都可能在不同时间、不同地点产生影响。过去为了解决一个问题而采取的措施很可能会产生副作用，使之在另外一个时间或另外一个地点产生另一项问题。有时，客户提出的变更看起来十分不合理，但客户却坚持要进行。客户清楚乙方很反感自己总是要求变更。但是，他们一开始对项目的了解不够，而随着他们对项目了解的逐步加深，他们会慢慢发现存在的问题。很多情况下，他们可以忍受原有方案，但他们更清楚只要对乙方施压，乙方就会妥协。这让他们有了争取的动力。

例如，老张是某大型集成电路制造公司的车间主任，他们为很多客户同时生产多种规格、型号的IC产品，制造流程超过50个步骤。由于一些量产问题，A公司的某笔订单发生了交货延迟，于是A公司向市场部催货。市场部李经理给老张打电话，想了解生产的情况，并希望采取措施尽快出货。老张知道，在公司同时生产上百个不同规格的IC产品，而且A公司也有许多不同批次订单的情况下，要完成该笔延迟交货的订单并不容易，更别说改变计划有可能造成生产线混乱。但是，他也知道A公司是重要客户，李经理亲自打来电话已经说明了问题。于是，他指派了专人跟踪 A 公司的订单，并调整生产计划，加快进度。经过一番折腾，A 公司的订单终于交货了。但是，好景不长，A 公司的订单出货不久，B 公司又来催货，希望马上拿到货。于是，故事又重新上演了一遍……结果，催货的公司越来越多。该公司生产线则被不断中断、调整，导致出现了更多的交货迟延和更多的客户抱怨。

有时候，客户喜欢变更是因为项目团队喜欢接受客户的变更请求。但这实际上是一个悖论，因为没有一个项目管理者喜欢变更。当客户提出变更，假如项目团队顶不住压力，同意了变更，这会给客户一个信号：变更是可以被接受的，只要对项目团队施压就行。客户的变更和上面的情景完全相似，关键是要"谨慎对待第一次"。能否用一个正式的理由拒绝第一次变更至关重要。需要说明的是，这个正式的理由必须是在项目开始前就制定好的规矩。一个临时搬出来的规定往往会被视为强词夺理，极可能会激怒对方。

（四）利用框架效应

如果把付出的努力和花费的时间尽量压缩到最小，把收益放大，会怎样呢？假设你在某一天花 2 元钱买了一张彩票，然后在开奖后上网对号，发觉自己中了 1000 万元。正当你欣喜若狂的时候，突然发现这组中奖号是上一期的，也就是说，在你买彩票之前这组中奖号已经过期了，1000 万元瞬间没有了。这时，你是开心，还是不开心呢？你是不是觉得自己瞬间损失了一套豪宅、10 辆名车呢？

选择不同的参照点，人们对待风险的态度是不同的。面临收益时，人们会小心翼翼，选择风险规避；面临损失时，人们甘愿冒风险，选择倾向风险偏好。因此，人们在第一种情况下表现为风险规避，在第二种情况下则倾向于风险偏好。这里的收益和损失完全是以认知参照点为依据的，人们的参照点不一样，其决策的方式也不一样。这就是框架效应，通过不同的描述方式，改变人的心理参照点，从而影响人的选择。

面临变更时，变更提出者的参照点往往是如果不变更，自己会遭受损失，因此他们会选择风险较大的方式。与此相反，拒绝变更者的参照点往往是变更会对自己的既得利益造成损失，因此他们会选择风险较小的方式。双方的角度不同，故而不可避免地会产生矛盾。为了化解这一矛盾，可以利用框架效应重述这个问题："如果不进行变更，我们可以在规定时间内得到一个稳定的可运转系统；如果进行变更，我们有很大的概率不能按时得到这个系统，而且质量也无法保证。不如让我们先把已经确定可以实现的功能实现了，之后再来尝试增加新的功能。"

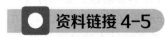

资料链接 4-5

码头建设项目难题的解决

1. 背景介绍

XB 港二期工程是建设一座位于长江下游水道上的码头，在工程建设之前，需要先对码头的通航安全进行评估。业主公司认为，一个普通的码头不会对通航安全造成太大影响，但为了能通过评估，还是请 J 省水利研究院出具了报告。

没想到，在第一次召开的专家评审会上，码头建设项目就受到了专家组的严厉批评。专家组直言不讳地指出："你们这个报告是昧着良心出的，这地方适合建这个码头吗？报告有违背职业道德的嫌疑。"专家组指出了报告的两个核心问题：第一，报告没有充分考虑码头停靠船舶对长江下游主航道通航的影响；第二，码头附近的管道情况十分复杂，上游有过江石化管道，周边水域有军用光缆等设施，报告没有充分论证停船抛锚对这些管道和线缆是否有影响。

专家组最终给出意见：报告需要继续完善，要慎重考虑是否批复这个码头的建设。

2. 知错就改

被专家组当头棒喝后，公司意识到了问题的严重性。如果拿不出充分的证据说服专家组，这个项目恐怕就真的要"抛锚"了。于是，公司马上成立项目通航安全攻坚组，立即全面准备对通航安全的评估。攻坚组团队认为，最大的问题在于船舶抛锚可能会对管道造成破坏，于是咨询了上海海事大学的专家，重新对该问题进行研究。同时，团队从中国石化集团 J 省分公司获得了天然气管道长度、深度、走线等相关资料，进行数据分析，确认码头可停泊的船舶抛锚入底深度不可能超过 6.6 米，走锚深度不可能超过 3.1 米，而过江石化管线江底最浅深度为 13.5 米。因此，从理论上来说，船舶抛锚时不会碰到管道。接下来，团队又请专家进行了极端条件下的破坏性试验，得出结论：只要将设计适当优化，那么即使在最糟糕的抛锚的情况下也不会破坏管道。

团队第二次提交了评估报告，这次专家评审意见为：船舶抛锚对过江石化管道的影响的评估，原则上可以通过；但是船舶停靠对周边其他设施影响的评估，仍然缺乏证据，比如，船舶抛锚对军用光缆是否有影响。因此，专家提出，希望团队进一步论证，以确保码头建设对周边设施不会产生负面影响。

虽然团队能够获取过江石化管道的数据，并论证码头通航的安全性，但码头附近军用光缆的数据是查不到的，团队也找过相关部队，但部队因为需要保密，所以无法提供图纸和数据。这可怎么办？该项目陷入了僵局。

3. 绝处逢生

攻坚组发现评审会专家组组长是引水员出身，这个信息给大家带来了新的希望。

船舶进港出港时，为了体现一个国家的主权与尊严，世界上绝大多数国家都施行强制引水，也就是派一名熟悉港口水域特征且有丰富经验的引水员登船，协助船长进出港靠离泊码头。于是，团队请教专家组组长："遇到类似的问题时，还有什么办法？"专家组组长建议，可以去长江引航中心的引航站，咨询引航站中引水员的意见——引水员对船舶靠离泊长江码头的经验丰富，或许会得到有价值的思路。引航站的引水员提出，船舶停靠码头时，不一定要抛锚。周边港口的货运资源十分丰富，可以充分利用这些资源。比如，在卸货时联系拖轮公司，配备缆绳和系缆桩，货轮可以不必抛锚，而是通过系缆绳进行靠泊，这样不仅避开了江底的管道和光缆，也可以让开主航道。团队调研了相关资源，拿出了"不抛锚也可以停靠"的方案。海事机构聘请了专家召开安全咨询会，最终得出结论：在风力小于 6 级，配备合适的拖轮协助并落实有关安全措施的情况下，船舶不抛锚靠泊码头的方案基本可行。

该项目虽然一波三折，但终于通过了通航安全性评估，并顺利实施。

4. 案例分析与总结

（1）团队应该充分重视项目对各种环境因素和各种干系人的影响，任何侥幸和忽视之心都有可能给项目带来灭顶之灾。

（2）相信专家的力量，遇到困难时积极请教专家，突破的机会往往就藏在专家多年积累的经验之中。

（3）不要轻言放弃，只要思想不滑坡，办法总比困难多；只有努力坚持，才能柳暗花明。

资料来源：杨述. 项目管理案例 [M]. 北京：人民邮电出版社，2023.

模块四对应的数字化工具使用技巧请扫描下方二维码。

模块四数字化工具使用技巧

模 块 小 结

本模块介绍了项目实施相关数据的收集以及分析方法，介绍了项目进行质量控制的重要性，对项目质量控制的方式方法进行了梳理。本模块还对项目变更进行了系统的阐述，分析了项目变更的意义，提出了有序进行项目变更的步骤，对人们容易在这个阶段出现的问题提供了有效的应对策略。在数字化时代，可以借助数字化工具来实施项目监控。通过有效的数字化管理工具，可以便利地收集相关的数据，并快速地进行分析。项目实施的质量对于项目的顺利交付有很大的影响，一方面，项目组需要从内部和外部两个方面着手，尽可能地使项目成果达到高质量的标准；另一方面，项目组需要兼顾客户要求和自身条件，适时地对项目的具体实施计划和要求进行变更。

动画案例：难产的机器人

动画案例：管理甲方

课 后 练 习

一、问答题

1. 当项目出现质量问题时，用因果图进行分析有哪些好处？

2. 简述绘制项目问题帕累托图的主要步骤。

3. 企业的项目质量应该由谁来进行监控？怎么进行质量控制？

4. 简述项目变更的九个步骤。

二、案例分析题

王平刚出任公司的项目经理，并承接了一个中型软件项目。公司领导告诉他，一定要尊重客户，充分满足客户需求。项目开始时还比较顺利，但进入后期，客户频繁的需求变更带来了很多额外的工作。王平动员项目成员加班，保证了项目进度，客户很满意。

但是随着变更越来越多，客户的业务人员为了省时间，不再向王平申请变更，而是直接找程序员商量。程序员疲于应付，往往直接修改程序而不做任何记录，很多相关文档也忘记修改。王平很快发现，需求、设计和代码无法保持一致，甚至没有人能说清楚当下的系统到底改成什么样了。软件的版本管理也出现了混乱，很多人违反配置管理规定，直接在测试环境中修改和编译程序。在进度压力下，他只能佯装不知此事。但因频繁出现"改好的错误又重新出现"的问题，客户已经明确表示"失去耐心"。

还有更严重的情况，一个程序员未经许可，擅自修改了核心模块，这造成系统运行异常缓慢，大量应用程序超时退出。虽然最终花费了整整 3 天时间解决了这个问题，但客户还是向公司投诉了，表示"无法容忍这种低下的管理水平"。更糟糕的是，因为担心系统中还隐含其他类似的情况，客户高层对项目的质量也疑虑重重。

随后发生的事情让王平更加为难，客户的两个负责人对界面风格的看法不一致，并为此发生了激烈争执。王平知道，如果自己发表意见可能会得罪其中一方，于是他保持了沉默。最终，客户决定调整所有界面，王平只好动员大家抓紧时间修改。可后来因修改界面造成了项目延误一周后，客户方原来发生争执的两人却态度一致，同时气愤地质问王平："为什么你不早点告诉我们要延期？早知这样，就不要你们修改了。"王平很无奈，他不知道自己到底错在哪里了。

问题：王平在实施项目变更时犯了哪些错误？针对客户的变更需求，他应该如何应对？

三、实训操作

1. 利用 Teambition 工具进行项目数据收集和统计分析的操作。
2. 利用 Teambition 工具进行项目变更的操作。

模块五
项目有序收尾

知识目标

- 了解项目收尾需要完成的相关工作。
- 理解影响项目完成的相关因素及逻辑。
- 掌握项目收尾阶段的工作流程及注意事项。
- 理解项目资料归档的意义。
- 掌握项目总结报告的撰写方法。

能力目标

- 能根据背景资料列出项目收尾阶段的工作，并画出流程图。
- 能根据资料分析某项目收尾工作的好坏。
- 能撰写合格的项目总结报告。

素养目标

- 养成依法依规办事的工作意识。
- 形成追求完美、精益求精的工作态度。
- 形成按时完成工作的时间观念。

关键词　项目收尾　验收评价　项目文档　总结报告

用 6000 份文档组成知识地图，打造律师行业的成长阶梯

一、背景介绍

北京炜衡律师事务所现在有 41 家分所、3016 名律师，主要涉及上市、破产、投融资、刑事领域。尽管事务所有这么多人，但客户来到律所，最先想到的还是合伙人这些比较有资历的律师。确实，这个行业靠的是一些"超强个体"——名气越大，客户越多。可是，名气再大的律师，一天也只有 24 个小时，时间管理得再好，再挤时间，精力终归是有限的。怎么办呢？有没有什么办法可以解决律师行业的时间管理和知识管理两大难题？

二、创新举措

1. 一张项目看板将律师、案件与客户连接起来

该公司试着用 Teambition 来管理项目，把法律顾问服务流程化、透明化、标准化、数字化，方便律师和客户的沟通，也能让年轻律师更早、更多地参与项目，实现更快的成长。使用看板后，仅沟通时间就省去了 80%，团队不断沉淀数字资产，年轻律师也更好地实现了价值。

之前，律师最终的工作成果可能比较简单，但背后却要付出大量的努力。比如一个争议诉讼，最终给客户的只有三个成果：诉状、目录和代理意见。为了完成这三个成果，团队需要有大量的文件分析和调查，也要字斟句酌地去修改、调整。但是，客户看不到这些努力，甚至可能不确定律师是否已经开始工作，是否全力在工作。于是，在这个过程中，他们可能会不断打电话、发微信催促。这种工作的不确定性造成了客户的不信任感和极高的沟通成本。

快递公司给了事务所启发。人们在网购后，不会催问快递公司所购商品运到哪儿了。因为快递公司实时更新动态，客户能清楚看到每一步。如果项目的服务流程能够及时更新，客户能实时看到每一步的进展情况，那么项目组与客户之间的信任纽带就会大大加强了。

公司现在用 Teambition 也做到了类似的效果。当拿到一个代理案件的时候，项目负责人会在 Teambition 上建一个项目，据此来安排工作计划。这个项目也会分享给客户，客户能够看到团队的执行进度，看到不断更新的各类提示，也能通过柱状图和饼状图等统计工具，直观地看到工作成果。

通过 Teambition 上的评论信息、任务进展、关联文档，整个服务变得更加严谨、更少偏差。用 Teambition 来管理项目，每类问题可能涉及的事项都被提前考虑到了，比他们自己想得还周到。大家以前在电话里沟通，翻来覆去讲不清楚；现在通过系统，每一步的工作记录都很清楚。北京这么大，为了提供一个小时的服务，路程往返可能需要三个小时，半天时间就没有了。客户习惯打电话，法务打，业务打，老板也打，这会出现大量重复、无效的沟通，信息传递也不准确。现在，所有人都上线，都在同一个界面上交互，这些问题就都解决了，沟通变得顺畅高效。

如今的工作流程是：客户在钉钉上发送消息，提出需求；团队根据紧急程度定级，在项目管理中制订计划，分解任务，每完成一项子任务，都即时更新动态。客户可以主动查看动态，律师也会向客户推送钉钉提示消息。这样一来，每一步该干什么，怎么往下推，具体责任人是谁，需要投入多少人力，需要哪些材料等事项，都"导航"得清楚明白。

沟通效率提高了80%以上，客户也更清楚自己的钱花在哪儿了。以某个团队为例，共有9个人，负责人经验多一些，费用也比较贵。团队在项目管理应用里开发了一个插件，每次开始在线服务，一键启动计时，这就把服务总时长有理有据地算清楚了，客户也能在线看到。

实施流程化管理之后，很多事情负责人只需要起个头，在关键节点参与，其他时间都可以交给年轻的同事。负责人在团队常法服务中的工时占比从最高时的接近60%，降到了如今的3%。客户也越来越信任这些年轻同事，这对他们的成长也有好处。

2. 让律师行业从师徒制走向知识库传帮带

使用Teambition，团队建立起自己的知识库。例如，有些团队的客户以科技公司和医疗行业企业为主，给他们提供常年法律顾问服务。这些服务可以分类，每一类都有相对通用的项目流程。用Teambition做流程模板，固定下来，再关联上知识管理应用的条目，就可以形成自己的知识库。

每当有任务结束，大家都会归入相应的知识库分类当中。有了新的项目，团队成员也会在知识库里检索与之匹配的历史工作条目，并按照标准化指引关联起来。这样一来，每一个任务要怎么操作，每一次沟通要怎么表达，都有更现成的方案可以参考，大幅提高了团队的效率。

知识库对律师成长的帮助更大。因为每个项目的服务过程和相应的知识都沉淀在知识库里，只要律师想学，随时都可以学。而且，每个知识条目都与项目任务关联。在明确客户需求后，大家先去知识库消化过往案例，零成本复用实务经验——经验细致到该如何跟客户说话。即使是实习生，也能三个月就上手；并且这是在具体案例中学习，学习效率更高。

传统的律师培养模式是"师徒制"，师傅干什么，徒弟就学什么；师傅不会的，徒弟可能也不会。采用新的方式后，每个阶段分别重点训练什么，都有体系化的安排，可以弥补师徒制下年轻律师的知识和能力盲区。通过数字化实现团队管理的自动化，把它们记在系统里，记在"云"上。

公司做了一个律师培养的手册，叫"燃点阶梯"。手册里面包含了从秘书实习生开始，到实习律师、职业律师、公司各业务模块的负责人，直到团队的合伙人等各个成长阶段所需要了解的事情，该掌握哪些知识、积累哪些实践经验，都有明确指引和评价标准。

资料来源：https://www.teambition.com/case/detail/?tag=lease_2.

问题：案例知识库的积累对该律师事务所工作效率的提升起到了怎样的作用？你认为这类案例知识库应该包括哪些关键要素？

任务一　项目验收评价

一、项目收尾的内容和目标

（一）项目收尾的工作内容

　　尽管项目收尾一般被认为是在项目生命周期的最后阶段发生，但并不意味着项目收尾的各项活动要拖延到最后才开始。项目生命周期中的每一个阶段，甚至每一个里程碑节点都可以看成一个收尾过程。如果有些利益相关方要离开项目了，那对他们来说这就是项目的结束。

　　项目是临时的，承担项目的企业是长期存在的，项目成果对客户的影响也是长期存在的。所以，项目收尾不仅要做到"不留后遗症"，还要避免企业把已经解散的项目组再召集来处理那些尚未解决的活动事项。在项目收尾阶段，开展项目评估，把良好的做法标准化，并改进项目实施过程中的不足，可以为后续项目的改进和提升做好积累。所以，项目的收尾与总结非常重要。项目收尾包括合同收尾和管理收尾两部分。

1. 合同收尾

　　合同收尾就是和客户一项项地核对，检查是否完成了合同中的所有要求，是否可以把项目结束，也就是人们通常所讲的验收。

2. 管理收尾

　　管理收尾是对于内部来说的，把做好的项目文档等归档；对外宣称项目已经结束；转入维护期，把相关的产品说明转到维护组；总结经验与教训。管理收尾包括下例行动和活动。

　　（1）确认项目或者阶段已满足所有赞助者、客户，以及其他项目干系人需求。

　　（2）确认已满足项目阶段或者整个项目的完成标准，或者确认项目阶段或者整个项目的退出标准。

　　（3）当需要时，把项目产品或者服务转移到下一个阶段，或者移交到生产或运作的环节。

　　（4）收集项目或者项目阶段记录、检查项目成功或者失败、收集教训、归档项目信息，以方便组织未来的项目管理。

（二）项目收尾的目标

项目收尾要达到的目标如下（项目参与方不同，收尾的目标会有所不同）。

（1）项目产品经过试运行，并正式投入使用。

（2）顺利完成项目交接。

（3）达到预定的利润目标。

（4）审计和总结。

（5）绩效考核。

（6）奖励和庆祝。

（7）项目团队解散。

（三）项目收尾的维度

项目收尾阶段的团队工作取决于项目本身的性质以及组织的要求。项目收尾工作的维度见表 5-1。

表 5-1　项目收尾工作的维度

序　号	描　述　维　度	内　　容
1	客户维度	（1）最终获得客户认可； （2）评估客户满意度
2	管理维度	（1）完成项目财务文件； （2）完成项目文档
3	人力资源维度	（1）评估团队成员绩效； （2）奖励和认可项目贡献者； （3）支持团队成员转移到下一个任务中
4	组织维度	（1）识别和获取经验总结； （2）评估项目结果，并报告给组织； （3）组织与团队一起庆祝

如果项目中的部分工作是外包的，应该核实外包人员已圆满完成所有工作，并且已经交付所有可交付成果、文件、报告以及其他成果。这需要查看合同（含过程变更），确保各方都已经履行了全部义务。如发现问题，必须与外包人员讨论，努力争取完成相关工作，满足合同所规定的要求。如果合同中的某些工作实在无法完成，应该分析有关后果并提出惩罚措施（如罚款或扣款）。如果外包人员的实际绩效没有达到合同中的其他要求，也要分析该如何处理。必要时，可把问题报告给有权解决者和法务专家，请他们帮助解决所有未解决的问题。

同时，还应审查付款情况，并按合同规定支付最终款项，完成组织要求的所有文件和报告，关闭项目账目。在完成最终付款后，及时终止合同或与项目有关的部分。最后，还应评价供应商的整体绩效。如果某个合同是提前终止的，必须详细记录相关情况；特别是因绩效问题而提前终止的合同，应该把绩效评价文件及其他相关文件存档。

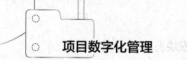

二、项目完成情况的影响因素分析

项目完成的情况受到外部因素和内部因素的影响。

（一）外部因素

（1）成熟客户。客户从总体上可以分为两大类：幼稚（目光短浅）客户和成熟（见多识广）客户。幼稚客户一般喜欢强调买方和卖方的关系，并且某种程度上会在两个组织间营造出一种敌对关系。相反，成熟客户能够意识到他们在项目能否成功中的决定作用，这种作用与项目执行组织的作用是一样的。因此，成熟客户会详细说明所预期的成果，并将其包括在最初的工作定义中。除此之外，他们还会提出一些比较难以回答的问题，并详细了解乙方的工作情况，但这并不是要使乙方难堪，而是为了确保所有重要事项都得到正确的处理，对任何所需变更都理智地进行协商。

（2）较高的优先级。优先级高的项目会比优先级低的项目有更好的结果，这是因为前者在对资源的竞争中占有明显优势。高层显然希望所有项目都取得成功，但是低优先级项目的优势确实相对较少。

（3）明确稳定的目标。目标明确、稳定是项目成功的必要条件。在很多项目中，目标确实发生了变化，虽不是每天都有变化，但时常变化会导致团队无所适从。因此，将项目目标写下来，这能够帮助每个人在心中树立牢固的印象。只有在必要时才修改项目目标，这也是项目取得成功的条件之一。

（二）内部因素

（1）项目管理者的水平。项目通常需要不同专业、不同背景的成员组成团队，这对项目经理显然是一个挑战。因此，一位合格的、有领导力的项目管理者至关重要。

（2）项目工作包的难度。复杂的、难度大的工作包不应该安排给初级人员，他们会不知所措。同样，简单的工作包也不应该安排给高级人员和资深人员，对他们来说太没有挑战性。例如，你招聘了一名新编辑。在他上岗的第一天，你应教会他如何发布一条资讯——必须细化到资讯的题目是什么，图片应该如何处理，标点符号的规范是什么。这位编辑工作两年以后，他的能力已经足以策划一些专业内容，这个时候你只需要告知最近工作的目标是什么就可以了。

工作安排的技巧只有一个，就是"最小化可执行"，其意思就是"你的团队成员究竟有什么能力，能做什么工作"，要确保下发指令中的每个细节都是团队成员力所能及的。当你发现他无法达到要求时，就必须学会对这个环节进行细节分解，一直分解到他力所能及。当下属能力提升的时候，布置任务不必再分解得如此细致。熟练运用"最小化可执行"原则发布工作指令能够切实保障指令的完整执行，也不会被团队成员笑话"婆婆妈妈"。

（3）项目计划的条理性。计划不如变化快，项目几乎从不会严格按照原计划推行，但制订计划对项目管理而言还是很有必要的。有了计划，项

项目完成情况的
影响因素分析

目才能有序推进，否则项目的实施将会变得杂乱无章。对计划的有效管控可以保证项目在正确的方向上前行，为项目成功提供基础。

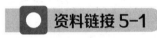
即问即答 5-1

在前期项目任务分解时，是否将项目工作包划分得越细致，越有助于项目顺利完成？为什么？

三、项目收尾的步骤

（一）准备总结报告

项目收尾时，项目经理应该做如下工作。

（1）检查业务项目（包括项目目标范围）的状态和完整性，更改问题日志，检查最近的进度报告及所有涉及早期取消项目的文件。

（2）与团队一起撰写一份项目收尾的草案，包括项目正式运行后审查（PIR）的职权范围。

资料链接 5-1

项目收尾草案范本

1. 业务目标

重述项目目标，包括项目合同签署后的任何已被批准的更改。如果有任何更改，说明其原因。

2. 收尾声明

按以下方式之一说明收尾的环境：项目成功完成；项目提前终止。如果是后一种情况，则描述终止的原因，并预测当前恢复的可能性。

3. 收益计算

重述项目将获得的收益，这些收益是如何计算的，以及谁对收益的计算负责。包括说明当前业务计划或预测是否能反映项目收益；计算收益的指定测量审查日期。

4. 重要风险、问题和交付件

列举任何尚未接受的问题或者关键交付，对每一个问题要提供以下说明：问题或者风险的性质或未接受的原因；谁同意对此负责；建议的解决方案，包括日期。

5. 项目效率

说明实际成本和消耗的资源以及与计划相比达到的实际进度。

6. 经验教训

经验教训指项目效率和项目团队的经验，例如，遇到的重大问题，战略的变化，说明什么应能够做得更好；确认时间、资金或者资源应能够更好地被利用的领域；为将来的项目推荐行动方向，帮助查找已经发现的无效率情况；确认运转良好的内容，并推荐将来可能对其他项目有用的方法、程序、流程和工具技术。

7. 致谢

感谢所有对项目做出特别贡献的人员。

资料来源：章豪，林捷.从零开始学项目管理 [M].北京：清华大学出版社，2023.

（二）召开收尾会议

（1）与会人员。收尾会议的参加人员有项目发起人、项目经理、项目管理组成员、主要项目团队成员、负责签署关键交付件的上级职能经理或程序经理、将接受解决重大问题责任的上级职能经理或程序经理、将接受任何重大问题的相关项目的项目经理。

（2）收尾会议议程。交付成果 → 重大问题 → 收益以及业务计划 → 正式运行后的审查 → 致谢 → 正式收尾 → 总结经验教训。

（三）进行收尾检查

项目经理应对项目的收尾工作事项做一个检查，具体的检查内容如表 5-2 所示。

表 5-2　收尾检查清单

收尾检查内容		结果
交付件检查	（1）所有的项目交付件成果已经被批准并移交给使用部门了吗？	
	（2）已经就重大交付件成果的责任达成一致了吗？	
问题	（1）所有问题都已经得到解决了吗？	
	（2）每个重大问题的所有权已经被用户或者其他项目组中的一个指定的人接收了吗？	
业务计划与预测	（1）职能部门和业务部门已经更新计划，将与项目相关的运作资源、成本、利润纳入考虑范围了吗？	
	（2）业务计划已经更新或者即将更新了吗？	
	（3）已经指定了控制和测量项目的收益的责任人了吗？	
	（4）测量项目收益的检查点已经得到定义了吗？	
项目正式运行后审查（PIR）	（1）已经决定进行 PIR 吗？	
	（2）已经对时间和 PIR 的职责范围达成一致了吗？	
	（3）已经对谁负责 PIR 实施达成一致了吗？	
团队和关联人	（1）所有需要知道项目收尾的人员已经接到通知了吗？	
	（2）所有团队成员都已经分派到其他活动中了吗？	
	（3）有关项目的团队评价已经做完了吗？	
	（4）对那些应该特别感谢的人致谢了吗？	
项目文件	所有关于项目的文档都已经被制作成文件、归档并做成参考文献了吗？	
设备设施	（1）所有的设备（办公桌、硬件、办公室等）都已经发放了吗？	
	（2）所有为项目输出或订立合同而预约的设备已经被取消了吗？	
账目和其他	（1）项目账户已经收尾，进一步的支出不再计入项目账户了吗？	
	（2）公司或职能业务部门的其他项目跟踪系统和记录簿已经更新了吗？	

四、项目合同收尾

项目合同收尾应遵循以下流程。

（一）收集合同资料

合同资料至少应包括合同正本和副本、合同附件、备忘录、相关表格、相关清单以及在合同执行过程中所产生的会议纪要、合同变更申请及批准记录、合同补充协议，由承包商提出的技术文件、承包商的进展报告、合同付款凭证、单据等财务记录、合同验收报告等。项目团队在项目收尾之前，应将这些资料收集齐全，以备查阅、对照、检验。

（二）整理合同资料

合同收尾结束后，项目团队应对所有的合同文件进行整理、编号、装订，连同项目其他文件一起作为一整套项目记录资料归档。在整理合同资料时，应分门别类，做到数据齐全、忠于原始记录、标识清楚，还要便于查阅。资料整理完毕之后，交给专门的部门存放于专门的地点，以便需要时能方便地找到。

（三）核实合同条款

合同条款一般包括以下几点：①当事人的名称或者姓名以及地址；②标的；③数量；④质量；⑤价格；⑥合同履行的期限、地点和方式；⑦违约责任；⑧解决争议的方法。

（四）项目移交评审

项目小组在移交阶段的工作有以下几方面：①对项目交付结果进行测试；②验证项目交付结果满足客户的要求；③设计并实验培训方法；④安排后续支持服务工作；⑤解答客户提出的问题；⑥签字移交。

评审结束，需要双方签字，有时可以有附加条件。在项目需求提前结束时，需要签字以表示对项目阶段性交付物的认可。

（五）合同文件归档

合同文件归档时，应遵循分门别类、忠于原始记录、数据齐全、标识清楚、便于查阅的要求。

即问即答 5-2

在项目收尾阶段，假如客户对项目的最后成果还有不满意的地方，项目实施方应该如何处理？

五、项目管理收尾

管理收尾包括一系列零碎、烦琐的行政事务性工作，如收集、整理项目文件，发布项目信息，组织项目移交，归还租赁的设备，解散并重新安排项目人员，庆祝项目结束，总结经验教训等。以下就几个重点工作加以说明。

（一）项目资料验收

项目文件是对项目整个生命周期的详细记录，是项目经理展示项目成果的重要形式。项目文件既作为项目评价和验收的标准，也是项目交接、维护和最后评价的重要原始凭证。在项目验收过程中，项目团队必须将整理好的、真实的项目资料交给项目验收方，项目验收方只有在对资料验收合格后，才能开始项目收尾工作。由此可见，项目资料验收是项目竣工验收的前提条件。

项目验收合格后，接收方应将项目成果及项目文件一同接收，并将其妥善保管，以备查阅和参考。

（1）项目文件验收的范围与内容。在项目的不同阶段，文件验收的范围也不同，具体见表 5-3 所示。

表 5-3　不同阶段文件验收的范围

序　号	阶　　段	应验收、移交、归档的资料
1	项目概念阶段	（1）项目机会研究报告及相关附件； （2）项目初步可行性研究报告及相关附件； （3）项目详细可行性研究报告及相关附件； （4）项目方案及论证报告； （5）项目评估与决策报告
2	项目规划阶段	（1）项目背景概况； （2）项目目标文件； （3）项目范围规划说明书（包括项目成果简要描述、可交付成果清单）； （4）项目范围管理计划； （5）项目工作结构分解图； （6）项目计划资料（包括完整的项目进度计划、质量计划、费用计划和资源计划）
3	项目实施阶段	（1）全部项目的采购计划及工程说明； （2）全部项目采购合同的招标书和投标书（含未中标的标书）； （3）全部合格供应商资料； （4）完整的合同文件； （5）全部合同变更文件、现场签证和设计变更等； （6）项目实施计划、项目安全计划等； （7）完整的项目进度报告； （8）项目质量记录、会议记录、备忘录、各类通知等； （9）进度、质量、费用、安全、范围等变更控制申请及签证； （10）现场环境报告；

续表

序　号	阶　　段	应验收、移交、归档的资料
3	项目实施阶段	（11）质量事故、安全事故调查资料和处理报告等； （12）第三方所做的各类试验、检验证明、报告等
4	项目收尾阶段	（1）项目竣工图； （2）项目竣工报告； （3）项目质量验收报告； （4）项目最终评价资料； （5）项目审计报告； （6）项目交接报告

（2）项目文件验收的程序包括以下六步。

① 项目经理依据项目进行的不同时期，按合同条款有关资料验收的范围及清单，准备完整的项目文件。

② 文件准备完毕后，由项目经理组织项目团队进行自检和预验收。

③ 验收合格后，将文件装订成册，按文档管理方式妥善保管，并送交项目验收方进行验收。

④ 项目经理在收到项目团队送交的验收申请报告和所有相关的项目文件后，应组织人员按合同资料清单或档案法规的要求，对项目文件进行验收清点。

⑤ 对验收合格的项目文件立卷、归档；如文件验收不合格或有缺损，要及时通知项目团队采取措施进行修改或补充。只有项目文件验收完全合格后，才能进行项目的整体验收。

⑥ 所有的项目文件全部验收合格后，项目经理要与项目接收方对项目文件验收报告进行确认和签证，形成项目文件验收结果。

（3）项目文件验收的结果。项目文件验收结果一般包括项目文件档案和项目文件验收报告。

（二）项目验收

当项目组完成项目的所有任务后，还应该协助相关方面对项目进行验收，以确保项目事先规定的工作范围都得到圆满完成；同时，检查项目完成的任务是否符合客户的要求，确保客户的要求得到满足。

项目验收前，要完成三项工作：一是必须与客户一起明确项目验收的标准；二是在验收时，必须保证所有的完成标准是按双方事先商定的尺度进行衡量的；三是项目经理要与客户共同商定出一个对照清单。

（1）项目验收的组织。一般由项目接受方、项目团队和项目监理人员组成，但由于项目性质的不同，项目验收组织的结构差异较大。对一般小型服务性项目，由项目接受人验收即可；对内部项目，由项目经理验收即可。

验收组织的主要职责如下：①审查预验收情况报告和移交生产准备情况报告；②审查各种技术资料；③对项目主要生产设备和公用设施进行复验和技术鉴定；④处理交接验收过程中出现的有关问题；⑤核定移交工程清单，签订交工验收证书；⑥提交竣工验收工作的总结报告和国家验收鉴定书。

（2）项目验收的方法。对生产性项目，可用试生产的方法；对系统开发项目，可用试运行的方法；对研发项目，可用指标测试的方法；对服务性项目，可用效益考核的方法。

（3）项目验收的程序。在项目验收过程中，验收方的工作流程如下：①组成验收工作组或验收委员会；②项目材料验收；③现场（实物）初步验收；④正式验收；⑤签发项目验收合格文件；⑥办理固定资产形成和增列手续。

（三）项目总结

项目执行完毕，项目可能的结果有成功和失败两种。项目有自身的经验和教训，项目小组的每一个人都应该总结，其目的有两个：一是为员工个人的成长积累经验；二是为将来的项目提供借鉴。

（1）项目小组个人的总结内容如下：①个人在项目中角色的扮演情况；②个人所负责任的完成情况；③个人对团队的贡献。

（2）回顾项目所取得的成果如下：①检查、核实项目移交的结果；②确认并解释为解决未完成工作所制订的计划；③确认并解释为解决仍然存在的问题所制订的计划；④商定并确认关于正在进行的工作或提供支持的责任；⑤感谢项目小组及其他项目利益相关者的努力和支持；⑥感谢客户和发起人的支持及承担的义务。

（3）在进行项目总结时，仍然要注重多方面信息的收集。在准备项目的总结报告时，应重点收集以下信息：①对项目执行情况的总体评价；②项目范围完成情况；③项目进度执行情况；④项目成本执行情况；⑤项目交付结果的质量状况。

人员是项目团队很重要的组成部分，应作为收尾阶段总结的重点，最好可以对每一个人都进行项目绩效汇总和反馈；如果涉及人员太多，可以设置多级绩效管理体系，逐层进行绩效沟通。

（四）项目结束后的评估和审计

（1）项目评估。项目评估是对项目和项目的所有工作加以客观评价。好的项目评估对未来项目的改进很重要。项目评估的内容包括盈利要求、客户满意度要求、后续项目指标要求和内部满意度要求。

（2）项目审计。项目审计应由项目经理部门与财务部门共同进行，对已经列出的支出和收入进行财务审计，对不合理的收入和支出加以分析，为改进项目的管理服务。

六、项目收尾注意事项

项目收尾要做好以下几项工作。

（一）做好项目组成员的提前安置

随着项目收尾，项目需要的人员越来越少，但项目经理仍然需要在人数减少的同时确保高效地完成任务。项目经理必须提前考虑项目组成员的安置问题，不能等到项目组成员整天无所事事的时候才考虑这个问题，这样对项目和整个企业都是资源浪费。项目经理必须提前 1~2 周通知项目组成员，要求其在某个特定的日子结束任务离开项目组，同时通知项目组成员所在的部门。如此，在项目解散时，部门经理就可以再为其安排其他工作。

（二）重新组织

随着项目组规模的缩小，项目组成员的工作方式也会改变。项目组成员在这个过程中主要负责项目收尾工作。虽然可以根据项目任务的多少安排项目组成员分组完成任务，但此时往往不再将任务分解，而是倾向于由项目组集体完成。在这个阶段，项目经理可能会被抽调到其他项目工作，如果要更换负责人，最好由原来熟悉项目的人（如副经理）来主持收尾工作。

（三）归还设施设备

如果项目组在项目期间长期占用了企业的设施设备，那么收尾的时候，要通知企业管理设施设备的人员接收已用过的设施设备。需要特别注意的是，一定要在项目结束后检查这些设施设备的使用文件，以确定是否被修改过，如设备的技术参数等方面。要使项目设施设备恢复到原来的技术参数，方便其他项目组使用；但是，这也会增加本项目的费用，对人力资源的能力水平也有一定要求。

（四）做好验收后的工作

可交付成果移交后，项目控制力大幅减弱。如继续服务和支持，可以收费提供，也可以是义务提供。不管怎样，必须明确费用由谁支付以及何时支付。建议项目组将继续服务和支持视为一种机会，而不仅仅是一种义务。如果这些包括在项目里，员工将与客户一起工作，并且提供继续服务和支持。在这个过程中，项目组会和客户一起通过非正式的机会发掘想法，并且倾听客户所面临的真正问题，为争取未来的商业机会奠定基础。如果项目成果在某些方面不符合要求，应该进行书面记录，并通过扩展项目、重新协商项目范围、获得有条件的接受等方式进行处理。即使还有尚未解决的缺陷，也要获得对已经完成成果的书面确认。在下一期项目状态报告中，应该概述验收测试的结果，并把这个结果归档。

项目收尾

即问即答 5-3

项目结束后，项目团队即将解散。作为项目经理，应如何安置好项目组的成员？你认为一个优秀的项目经理应该具备哪些条件？

七、项目成果移交注意事项

在项目收尾阶段，项目成果的移交是一个非常重要的环节。在移交的时候，要特别注意以下几点。

（一）制订移交计划

项目经理必须制订至少得到项目发起人和客户两方面认可的项目成果移交计划。在移交计划中，必须说明在什么时间、什么地方、以何种方式移交项目产品以及哪些人参加移交过程。项目是临时性的，给予这些项目的临时相关方以成就感相对于稳定的部门成员来说更为重要——这些相关方可以带着荣誉回到他们原来的组织，并投身下一个项目。项目成果移交要有仪式感，这是塑造项目品牌进而塑造企业品牌的好机会，要尽量邀请项目的相关方到场。相关方参与移交还有一个好处，就是避免项目结束后再对项目的缺点"说三道四"。

（二）确保客户能接受产品

项目经理要尽量让客户参与到制订移交计划的过程中，这样可以提高客户对产品的接受度。在项目完成时，客户必须有机会确认项目交付物是否符合他们的要求。在严格的合同关系中，客户应该签署验收报告，以表明他们正式接收了项目成果。在项目成果移交过程中，因为客户不是项目成果方面的专家，因此要培训客户如何操作。培训工作要尽量提前进行，不能在收尾阶段才开始；如在收尾阶段才进行大量的培训，其需要的资源数量可能很庞大。

（三）明确交接时的责任

有时客户由于自身条件等原因未必想按期接收项目成果，这些都需要在现实中考虑到。项目组要保留项目的设计开发文档。如果客户混用了设计或者开发文档而造成事故，可以根据这些文档明确责任。项目组解散后，再召集项目组成员是有很大难度的，一方面因为他们的时间会被别的项目占用，另一方面因为他们的责任已经完成了。因此，要尽量将项目的遗留问题在成果移交前解决。

（四）确保对项目成果的持续服务和维护

项目方企业需要通过编制项目产品操作手册等，帮助客户进行简单的维护。如果客户需要一些技术专家才能完成工作，那么企业势必要有部门在项目产品的整个生命周期内与客户保持沟通，并在移交手续中定义这部分内容。实际上，很多企业的盈利恰恰是来自后面的服务。这方面的工作也需要通过企业内部的项目组和维护运营部门之间的工作成果移交来完成。

（五）收回项目的款项

除非有特别说明，收回项目的款项一般是项目经理的责任。在现实中，总有一些数量不大、占比不多的款项难以收回。有些项目经理会因为麻烦或者其他原因放松了对这些款项的追缴，而这些款项可能恰恰是企业可以从项目中得到的利润。

项目成果移交

任务二 项目总结报告撰写

王明负责的一个超市装修项目即将完工交付给业主方。这个项目在实施过程中产生了一些问题，不过经过双方的充分沟通，最后的效果还是令业主方满意的。现在，项目组要完成本项目的总结报告，王明应该从哪些方面着手，提交一份高质量的项目总结报告呢？

一、项目总结的常见问题

总结经验教训的目的是了解哪些工作做得好，哪些工作需要改进。在自己和他人的错误中学习、不重复犯错是成功的捷径。然而，在实际生活中，这个过程却经常被忽视。

（一）相同的错误一犯再犯

人类的错误可以分为两大类：无知之错和无能之错。无知之错也被称为"必然的谬误"，也就是因人们所做的事情完全超出自己的能力范围而导致的错误。人类并非全知全能，即便是得到先进科技的支持，其能力也是有限的。因为没有掌握全部知识，无知之错是不可避免的。现在如此，将来也是如此。所以，有些超高难度的项目，我们还不知道该怎么实现；有些自然灾害（如地震），我们还无法精准预测。无能之错是指人们并非因为没有掌握相关知识，而是没有正确使用这些知识而导致的错误。在不少领域，人类已经具备很多知识，能够一定程度地控制事件的发展。在一些项目中因为很多知识没有被正确使用、总结的经验教训（甚至没有做总结）没有切实落实，才导致同一错误的重复发生。

项目尽管有其独特性，但在同一组织内部同类项目间的问题却十分相似，记录、总结这些问题、形成自己的经验教训检查表（数据库）极具价值。只有将这些经验和教训在后续项目中加以应用，才能减少不可饶恕的无能之错、避免重复性问题的发生。很多人口头上强调经验的重要性，但他们在项目开始前很少仔细研读过往项目的文档——这便失去了学习其他项目经验和教训的绝佳机会。

不知道历史的人注定会犯相同的错误，相同的错误总是不断重现，这简直就是悲剧。如果我们在第一次遇到问题时就学会了如何处理问题，形成自己的经验教训总结，就会为避免事情的重复发生奠定基础。如果个人、群体和组织都有良好的"问题记忆"，那么不好的经历或许就不会再次发生。

（二）没有真正认可总结的重要性

人们总是享受眼前的快乐而漠视远期的痛苦，这就是人性。项目组之所以对项目总结的重要性没有正确的认识，原因有以下几方面。

（1）很"忙"以至于没有时间总结。还没完成手头工作时就急着做下一个工作。项目中的人们常优先考虑工作中的主要活动——那些可以看得到的，对利润或进度较为明显、重要的方面，经验教训总结常被放到次要位置，因为这是帮助"以后"工作的事。尽管"磨刀不误砍柴工"，但具体到一个项目，"磨刀"很可能会暂时误了"砍柴"。虽然公司管理者们希望员工采用正规的方法，但是他们却不太愿接受暂时的"误工"。如果这种误工可能使自己的绩效不足甚至受到惩罚，那么人们就不会去"磨刀"，宁愿将"钝刀"交给别人，让别人受罪。

（2）没有经费支持。对项目进行总结就要召开经验总结会，这需要大家来参加。但是一般来说，人们都"痛恨"开会、写报告。管理工作、编写文档需要成本，更需要时间。如果组织是向客户收取项目经费的，则尤为如此。客户可能拒绝支付项目总结的费用，而组织也不愿意从管理费中开支总结费用，在成本有限的情况下，项目后评估常被视为可有可无的"奢侈品"。现实中，经验教训总结工作常成为一项主观活动，而且时常被认为没什么作用，以致总是被缩减到用时最短甚至极力避免这类活动。

（3）"贤人"们不屑于撰写经验教训文档。忽视经验教训总结工作的另外一个原因在于经验教训文档的撰写者。重要的项目团队成员在组织中属于"贤人"，一个项目尚未完成，就被分配到另一个项目上。简而言之，"贤人"不是用来编写文档的。为了解决这个问题，职能经理们使用另外一些"闲人"编写文档。换句话说，编写者的水平可能有限。要解决这个问题，要考虑需要编写的文档类型以及文档的预期读者。一般的规则是，以团队协作的模式写文档，这样就需要"贤人"们放下身段，花点时间，向文档编写者提供技术细节并予以指导。当然，文档形成后还必须让"贤人"们审阅。

即问即答 5-4

项目结束之际，项目组需要撰写项目总结报告。如果认真写，会花费比较多的精力；如果不认真写，那么这份报告就没什么价值。你认为应如何平衡好这两者的关系？

（三）经验教训总结的质量低劣

很多项目都有经验教训总结，但不够务实，往往沦为应付领导们检查的"花架子"。这不仅没有意义，还给人造成"给员工增加无谓工作"的印象。一份冗长、编排不合理、满是相关专业术语又缺乏充分解释的文件很难对未来的项目有参考价值。一定不要把文档做得复杂、晦涩。项目人员要善于使用图表、插图等可视化工具，以最短时间、最小篇幅表明主旨，把复杂内容简化，迅速让人了解真实情况。

为了使总结的经验教训发挥作用，经验教训文档中的描述，必须实实在在、可落实、可度量。每一个问题描述和应对手段，必须是具体的、可以落实的工作项。例如，某项目的外包商使用了新技术，该技术未经过充分验证，存在技术失效的不确定性。在项目的经验教训库中，问题描述为"外包商使用的新技术存在风险"，应对措施是"强化与外包商的沟通，关注新技术的发展和应用"，这属于典型的"花架子"式的经验教训总结。针对这个例子，可以将问题描述改为"由于外包商使用了新的电路板组件焊接技术，所以存在电路断路的风险，造成低温下的控制系统失效"，应对措施可以是"使用双点双线焊接；

电路板组件完成调试后，按照新的环境条件进行高低温环境试验"。

（四）没有好的机制，导致项目总结不完整

在某些情况下，大家好像缺乏帮助他人的利他精神。很多时候，人们会觉得将自己掌握的某种知识免费教给别人，自己就吃亏了。很多组织意识到"知识掌握在少数人手中"有较大风险，希望每个员工都可以被替代，于是要求大家把知识分享出来，写成文档。后来，组织发现仅仅要求是行不通的，于是开始引入考核——强迫大家做总结、写文档。但是，如果没有机制保证，这就是组织的一厢情愿。如果员工们感觉到了不安全，即便考核也只能产生一些连自己都不愿意再看一眼的"垃圾文件"。一方面，写的文件中充满了"正确的废话"；另一方面，把大部分内容都说了，但缺少最关键的信息——留一手。

事实上，有个方法可以解决这个问题。从经济学的角度看，人在付出相应的劳动后，总是希望能获得相应的收益。例如，可以借鉴专利制度。做完一件事以后，如果把做的方法和步骤写出来，就得到一个权利——谁要用，谁就要付钱，这就是专利。企业可以参考专利制度，在实践中设计一套行之有效的经验教训管理方法——内部专利。文档被其他人查阅一次，就向撰写人付一次费用；同时，如果总结的方法被使用后，的确防范了问题的再次发生，由此降低的成本也给撰写人分成。在有些咨询公司、律师事务所，有人撰写了非常有价值的文档，因为被查阅的次数多、对问题解决的贡献大，仅此一项就能拿到不菲的现金奖励。

引入这套方法之后，每个人对待经验教训文档的态度会有所不同。过去，一篇文档需要经过拟制、审核、会签、批准的层层把关，增加了很多工作量，却仍无法保证文档质量。现在，每个人撰写文档后，主动找人审核、组织评审，保证文档的高质量；同时自己在文档系统中精心撰写关键词，力争让更多人看到并借鉴。

市场是检验总结文档是否有用的关键路径。许多组织缺乏必要的知识管理基础设施，这些组织自然也无法记住已完成项目的经验教训，从而无法利用过去的经验教训。如果组织不从根本上建立经验教训总结的制度体系和基础设施，那么组织成员很难做到不犯重复错误。

（五）成功经验说得多，失败教训说得少

在一些项目组织里，存在着人们不愿意面对某些方面需要改进的事实。如果已结束的项目运转良好，有人会认为对项目进行审查是没有必要的；如果项目运转情况糟糕，只要不发生重大事故，也有一些人认为深入审查这个项目是没必要的。在人情社会里，审查往往被认为让人难堪，也有人将其称为"揭伤疤"。然而，无论一项工作已做得如何好，总有可以改进的余地。我们应当以这种态度来做经验教训总结。另一个值得警惕的现象是，从人性角度而言，人们总结自己做得不好的方面，这似乎可以接受；但是，被他人指出自己的不足时，却总会产生对抗之心。

此外，多数人存在自我服务偏见。他们总是自我感觉良好，在加工和自己有关的信息时，会出现一种潜在的偏见。人们常常从好的方面来看待自己，当取得一些成绩时，容易归因于自己；而出现坏的结果时，就会怨天尤人，归因于外在因素，认为是一个意外。也就是说，人们总是把成绩归于自己，把问题推给外界，这就是自我服务偏见。在项目总结时，人们

也不可避免地存在自我服务偏见，以致成功经验总结得多、失败教训总结得少。这也是项目总结不完整、缺乏客观性的主要原因。

资料链接 5-2

飞机损失的真正原因

"二战"期间，盟军对德国本土展开空袭。盟军飞机遭到了德国地面防空炮火的猛烈攻击，大量飞机被击伤、击落，损失惨重。

为降低飞机被击落的概率，有必要对机身的关键部位进行相应的加固。工作人员在对参战返回的飞机做了全面检查后发现，几乎所有飞机的机腹部分都弹痕累累，而机翼却几乎没有被炮火击中的痕迹。军方决定对飞机的机腹部分进行加固，以此应对敌方密集的枪弹。

哥伦比亚大学的统计学教授亚伯拉罕·沃德（Abraham Wald）却给出完全不同的建议：真正需要加固的是机翼，而不是机腹！沃德教授是对的。飞机的机腹中弹，对飞行的影响不大，但是如果机翼被击中，安全返航的概率几乎为零。那些能接受检查的飞机，只不过是因为幸运，躲过了机翼中弹的灭顶之灾罢了。最终，军方采纳了沃德教授的建议，对参战飞机的机翼部分做了合理加固。果然，被击落的飞机数量大大减少了。

资料来源：郭致星.极简项目管理[M].北京：机械工业出版社，2020.

二、做好项目总结工作

项目经验教训总结不足会造成两个严重的后果。一个后果是，必须花时间和精力去应对重复发生的相同问题。如果知道当前情形与过去曾经面对的情形具有相似性，组织或项目也许能够采取实际行动，从而避免常见问题或利用常见机会。项目经验教训总结无效的结果是，组织或项目不得不做别人做过的事、犯别人犯过的错，陷入"吃二遍苦、受二茬罪"的恶性循环。另一个后果是，在反复遭遇同样的问题之后，人们开始怀疑项目管理的价值，认为经验教训总结纯属浪费时间和精力。既然有证据显示这个过程是无效的，还不如把资源用在问题发生后的应急和补救上。因此，做好项目经验教训的总结很重要，具体可以从三个方面着手。

（一）用结构化方法确保经验教训总结的有效性

在组织层面上，可以把项目后评估和经验教训总结作为项目必须开展的工作。如果组织通常不做经验教训总结，那就需要采取更广泛的行动，在所有项目上都建立项目后评估制度。当然，项目后评估的做法应该因项目的类型和规模不同而有所不同。对复杂的大型项目，需要开展全面的项目后评估；对简单的小型项目，则只需要开展简单的项目后评估。

从实践效果的角度来说，建议使用图 5-1 所示的结构化过程，保证经验教训总结的质量。

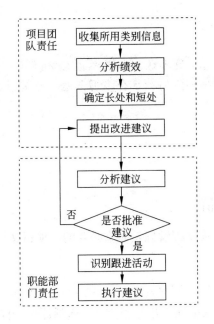

图 5-1　结构化经验教训总结的过程

（二）注重过程和程序上的经验总结

虽然每个项目的结果是不一样的，但不同项目的启动、计划和交付的过程与程序是类似的。这就意味着有关决策和假设、合作方法、风险识别、团队结构、沟通、会议程序、相关方管理、冲突管理等方面的经验更有价值。

实际上，在大多数行业，管理经验的适用范围远远大于技术经验的适用范围，后者可能适用于很小一部分极其类似的项目。同样，新项目团队要特别注意考虑他们可能遇到的程序方面的事务和问题，例如，彼此沟通的最佳方式是什么，向上级主管报告进展的频率如何，哪些类型的问题需要向上级反映，并有意识地请教其他处理过类似问题的团队。

（三）使用递增式方法

在项目结束之前通常很难完成文档，这主要出于两个原因。一方面，是很多技术专家都不擅长写作或者不愿意写作。另一方面，在很多情况下，对项目了解得比较透彻的人早已经被安排到其他工作中，不在这个项目团队中工作了。

因此，实际项目实施过程中，可以按如下方式操作。首先，准备一份包含所有最终文档的提纲，将此提纲放在每个团队成员的工作任务书里。然后，在项目实施过程中，当每项关键任务完成时，都要求相应团队成员提供与任务相关的几句、几段文档，然后将这些片段插入提纲内适当的位置。这种方法可以称为递增式文档。采用递增式文档模式相对不那么"痛苦"，也为最终文档的完成提供了好方法。这种方法在数字化项目管理工具中的操作还是比较便利的，可以推广使用。

如何做好
项目总结

在撰写项目总结报告时，有人认为如果教训总结得多，可能会使领导对项目组的工作产生不好的看法。因此，他们往往会多写经验，少写教训。你对这种现象是什么看法？

三、项目资料归档

（一）项目文档的价值

文档是项目的历史，加强文档管理是非常必要的。项目文档的价值有以下几个方面。

1. 检索查询

项目的信息应该保存在记录保存系统中，需要时可以查询当时的约定，避免合同纠纷。从商务角度看，收集所有有关的文件也是很重要，包括原始合同、项目进度、合同变更等。对这些文件应该审慎地审查，确保没有遗留的合同问题，避免产生法律责任。项目不可能一切事项都在合同里确定，项目计划也不是一成不变的。经协商后达成的各种细节、各种假设、各种观点都需要记录下来——这么庞大的信息量没有人可以仅靠记忆力就全部记住，因此需要有文档记载，以备追溯、查询，从而减少责任不清、理解有误等问题发生。

2. 建立项目库，用于未来培训项目组成员

培训和教育不一样，教育是培养人如何思考，而培训是训练人如何去做。培训是面向能力提升，而不是面向素质提升；是面向技能，而不是面向知识；是急用先学，学以致用，立竿见影。把以前的项目文档拿过来，让后人先看看"猪跑"再吃"猪肉"，这样不断迭代，才能够起到课堂中起不到的培训效果。

3. 形成企业的知识资产

项目估算的精确度是依据以前的项目演化迭代形成的，通过在文档的基础上修正、验证、复用这样的学习循环，才能使估算越来越精确。项目的经验数据库是企业中重要的无形资产。比如检查单，积累得越多，风险就越小，才能达到"同样的问题在企业不要再次出现"的效果。项目管理的两大使命是提高效率和控制风险，而提高效率和控制风险主要依靠的就是企业的文档。

4. 有利于项目舆情管理

在自媒体发达、人人都掌握麦克风的时代，项目舆情管理是十分重要的管理工作。人们看到的都是自己心目中想看到的世界，对同一个事件有不同的解释。当出现舆情问题时，真实的原始文档会成为管理者最有力的武器。在大多数场合下，依靠"谣言止于智者""清者自清浊者自浊"这样被动的舆情管理方式是不行的。及时地公开文档、以全景代替局部，这是舆情管理的有力武器。

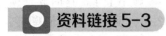

"一直这么做"的后果

2017 年 11 月 28 日，俄罗斯航天局在东方港航天发射场将 19 颗卫星发射升空，而后这些卫星与地面失去了联系，发射失败。俄罗斯航天局通报，编程人员本该输入东方港航天发射场的坐标，但却输成了拜科努尔航天中心的坐标。看似微不足道的失误，却让发射升空的 19 颗卫星有去无回，大量经费就这样"打了水漂"。

这是俄罗斯航天局第一次使用位于远东阿穆尔州的东方港航天发射场，此前他们一直使用位于哈萨克斯坦的拜科努尔航天中心。俄罗斯航天局的发射坐标总是位于拜科努尔航天中心（对以往发射而言，这是事实），因此编程人员认为对其进行检查纯属浪费时间。

在很多复杂的过程中，某些步骤看起来并不总是那么重要。有些人总是会说"以前从来没出过这类问题。"等真的产生了严重后果时，他们可能就不会这样说了。虽然许多组织都开展了经验教训总结工作，但遗憾的是，很少有团队真正将团队之前总结的经验付诸实践。

资料来源：郭致星 . 极简项目管理 [M]. 北京：机械工业出版社，2020.

（二）重要的项目文档

在所有的文档中，最重要的就是合同。在常规的做法中，合同包括两大基本内容：甲、乙双方的权利和义务。实际上，甲方的任何权利（需求）都需要在乙方的义务（责任）中找到对应项，乙方的任何权利也需要在甲方的义务中找到对应项，否则这些权利和义务就成了空话。即使指定了责任承担人，他们也未必能够兑现承诺，因此要有风险分析，确定每一项风险的防范措施和责任人。需求（requirement）、责任（responsibility）、风险（risk）和措施（regulation），这四个"R"是合同谈判的基本要素，在合同中至少要记载需求、责任和措施这三项内容。

从单个合同看有可能是没有问题的，但一些稍微复杂的项目会有多个合同，将这些合同关联起来看就会发现问题，如资源不够、假设冲突、风险关联等。仅靠法务人员从成百上千页的合同群中去厘清各种要素之间的关联是非常困难的。要解决这个问题，就需要依靠人工智能技术，通过文本挖掘和大数据分析，找出合同群之间隐藏的风险。

数据的真实、及时和具有统计可能的结构一致性是项目管理的挑战。由于利益的不同，不同的项目利益相关方会对数据有所隐藏。他们未必说假话，但是局部的真话、不同角度的真话会诱导人们朝着他们期望的方向去想象。这种"假话全不说，真话不全说"的方式常常会造成严重的后果，而造成这些后果后，当事者却能够借助道德的保护而逃避惩罚。项目是各不相同的，但是如果不能做到用统一的数据结构来表达不同的项目，项目管理的科学性就会大打折扣，这就是项目数字化的重要性。在西医眼中，人是由一系列标准的医学指标这样的数据结构构成的，这些数据结构被赋值后就得到了人的具体健康状态。项目也是如此，数据结构以及对结构的赋值构成了项目的状态。

在项目现场，工作任务繁多，工作条件也比较恶劣复杂。一种常见的情形是，项目组忙着完成任务，由于工期、费用的压力，他们完成任务的方式可能是内有章法的，但他们只求把任务完成，至于管理是否规范、是否有"后遗症"，他们就顾不上了。这时候，项目组不能要求他们学习、使用正规的"招数"；如果项目组这么做，反而会被人们嘲笑。实时数据的获取需要依靠技术手段，最好能够做到使作业人员无感知地采集和传递数据。因为，要求作业人员在工作完成后及时填写报告是不现实的，其结果常常是作业人员敷衍了事。而低质量的数据反而可能误导项目的管理决策。

项目的文档有很多种，如在管理报告中就有项目关键点检查报告、执行状态报告、任务完成报告、重大突发事件报告、项目变更报告、进度报告等。在这些报告中有一个共同项或者说共同的类别，就是风险。在这些规范的文档记录里面都有"风险"这一栏，在管理过程中也必须讨论这一栏。当风险被讨论得多了，实际发生风险的可能性就小了。当风险在文档管理过程中被关注得少了，在实际工作中发生的可能性就大了。

如何做好项目
资料归档

即问即答 5-6

在项目总结阶段，为什么"假话全不说，真话不全说"是不合适的？

四、项目总结报告的内容

在项目收尾前，项目管理者应该撰写一份正式文档——项目总结报告。尽管撰写这些文件对个人的意义不大，但对于组织的价值却是巨大的——很多文档工作都在为组织积累过程资产。从企业的实际工作来看，写文档是项目参与人员必须掌握的一项核心技能，也是体现员工价值的重要方式和机会。

一份优秀的项目总结报告应该符合三个要求：①符合结构化思维，做到主题先行、归类分组、逻辑递进，让阅读报告的人容易理解；②报告要有明确扎实的内容，重点要突出，不能泛泛而谈，要让阅读报告的人觉得有价值；③总结报告在细节上也要注意把控，比如要体现项目的专业性，分析结论要有数据支撑，尽量用专业术语，不能出现错别字等。

如何写好项目
总结报告

（一）主体框架及撰写

项目总结报告主要包括主题、项目详情、经验总结、小结等。

1. 主题

在报告的开头，要让读者知道报告的主题是什么，这非常重要。明确的主题有助于读者理解后面内容。通常情况下，主题先行的开场白设计有四种方式。①标准式：背景→冲突→答案。②开门见山式：答案→背景→冲突。③突出忧虑式：冲突→背景→答案。④突出信心式：问题→背景→冲突→答案。

我们以标准式报告为例，介绍如下：这个项目的产品是企业的×××提出的，主要有×××功能，目前市场上没有同类产品，填补了×××空白。在没有产品可以借鉴的情况下，我们进行了艰难的探索，在×××等方面进行了创新，终于完成了项目。甲方对该项目产品非常满意，已给我们介绍了 5 个新客户。

2. 项目详情

项目详情是指项目中的一些要素，包括前面提到的项目范围和最终目标、所有的重要成果、项目参与人员等。项目范围和最终目标是在做项目规划时确定的，在这一步，要先把规划时的内容写在报告上，然后填上真实情况的对比。例如，对比内容可以是哪些范围有改变，是什么原因，最终目标有没有实现，未实现的原因，已实现的效果等。所有的重要成果是指在报告中罗列出所有的重大成果，不需要详述过程，除非这个过程特别重要。项目参与人员包含两个部分，一是团队成员，二是项目干系人。这一部分要客观地陈述项目成员的成绩，以正面表扬为主。在项目中，项目负责人要了解每个主要参与者的贡献。有些人做出了突出的成果，就写一些他的功劳。有些人在过程中有很多付出，但是结果不是很好或者在结果上不能体现，可以着重体现对方在过程中的贡献。另外，项目干系人的支持和帮助也要在总结报告中适当地予以体现。

3. 经验总结

经验总结分为三个部分，包括项目效果分析、后续可参考的内容、后续需避免的内容等。项目效果分析方面，尽量突出比较成功的点，而成功点的证明是需要从内外部对比结果来看的。例如，与公司内类似项目相比，结果更好还是更差？与市场上其他类似项目相比，结果更好还是更差？当然，分析过程中也要注意细节的考量，比如选取什么指标和数据去评价，哪些方面领导认可的权重更大，这些都需要考虑。

另外，这部分内容的撰写能够显示项目团队的分析是否专业。一般有数据支撑、令人印象深刻的数据可视化展示模式，会给报告加分。这种可视化展示的能力需要引起项目成员的重视。

4. 小结

读者看完一长串的报告之后，容易忘记前面的内容。因此，可以在结尾做一个简单的小结，帮助读者再回忆一遍报告内容，以便做出应有的评价。

项目总结报告应该以客观、透明的方式跟踪项目的进程。因此，撰写过程中需要与团队成员建立轻松、合作的环境，以免受到负面影响。为了配合项目总结报告，可以填一份项目总结简表，在相应位置上简明扼要地填写相关信息，如表 5-4 所示。

表 5-4　项目总结简表

项目名称		项目经理	
项目总体描述	成果		
	起止日期		
	总成本		
	使用技术		
项目评价	与用户需求的符合程度		
	成功之处		
	失败之处		

续表

成功或失败的原因：

项目管理的手段和技术及对它们的评价：

项目小组的建议及对以后项目的经验或教训：

最终项目甘特图：

所有可交付成果的附件：

项目经理签字：

日   期：

（二）注意事项

（1）在项目总结的过程中，要精练描述项目建设过程，不要记成流水账；认真挖掘项目成果，认真总结和提炼已取得的经验；对于存在的问题和不足，要进行实事求是的分析；对于下一步工作的建议，也要提出一些有价值的观点。

（2）项目总结一定要全面，不仅要对项目建设过程进行总结，还要对项目的基本概况、取得的成果、存在的问题，以及下一步的建议等内容进行梳理，以便形成一个完整的项目总结报告。

（3）项目总结要按照一定的逻辑顺序来书写，要主次分明、详略得当、重点突出、案例准确、数据翔实，否则会让人感到分不清主次。

（4）项目总结要实事求是，不能过分夸大个人的努力。项目成果不能虚构事实、弄虚作假、伪造数据，也不能只讲成绩、不讲问题，所提的问题和建议要相互对应，不能偏离主题和方向。

模块五对应的数字化工具使用技巧请扫描下方二维码。

模块五数字化工具使用技巧

模 块 小 结

本模块介绍了项目收尾阶段应完成的一系列工作，梳理了项目收尾的工作流程，分析了影响项目顺利完成的一系列因素，并提醒学生在收尾阶段应注意的诸多事项。同时，本模块还分析了项目总结时的常见问题和项目资料归档的价值，告知学生如何撰写一份合格的项目总结报告。项目收尾是项目开展的最后一个阶段，收尾阶段只有有序推进，才能给项目画上一个圆满的句号。目前，项目管理数字化工具的快速推广应用，给项目的资料归档工作提供了非常便利的条件，这将有利于后续类似项目的顺利开展。最后，统筹撰写一份合格的项目总结报告，这是项目负责人必须具备的能力。这份报告的好坏，有时也会对项目成员的职业生涯产生一定的影响。

动画案例：惹不起的"钉子户"　　　　动画案例：馅饼与陷阱

课 后 练 习

一、问答题

1. 项目收尾工作主要包括哪些内容？完成的步骤是怎样的？
2. 有些人不重视项目总结报告的撰写，你认为原因有哪些？
3. 在项目收尾阶段，进行项目成果移交时需要注意哪些问题？
4. 影响项目顺利完成的因素有哪些？它们是如何影响的？

二、案例分析题

2023 年 3 月 30 日，明康汇生鲜一号数字农贸宁波仓开仓仪式暨与万纬物流合作签约仪式在余姚隆重举行。作为第五个开仓的仓库，宁波仓的落地见证了数字农贸事业的快速发展，向单仓盈利模式迈出了重要的一步，为乡村振兴事业提供助力。

从选址、规划到试运行，该项目用时不到一个月。宁波仓占地 9500 平方米，业务主要辐射绍兴、宁波及舟山区域，满产后日吞吐量超过 1200 吨。

宁波仓的正式启动是数农布局并开拓浙江省县域乡镇下沉市场的成功实践。依托上游乡村振兴事业和中游集约型数字供应链，数字农贸业务为乡镇下沉市场提供服务，帮助农贸商贩解决进货难、运货难的问题，深度参与乡村振兴，积极助力共同富裕。

明康汇数字农贸项目可实现研、产、供、检、销于一体的全产业链运营，做到了从产地直接到中心仓和仓储店，再到消费者手上，搭建出优质的物流链路，极大地降低了成本。由于全链路严格把控产品质量，减少了中间商环节，终端消费者可以吃得更安全、健康、实惠。

未来，明康汇数字农贸将继续秉持初心，把乡村振兴作为明康汇永久的头等大事，打好数字农贸这张牌，以数字农贸产业的兴旺来解决农产品运输难、销售难的问题，帮助千万农民致富，推动乡村产业振兴。

问题：请根据以上背景资料和类似项目的开展情况，撰写一份该项目的总结报告提纲。

三、实训操作

请利用 Teambition 工具。模拟完成某项目的收尾工作和资料归档工作。

参考文献

[1] 郭致星.极简项目管理 [M].北京：机械工业出版社，2022.

[2] 周晓晔.物流项目管理 [M].2 版.北京：北京大学出版社，2015.

[3] 肖剑皓.零基础轻松学项目管理 [M].北京：化学工业出版社，2022.

[4] 杨新凤.物流工程项目管理 [M].北京：机械工业出版社，2022.

[5] 杰森·斯科特.项目管理 [M].彭相珍，译.北京：中国青年出版社，2020.

[6] 任康磊.小团队项目管理 [M].北京：人民邮电出版社，2022.

[7] 刘毛华.项目管理基础工具 [M].北京：化学工业出版社，2023.

[8] 魏炜，张振广，朱武祥.商业模式经济解释 [M].北京：机械工业出版社，2013.

[9] 魏炜，朱武祥.发现商业模式 [M].北京：机械工业出版社，2013.

[10] 魏炜，张振广，朱武祥.超越战略 [M].北京：机械工业出版社，2022.

[11] 克拉克·A.坎贝尔，米克·坎贝尔.一页纸项目管理 [M].王磊，胡丽英，译.北京：东方出版社，2018.

[12] 薛平.数字化项目管理破解协同管理难题 [J].中国建设信息化，2021（2）：24-27.

[13] 丁荣贵.项目管理知与行 [M].北京：电子工业出版社，2023.

[14] 杨述.项目管理案例 [M].北京：人民邮电出版社，2023.

[15] 金井露.华为项目管理图解 [M].广州：广东经济出版社，2017.